ལྷ་ས་པོ་ཏ་ལ།
拉薩布達拉宮

ཿ ལྷ་སའི་ཇོ་ཁང་གི་གསེར་གྱི་རྒྱ་ཕིབས།

拉薩大昭寺金頂

西北民族大學西北民族文獻研究基地資助項目

རུབ་བྱང་མི་རིགས་སློབ་ཆེན་གྱི་ནུབ་བྱང་མི་རིགས་ཡིག་ཚགས་ཞིབ་འཇུག་སྟེ་གནས་ཀྱི་དངུལ་གཏོང་ལས་གཞི།

西北民族大學"青藏高原區域歷史文化研究創新團隊"階段性成果

ནུབ་བྱང་མི་རིགས་སློབ་ཆེན་གྱི་མཚ་བོད་མཐ་སྒང་ལོ་རྒྱུས་རིག་གནས་ཞིབ་འཇུག་གསར་འདོན་ཚགས་པའི་དཔྱད་འབྲས།

英國國家圖書館藏
敦煌西域藏文文獻

㉖
IOL.Tib.J.VOL.120—151

主 編

才 讓　沙 木

編 纂

西 北 民 族 大 學
上 海 古 籍 出 版 社
英 國 國 家 圖 書 館

上海古籍出版社
上海 2025

監　製

馬景泉　高克勤

學術顧問

王堯　多識　陳踐　華侃（中國）

吳芳思　　Burkhard Quessel（英國）

主　編

才　讓（中國）

沙　木（英國）

副主編

扎西當知　嘎藏陀美　束錫紅　府憲展

責任編輯

盛　潔

裝幀設計

李暐芳

དཔྱིན་རྗེའི་རྒྱལ་གཉེར་དཔེ་མཛོད་ཁང་དུ་ཉར་བའི་
ཏུན་ཧོང་དང་རྒྱབ་སྐྱོངས་ཀྱི་བོད་ཡིག་ཡིག་ཆགས།

IOL.Tib.J.VOL.120—151

གཙོ་སྒྲིག་པ།
ཚེ་རིང་། ཟེམ་བན་ཨི་ཀེ་ལྱུ།

སྒྲིག་སྒྱུར་རྩེ་ཁག
ཞུབ་བྱང་ཨི་རིགས་སྐྱོབ་གྲུ་ཆེན་མོ།
ཧྲང་ཧེ་དཔེ་རྙིང་དཔེ་སྐྲུན་ཁང་།
དཔྱིན་རྗེའི་རྒྱལ་གཉེར་དཔེ་མཛོད་ཁང་།

ཧྲང་ཧེ་དཔེ་རྙིང་དཔེ་སྐྲུན་ཁང་།
2025 ཟོར་ཧྲང་ཧེ་ནས།

ཀླུ་ཞིབ་པ།

སྨྲ་ཅིན་ཚོན། ཀཱོ་ལུ་ཆིན།

སྒྱོ་འདྲི་བ།

དབང་རྒྱལ། དོར་ཞི་གདོང་དྲུག་སྙེམས་བློ། བསོད་ནམས་སྐྱིད། དུ་ཁབ། (ཀྱུང་གོ)

བཀྲ་ཤི་སྡུང་། ཕུར་ལུ་ཏུར་ཀྲི་ ·ཞིའུ་ཐེ་ལོ། དཀྲིན་དེ།

གཙོ་སྒྲིག་པ།

ཚོ་རིང་། (ཀྱུང་གོ)

ཐེམ་བན་ཨི་ཀེ་ལུ། (དཀྲིན་དེ།)

གཙོ་སྒྲིག་པ་གཞོན་པ།

མཐའ་བ་བཀྲ་ཤིས་དོན་འགྲུབ། ཚ་རིས་སྐལ་བཟང་ཕྱོགས་མེད། ཧྲུ་ཞི་ཐུང་། ཧྲུའུ་ཞན་ཀྲན།

ཚོམ་སྒྲིག་འགན་འཁུར་བ།

ཕྱིན་ཁེ།

མཇེས་རིས་དྲུས་འགོད་པ།

ཨི་དཀྲེ་སྡུང་།

TIBETAN DOCUMENTS FROM DUNHUANG AND OTHER CENTRAL ASIA

IN

THE BRITISH LIBRARY

IOL.Tib.J.VOL.120—151

EDITORS IN CHIEF

Tshering   Sam van Schaik

PARTICIPATING INSTITUTION

The British Library

Northwest University for Nationalities

Shanghai Chinese Classics Publishing House

SHANGHAI CHINESE CLASSICS PUBLISHING HOUSE

Shanghai 2025

第二十六册目錄

IOL.Tib.J.VOL.120—151

英 IOL.Tib.J.VOL.120

1.十萬頌般若波羅蜜多經 ･･･ 1

2.校對題記 ･･ 9

3.雜寫 ･･･ 9

4.十萬頌般若波羅蜜多經 ･･･ 10

5.抄寫校對題記 ･･･ 12

6.十萬頌般若波羅蜜多經 ･･･ 12

7.佛經殘片 ･･･ 13

8.十萬頌般若波羅蜜多經 ･･･ 13

9.雜寫 ･･ 19

10.十萬頌般若波羅蜜多經 ･･･ 20

11.抄寫校對題記 ･･ 25

12.十萬頌般若波羅蜜多經 ･･･ 26

13.抄寫校對題記 ･･ 33

14.十萬頌般若波羅蜜多經 ･･･ 34

15.抄寫校對題記 ･･ 51

英 IOL.Tib.J.VOL.121

1.佛教論典 ･･･ 52

2.聖尊勝迴遮陀羅尼 ･･ 53

3.聖如來頂髻中出白傘蓋餘無能敵陀羅尼 ･･････････････････････････････････････ 54

4.十萬頌般若波羅蜜多經 ･･ 55

5.校對題記 ･･･ 57

6.十萬頌般若波羅蜜多經 ･･ 58

7.抄寫校對題記 ･･ 62

8.十萬頌般若波羅蜜多經 ･･ 63

9.長爪梵志請問經 ･･ 63

英 IOL.Tib.J.VOL.121　　10.佛經‥‥‥‥‥‥‥‥‥‥‥‥‥‥‥‥‥‥‥‥‥‥‥‥‥‥ 64

11.十萬頌般若波羅蜜多經‥‥‥‥‥‥‥‥‥‥‥‥‥‥‥‥‥ 65

12.佛經‥‥‥‥‥‥‥‥‥‥‥‥‥‥‥‥‥‥‥‥‥‥‥‥‥‥ 76

13.十萬頌般若波羅蜜多經‥‥‥‥‥‥‥‥‥‥‥‥‥‥‥‥‥ 76

英 IOL.Tib.J.VOL.122　　1.佛經‥‥‥‥‥‥‥‥‥‥‥‥‥‥‥‥‥‥‥‥‥‥‥‥‥‥ 79

2.教言‥‥‥‥‥‥‥‥‥‥‥‥‥‥‥‥‥‥‥‥‥‥‥‥‥‥ 79

3.頂髻尊勝陀羅尼‥‥‥‥‥‥‥‥‥‥‥‥‥‥‥‥‥‥‥‥‥ 79

4.課頌正文‥‥‥‥‥‥‥‥‥‥‥‥‥‥‥‥‥‥‥‥‥‥‥‥ 80

5.三續啓請經‥‥‥‥‥‥‥‥‥‥‥‥‥‥‥‥‥‥‥‥‥‥‥ 82

6.回向祈願文‥‥‥‥‥‥‥‥‥‥‥‥‥‥‥‥‥‥‥‥‥‥‥ 82

7.葉衣觀自在菩薩經‥‥‥‥‥‥‥‥‥‥‥‥‥‥‥‥‥‥‥‥ 83

8.百拜懺悔經‥‥‥‥‥‥‥‥‥‥‥‥‥‥‥‥‥‥‥‥‥‥‥ 83

9.懺悔祈願文‥‥‥‥‥‥‥‥‥‥‥‥‥‥‥‥‥‥‥‥‥‥‥ 85

10.佛説無能勝幡王如來莊嚴陀羅尼經‥‥‥‥‥‥‥‥‥‥‥‥ 86

11.抄寫題記‥‥‥‥‥‥‥‥‥‥‥‥‥‥‥‥‥‥‥‥‥‥‥‥ 86

12.聖不空羂索心髓陀羅尼‥‥‥‥‥‥‥‥‥‥‥‥‥‥‥‥‥‥ 86

13.頂髻尊勝陀羅尼‥‥‥‥‥‥‥‥‥‥‥‥‥‥‥‥‥‥‥‥‥ 87

14.消除業障陀羅尼‥‥‥‥‥‥‥‥‥‥‥‥‥‥‥‥‥‥‥‥‥ 87

15.二萬五千頌般若波羅蜜多經‥‥‥‥‥‥‥‥‥‥‥‥‥‥‥ 87

16.諸星母陀羅尼經‥‥‥‥‥‥‥‥‥‥‥‥‥‥‥‥‥‥‥‥‥ 92

17.抄寫校對題記‥‥‥‥‥‥‥‥‥‥‥‥‥‥‥‥‥‥‥‥‥‥ 93

18.金光明經卷第六‥‥‥‥‥‥‥‥‥‥‥‥‥‥‥‥‥‥‥‥‥ 93

英 IOL.Tib.J.VOL.123　　1.優婆塞戒經（漢文）‥‥‥‥‥‥‥‥‥‥‥‥‥‥‥‥‥‥ 94

2.十萬頌般若波羅蜜多經‥‥‥‥‥‥‥‥‥‥‥‥‥‥‥‥‥ 97

英 IOL.Tib.J.VOL.124　　1.十萬頌般若波羅蜜多經第二函第六十二卷‥‥‥‥‥‥‥‥ 100

2.十萬頌般若波羅蜜多經‥‥‥‥‥‥‥‥‥‥‥‥‥‥‥‥ 106

英 IOL.Tib.J.VOL.125　　1.大方便佛報恩經卷第七（漢文）‥‥‥‥‥‥‥‥‥‥‥‥ 107

2.般若波羅蜜多心經疏‥‥‥‥‥‥‥‥‥‥‥‥‥‥‥‥‥‥ 111

英 IOL.Tib.J.VOL.126　　稻秆經緣起略説‥‥‥‥‥‥‥‥‥‥‥‥‥‥‥‥‥‥‥‥‥ 116

英 IOL.Tib.J.VOL.127　　1.百拜懺悔經‥‥‥‥‥‥‥‥‥‥‥‥‥‥‥‥‥‥‥‥‥‥ 119

2.懺悔祈願文‥‥‥‥‥‥‥‥‥‥‥‥‥‥‥‥‥‥‥‥‥‥ 122

3.妙法蓮華經卷第七（漢文）‥‥‥‥‥‥‥‥‥‥‥‥‥‥‥ 123

英 IOL.Tib.J.VOL.128　　1.大乘無量壽宗要經‥‥‥‥‥‥‥‥‥‥‥‥‥‥‥‥‥‥‥ 128

2.抄寫題記‥‥‥‥‥‥‥‥‥‥‥‥‥‥‥‥‥‥‥‥‥‥‥‥ 129

3.大乘無量壽宗要經‥‥‥‥‥‥‥‥‥‥‥‥‥‥‥‥‥‥‥ 130

英 IOL.Tib.J.VOL.129　　1.唯識論典‥‥‥‥‥‥‥‥‥‥‥‥‥‥‥‥‥‥‥‥‥‥‥‥ 131

英 IOL.Tib.J.VOL.129	2.天請問經 ··	132
	3.天請問經 ··	132
	4.聖文殊名號一百零八 ··	133
	5.天降佛經一卷 ··	134
	6. 金剛般若波羅蜜經（漢文）······························	134
英 IOL.Tib.J.VOL.130	密宗經典 ··	140
英 IOL.Tib.J.VOL.131	1.祈願文 ··	145
	2.布施無慳論 ··	148
	3.祈願文 ··	150
英 IOL.Tib.J.VOL.132	1.聖善祈願文 ··	151
	2.大般涅槃經卷第四十（漢文）····························	152
英 IOL.Tib.J.VOL.133	1.大瑜伽問答錄及夾注 ··	154
	2.題記 ··	158
英 IOL.Tib.J.VOL.134	尼瑪布清杰的故事 ··	159
英 IOL.Tib.J.VOL.135	密宗修習儀軌 ··	162
英 IOL.Tib.J.VOL.136	1.百拜懺悔經 ··	164
	2.教言 ··	165
英 IOL.Tib.J.VOL.137	密宗修習儀軌 ··	166
英 IOL.Tib.J.VOL.138	1.松巴諺語 ··	171
	2.金剛般若波羅蜜經（漢文）······························	172
英 IOL.Tib.J.VOL.139	1.起源神話 ··	175
	2.起源神話 ··	175
	3.馬與野馬分開的故事 ··	175
	4.金光明經卷第四（漢文）···································	177
	5.金波聶吉和增格巴辛的故事 ······························	177
英 IOL.Tib.J.VOL.140	1.藏文音譯文獻 ··	180
	2.妙法蓮華經卷第四（漢文）······························	187
英 IOL.Tib.J.VOL.141	1.羅摩衍那的故事 ··	194
	2.書函 ··	197
	3.羅摩衍那的故事 ··	197
	4.書函 ··	199
英 IOL.Tib.J.VOL.142	1.骰卜書 ··	200
	2.十萬頌般若波羅蜜多經 ·····································	202
英 IOL.Tib.J.VOL.143	1.金光明經卷第一（漢文）···································	204
	2.骰卜書 ··	215
	3.法律答問 ··	218

英 IOL.Tib.J.VOL.144　　1.説一切有部俱舍論卷第廿二（漢文）‥‥‥‥‥‥‥‥‥221

2.占卜書‥‥‥‥‥‥‥‥‥227

英 IOL.Tib.J.VOL.145　　1.佛説阿彌陀經（漢文）‥‥‥‥‥‥‥‥‥229

2.妙法蓮華經卷第七（漢文）‥‥‥‥‥‥‥‥‥230

3.骰卜書‥‥‥‥‥‥‥‥‥231

英 IOL.Tib.J.VOL.146　　1.吐蕃大事紀年‥‥‥‥‥‥‥‥‥234

2.添品妙法蓮華經（漢文）‥‥‥‥‥‥‥‥‥239

英 IOL.Tib.J.VOL.147　　1.添品妙法蓮華經（漢文）‥‥‥‥‥‥‥‥‥245

2.雜寫‥‥‥‥‥‥‥‥‥245

3.添品妙法蓮華經（漢文）‥‥‥‥‥‥‥‥‥245

4.盜竊追賠律‥‥‥‥‥‥‥‥‥247

英 IOL.Tib.J.VOL.148　　1.金剛般若婆羅蜜多經（漢文）‥‥‥‥‥‥‥‥‥249

2.醫療文書‥‥‥‥‥‥‥‥‥250

英 IOL.Tib.J.VOL.149　　1.大智度論卷第九十一（漢文）‥‥‥‥‥‥‥‥‥252

2.七千佛神符經（漢文）‥‥‥‥‥‥‥‥‥256

3.大方等大集經卷第二十一（漢文）‥‥‥‥‥‥‥‥‥256

4.羅摩衍那的故事‥‥‥‥‥‥‥‥‥258

英 IOL.Tib.J.VOL.150　　1.十萬頌般若波羅蜜多經第二函第五十九卷‥‥‥‥‥‥‥‥‥265

2.校對題記‥‥‥‥‥‥‥‥‥272

3.佛經‥‥‥‥‥‥‥‥‥272

英 IOL.Tib.J.VOL.151　　1.十萬頌般若波羅蜜多經‥‥‥‥‥‥‥‥‥274

2.抄寫題記‥‥‥‥‥‥‥‥‥283

དཀར་ཆག

IOL.Tib.J.VOL.120—151

英 IOL.Tib.J.VOL.120

1.ཤེས་རབ་ཀྱི་ཕ་རོལ་དུ་ཕྱིན་པ་སྟོང་ཕྲག་བརྒྱ་པ། ·············· 1

2.ཞུས་བྱང་། ··· 9

3.ཚིག་ཐོར་བུ། ··· 9

4.ཤེས་རབ་ཀྱི་ཕ་རོལ་དུ་ཕྱིན་པ་སྟོང་ཕྲག་བརྒྱ་པ། ·············· 10

5.བྲིས་ཞུས་བྱང་། ··· 12

6.ཤེས་རབ་ཀྱི་ཕ་རོལ་དུ་ཕྱིན་པ་སྟོང་ཕྲག་བརྒྱ་པ། ·············· 12

7.དཔལ་ཚོས་ཁ་ཐོར། ·· 13

8.ཤེས་རབ་ཀྱི་ཕ་རོལ་དུ་ཕྱིན་པ་སྟོང་ཕྲག་བརྒྱ་པ། ·············· 13

9.ཚིག་ཐོར་བུ། ··· 19

10.ཤེས་རབ་ཀྱི་ཕ་རོལ་དུ་ཕྱིན་པ་སྟོང་ཕྲག་བརྒྱ་པ། ············· 20

11.བྲིས་ཞུས་བྱང་། ·· 25

12.ཤེས་རབ་ཀྱི་ཕ་རོལ་དུ་ཕྱིན་པ་སྟོང་ཕྲག་བརྒྱ་པ། ············· 26

13.བྲིས་ཞུས་བྱང་། ··· 33

14.ཤེས་རབ་ཀྱི་ཕ་རོལ་དུ་ཕྱིན་པ་སྟོང་ཕྲག་བརྒྱ་པ། ············· 34

15.བྲིས་ཞུས་བྱང་། ··· 51

英 IOL.Tib.J.VOL.121

1.བསྟན་བཅོས་ཁ་ཐོར། ·· 52

2.ཕྱིར་ཟློག་པ་འཕགས་པ་རྣམ་པར་རྒྱལ་བ་ཅན། ··············· 53

3.འཕགས་པ་དེ་བཞིན་གཤེགས་པའི་གཙུག་ཏོར་ནས་བྱུང་བའི་གདུགས་དཀར་པོ་ཅན་གཞན་

  གྱིས་མི་ཐུབ་པ་ཞེས་བྱ་བའི་གཟུངས། ··························· 54

4.ཤེས་རབ་ཀྱི་ཕ་རོལ་དུ་ཕྱིན་པ་སྟོང་ཕྲག་བརྒྱ་པ། ·············· 55

5.ཞུས་བྱང་། ··· 57

6.ཤེས་རབ་ཀྱི་ཕ་རོལ་དུ་ཕྱིན་པ་སྟོང་ཕྲག་བརྒྱ་པ། ·············· 58

7.བྲིས་ཞུས་བྱང་། ·· 62

8.ཤེས་རབ་ཀྱི་ཕ་རོལ་དུ་ཕྱིན་པ་སྟོང་ཕྲག་བརྒྱ་པ། ·············· 63

9.ཀུན་ཏུ་རྒྱུ་མེན་རིངས་ཀྱིས་ཞུས་པ་ཞེས་བྱ་བ་འི་མདོ། ········· 63

10.དཔལ་ཚོས་ཁ་ཐོར། ··· 64

11.ཤེས་རབ་ཀྱི་ཕ་རོལ་དུ་ཕྱིན་པ་སྟོང་ཕྲག་བརྒྱ་པ། ············· 65

英 IOL.Tib.J.VOL.121   12.དམ་ཚོས་ཁ་བྱོར། · · · · · · · · · · · · · · 76

13.ཤེས་རབ་ཀྱི་ཕ་རོལ་ཏུ་ཕྱིན་པ་སྟོང་ཕྲག་བརྒྱ་པ། · · · · · · · 76

英 IOL.Tib.J.VOL.122   1.དམ་ཚོས་ཁ་བྱོར། · · · · · · · · · · · · · · · · 79

2.བསྒྲུབ་བྱ། · 79

3.གཙུག་ཏོར་རྣམ་པར་རྒྱལ་བའི་གཟུངས། · · · · · · · · · 79

4.རྒྱུད་ཆགས། · · · · · · · · · · · · · · · · · · · 80

5.རྒྱུད་གསུམ་པ། · · · · · · · · · · · · · · · · · · 82

6.བསྟོ་སློན། · 82

7.འཕགས་པ་པ་ ྋ སྐུ་བ་རིའི་མདོ། · · · · · · · · · · · · 83

8.དཔའ་སྐྱོང་ཕྱག་བརྒྱ་པ། · · · · · · · · · · · · · · 83

9.འགྱོད་ཚངས་དང་སྡོན་ལམ། · · · · · · · · · · · · · 85

10.འཕགས་པ་རྒྱལ་མཚན་གྱི་རྩེ་མོའི་དཔུང་རྒྱན་ཞེས་བྱ་བའི་གཟུངས། · · 86

11.ཐྱེས་བྱང་། · · · · · · · · · · · · · · · · · · · 86

12.འཕགས་པ་དོན་ཡོད་ཞགས་པའི་སྙིང་པོ། · · · · · · · · 86

13.གཙུག་ཏོར་རྣམ་པར་རྒྱལ་བའི་གཟུངས། · · · · · · · · 87

14.ལས་ཀྱི་སྒྲིབ་པ་རྣམ་པར་སྦྱོང་བའི་གཟུངས། · · · · · · · 87

15.ཤེས་རབ་ཀྱི་ཕ་རོལ་ཏུ་ཕྱིན་པ་སྟོང་ཕྲག་ཉི་ཤུ་ལྔ་པ། · · · · · 87

16.གཟའ་རྣམས་ཀྱི་ཡུམ་ཞེས་བྱ་བའི་གཟུངས། · · · · · · · 92

17.བྱིས་ཞེས་བྱང་། · · · · · · · · · · · · · · · · · 93

18.གསེར་འོད་དམ་པ་ཐེག་པ་ཆེན་པོའི་མདོ་བམ་པོ་དྲུག་པ། · · · · 93

英 IOL.Tib.J.VOL.123   1.བསྒྲུབ་པ་ལྡའི་ཡོན་ཏན་གྱི་མདོ། །རྒྱ་ཡིག། · · · · · 94

2.ཤེས་རབ་ཀྱི་ཕ་རོལ་ཏུ་ཕྱིན་པ་སྟོང་ཕྲག་བརྒྱ་པ། · · · · · · 97

英 IOL.Tib.J.VOL.124   1.ཤེས་རབ་ཀྱི་ཕ་རོལ་ཏུ་ཕྱིན་པ་སྟོང་ཕྲག་བརྒྱན་པ་དུམ་བུ་གཉིས་པ་བམ་པོ་དྲུག་ཅུ་གཉིས་སོ། 100

2.ཤེས་རབ་ཀྱི་ཕ་རོལ་ཏུ་ཕྱིན་པ་སྟོང་ཕྲག་བརྒྱ་པ། · · · · · 106

英 IOL.Tib.J.VOL.125   1.ཐབས་མཁས་པ་ཆེན་པོ་སངས་རྒྱས་དྲིན་ལན་བསབ་པའི་མདོ། །རྒྱ་ཡིག། 107

2.ཤེས་རབ་ཀྱི་སྙིང་པོ་བཤད་པ། · · · · · · · · · · · 111

英 IOL.Tib.J.VOL.126   ས་ལུ་ལྗང་པ་ཞེས་ཅེན་འབྱེལ་པར་འབྱུང་བའི་མདོར་བསྟན་པ། · · · 116

英 IOL.Tib.J.VOL.127   1.པམ་ཀོང་བརྒྱ་པ། · · · · · · · · · · · · · · 119

2.འགྱོད་ཚངས་དང་སྡོན་ལམ་དུ་གསོལ་པ། · · · · · · · 122

3.དམ་ཚོས་པ་བླ་དཀར་པོ། །རྒྱ་ཡིག། · · · · · · · · 123

英 IOL.Tib.J.VOL.128   1.ཚེ་དཔག་དུ་བྱེད་པ་ཞེས་བྱ་བ་ཐེག་པ་ཆེན་པོའི་མདོ། · · 128

2.བྱིས་བྱང་། · · · · · · · · · · · · · · · · · · 129

3.འཕགས་པ་ཚེ་དཔག་དུ་བྱེད་པ་ཞེས་བྱ་བ་ཐེག་པ་ཆེན་པོའི་མདོ། · · · · · 130

英 IOL.Tib.J.VOL.129   1.སེམས་ཅན་པའི་གཞུང་འགྲེལ། · · · · · · · · · · 131

2.འཕགས་པ་ལྷ་མོའི་མདོ། · · · · · · · · · · · · · 132

3.ལྷས་གསོལད་པའི་མདོ། · · · · · · · · · · · · · · 132

4.འཕགས་པ་འཇམ་དཔལ་གྱི་མཚན་བརྒྱ་རྩ་བརྒྱད་པ། · · · 133

5.གནམ་བབས་ཀྱི་དར་མ་བམ་པོ་གཅིག 134

6.ཤེས་རབ་ཀྱི་ཕ་རོལ་ཏུ་ཕྱིན་པ་རྡོ་རྗེ་གཅོད་པ། །རྒྱ་ཡིག། · · · 134

英 IOL.Tib.J.VOL.130   རྒྱུད་དོན་བྱོར་བུ། · · · · · · · · · · · · · · · · · · 140

英 IOL.Tib.J.VOL.131   1.སློན་ལམ། · · · · · · · · · · · · · · · · · · 145

英 IOL.Tib.J.VOL.131 2.སྒྲིན་པ་ཕབས་མེད། ⋯⋯⋯⋯⋯⋯⋯ 148

         3.སློན་ལམ། ⋯⋯⋯⋯⋯⋯⋯⋯⋯ 150

英 IOL.Tib.J.VOL.132 1.འཕགས་པའི་དགེའ་བྱའི་སློན་ལམ། ⋯⋯ 151

         2.འཕགས་པ་ཡོངས་སུ་རྒྱ་ངན་ལས་འདས་པ་ཆེན་པོའི་མདོ། ༼རྒྱ་ཡིག༽ ⋯⋯ 152

英 IOL.Tib.J.VOL.133 1.རྒྱལ་འབྱོར་ཆེན་མོའི་ལུགས་ཀྱི་རྲིས་ལན་མཆན་ཅག ⋯⋯⋯⋯ 154

         2.སྦྱར་བྱད། ⋯⋯⋯⋯⋯⋯⋯⋯ 158

英 IOL.Tib.J.VOL.134 ཀྱི་མ་བུ་མཆིང་རྒྱལ་གྱི་གཏམ་རྒྱུད། ⋯⋯⋯⋯⋯⋯ 159

英 IOL.Tib.J.VOL.135 སློམ་ཐབས། ⋯⋯⋯⋯⋯⋯⋯⋯⋯⋯ 162

英 IOL.Tib.J.VOL.136 1.དཔད་སློང་ཕྱག་བརྒྱ་པ། ⋯⋯⋯⋯⋯ 164

         2.བསྐབ་བྱ། ⋯⋯⋯⋯⋯⋯⋯⋯⋯ 165

英 IOL.Tib.J.VOL.137 སློམ་ཐབས། ⋯⋯⋯⋯⋯⋯⋯⋯⋯⋯ 166

英 IOL.Tib.J.VOL.138 1.སྐུམ་པ་མ་ཤགས་ཆེན་པོ། ⋯⋯⋯⋯ 171

         2.ཤེས་རབ་ཀྱི་ཕ་རོལ་ཏུ་ཕྱིན་པ་རྡོ་རྗེ་གཅོད་པ། ༼རྒྱ་ཡིག༽ ⋯⋯ 172

英 IOL.Tib.J.VOL.139 1.ཆད་རིགས་ལས་དབྱུང་པ། ⋯⋯⋯⋯ 175

         2.ཚ་སློས་པའི་ཞེའུ། ⋯⋯⋯⋯⋯⋯ 175

         3.ཏུ་རྒྱུད་དབྱི་བའི་རབས། ⋯⋯⋯⋯ 175

         4.འཕགས་པ་གསེར་འོད་དམ་པའི་མདོ། ༼རྒྱ་ཡིག༽ ⋯⋯⋯⋯⋯ 177

         5.ཀྱིམ་པོ་ཉག་གཅིག་དང་ཚོང་གི་རྲིག་ཞིན། ⋯⋯ 177

英 IOL.Tib.J.VOL.140 1.བོད་སྐད་ཏུ་སྒྲ་བསྒྱུར་བྱས་པ། ⋯⋯⋯ 180

         2.དམ་ཚོས་པ་བྲ་དཀར་པོ། ༼རྒྱ་ཡིག༽ ⋯⋯⋯⋯⋯ 187

英 IOL.Tib.J.VOL.141 1.རྣ་མ་ཐའི་གཏམ་རྒྱུད། ⋯⋯⋯⋯⋯ 194

         2.འཕྲིན་ཡིག ⋯⋯⋯⋯⋯⋯⋯⋯⋯ 197

         3.རྣ་མ་ཐའི་གཏམ་རྒྱུད། ⋯⋯⋯⋯⋯ 197

         4.འཕྲིན་ཡིག ⋯⋯⋯⋯⋯⋯⋯⋯⋯ 199

英 IOL.Tib.J.VOL.142 1.ཐོ་མོའི་མོ་ཡིག ⋯⋯⋯⋯⋯⋯⋯⋯ 200

         2.ཤེས་རབ་ཀྱི་ཕ་རོལ་ཏུ་ཕྱིན་པ་སློང་ཕྱག་བརྒྱ་པ། ⋯⋯ 202

英 IOL.Tib.J.VOL.143 1.འཕགས་པ་གསེར་འོད་དམ་པའི་མདོ། ༼རྒྱ་ཡིག༽ ⋯⋯ 204

         2. ཐོ་མོའི་མོ་ཡིག ⋯⋯⋯⋯⋯⋯⋯ 215

         3.སློག་པོའི་བཀའ་བའི་ཐོ་བྱུང་བའི་ཚིགས་ཀྱི་ཞུས་ལན། ⋯ 218

英 IOL.Tib.J.VOL.144 1.གཞི་ཐམས་ཅད་ཡོད་པར་སྲ་བའི་ཚེས་མངོན་པ་མཛོད། ༼རྒྱ་ཡིག༽ ⋯ 221

         2.མོ་ཡིག ⋯⋯⋯⋯⋯⋯⋯⋯⋯⋯ 227

英 IOL.Tib.J.VOL.145 1.འོད་དཔག་མེད་ཀྱི་མདོ། ༼རྒྱ་ཡིག༽ ⋯ 229

         2.དམ་ཚོས་པ་བྲ་དཀར་པོ། ༼རྒྱ་ཡིག༽ ⋯ 230

         3.ཐོ་མོའི་མོ་ཡིག ⋯⋯⋯⋯⋯⋯⋯ 231

英 IOL.Tib.J.VOL.146 1.བཅན་པོའི་སྲབས་ཀྱི་དོན་ཆེན་གནད་བསྲུས། ⋯⋯⋯⋯⋯ 234

         2.དམ་ཚོས་པ་བྲ་དཀར་པོ། ༼རྒྱ་ཡིག༽ ⋯ 239

英 IOL.Tib.J.VOL.147 1.དམ་ཚོས་པ་བྲ་དཀར་པོ། ༼རྒྱ་ཡིག༽ ⋯ 245

         2.ཚིག་ཐོར་བུ། ⋯⋯⋯⋯⋯⋯⋯⋯⋯ 245

         3.དམ་ཚོས་པ་བྲ་དཀར་པོ། ༼རྒྱ་ཡིག༽ ⋯ 245

         4.རྒྱས་པ་འཇལ་གྱི་ཁྲིམས་ཡིག ⋯⋯⋯ 247

英 IOL.Tib.J.VOL.148 1.ཤེས་རབ་ཀྱི་ཕ་རོལ་ཏུ་ཕྱིན་པ་རྡོ་རྗེ་གཅོད་པ། ༼རྒྱ་ཡིག༽ ⋯ 249

英 IOL.Tib.J.VOL.148   2.སྒྲུན་དཔྱད། ·······················250

英 IOL.Tib.J.VOL.149   1.ཤེས་རབ་ཆེན་མོའི་ཕ་རོལ་ཏུ་ཕྱིན་པའི་རྣམ་བཤད། ཀྱུ་ཡིག ·······················252

                      2.སངས་རྒྱས་སྟོང་བདུན་གྱི་སྒྲུང་འབོར་གྱི་མདོ། ཀྱུ་ཡིག ·······················256

                      3.འདུས་པ་ཆེན་པོ། ཀྱུ་ཡིག ·······················256

                      4.རྣ་ཅའི་གཏམ་རྒྱུད། ·······················258

英 IOL.Tib.J.VOL.150   1.ཤེས་རབ་ཀྱི་ཕ་རོལ་ཏུ་ཕྱིན་པ་སྟོང་ཕྲག་བརྒྱ་པ་དུམ་བུ་གཉིས་པ་བམ་པོ་ལྔ་བཅུ་དགུ་བོ། ···265

                      2.ཞུས་བྱང་། ·······················272

                      3.དམ་ཚོས་ཁ་ཐོར། ·······················272

英 IOL.Tib.J.VOL.151   1.ཤེས་རབ་ཀྱི་ཕ་རོལ་ཏུ་ཕྱིན་པ་སྟོང་ཕྲག་བརྒྱ་པ། ·······················274

                      2.བྱིས་བྱང་། ·······················283

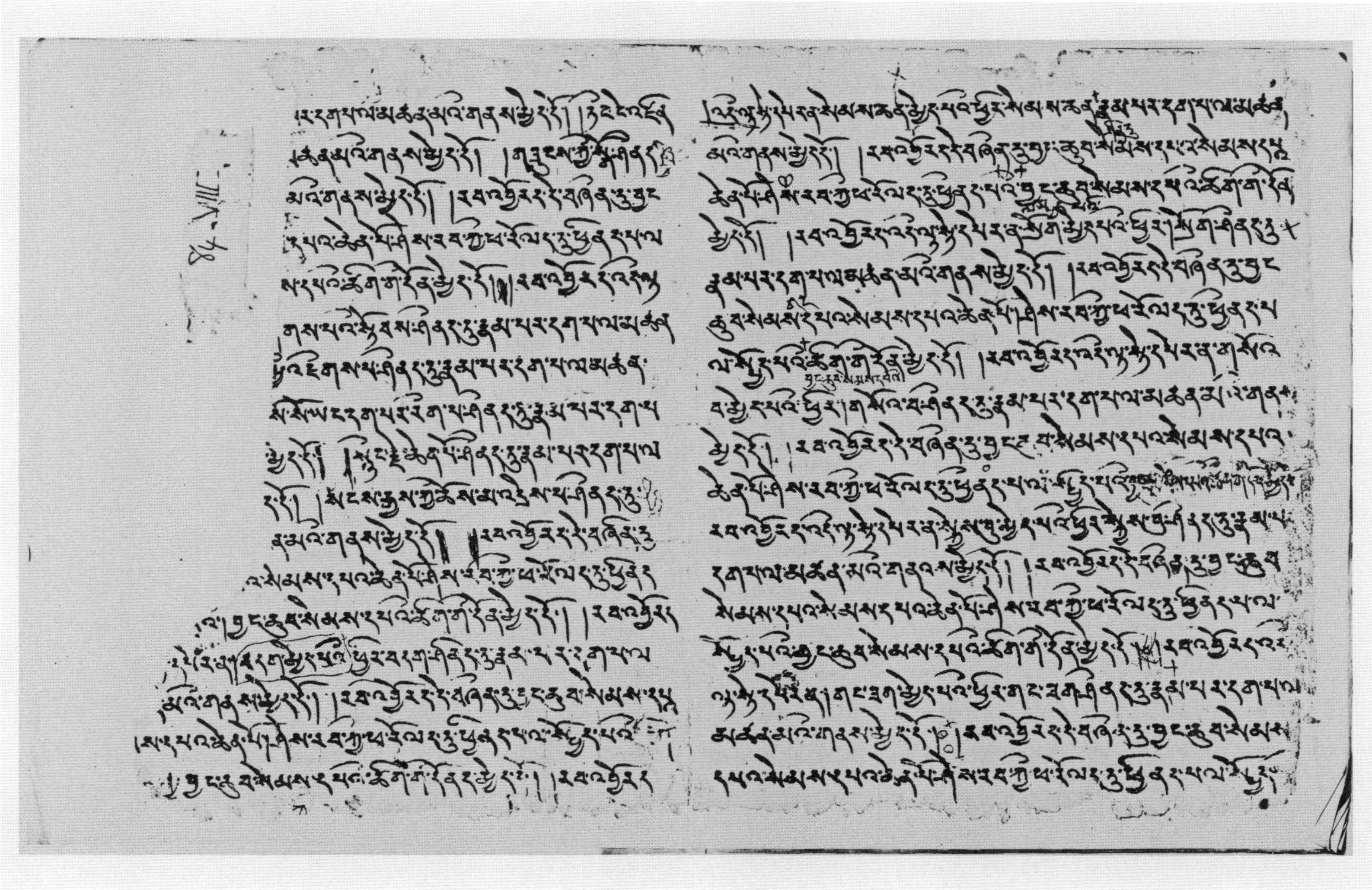

英 IOL.Tib.J.VOL.120　1.ཤེས་རབ་ཀྱི་ཕ་རོལ་ཏུ་ཕྱིན་པ་སྟོང་ཕྲག་བརྒྱ་པ།

　　　　1.十萬頌般若波羅蜜多經　　　(101–1)

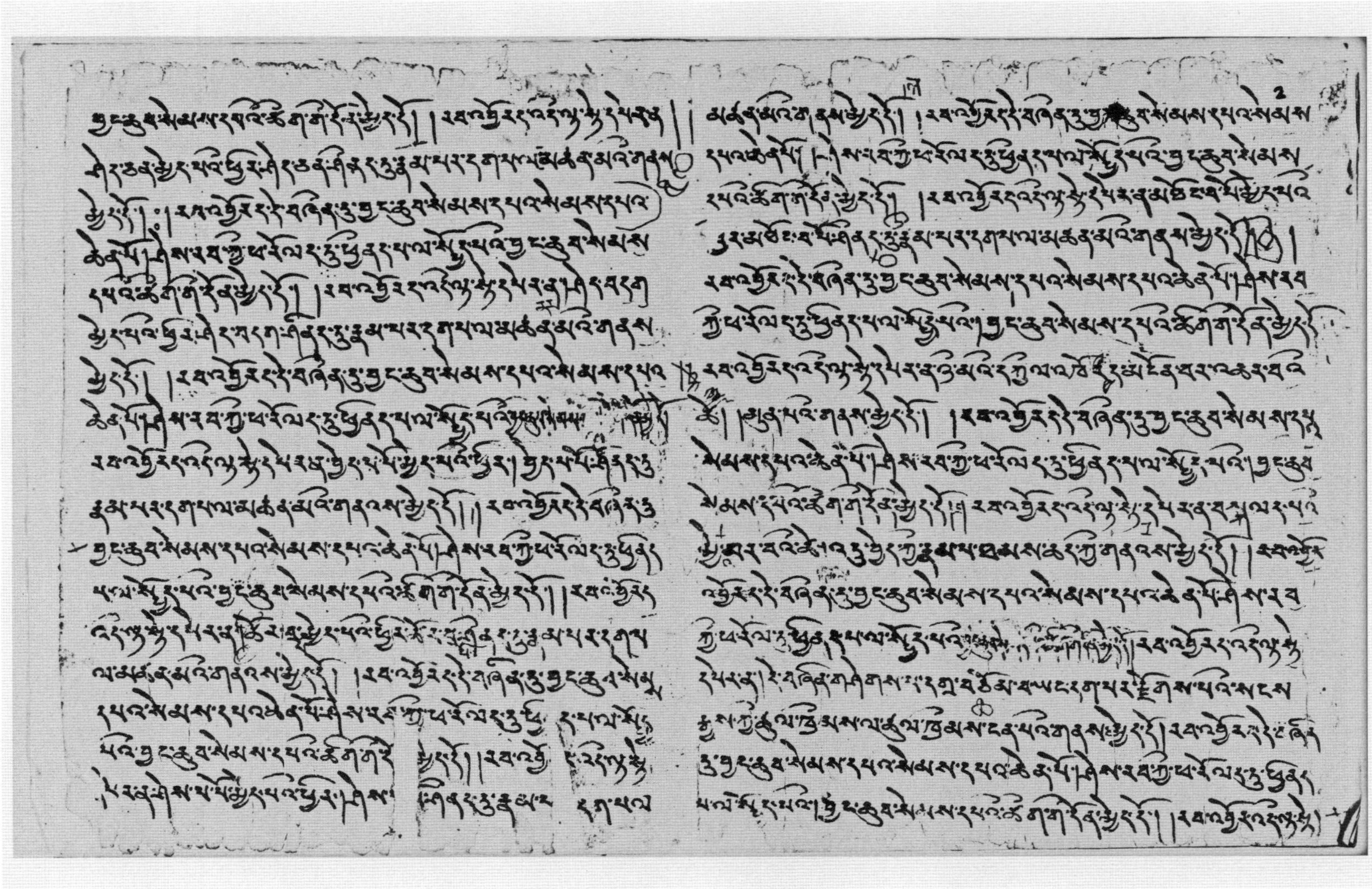

英 IOL.Tib.J.VOL.120　1.ཤེས་རབ་ཀྱི་ཕ་རོལ་ཏུ་ཕྱིན་པ་སྟོང་ཕྲག་བརྒྱ་པ།

　　　　1.十萬頌般若波羅蜜多經　　　(101–2)

英 IOL.Tib.J.VOL.120 1.ཤེས་རབ་ཀྱི་ཕ་རོལ་དུ་ཕྱིན་པ་སྟོང་ཕྲག་བརྒྱ་པ།
1.十萬頌般若波羅蜜多經 (101-3)

英 IOL.Tib.J.VOL.120 1.ཤེས་རབ་ཀྱི་ཕ་རོལ་དུ་ཕྱིན་པ་སྟོང་ཕྲག་བརྒྱ་པ།
1.十萬頌般若波羅蜜多經 (101-4)

英 IOL.Tib.J.VOL.120 1.ཤེས་རབ་ཀྱི་ཕ་རོལ་དུ་ཕྱིན་པ་སྟོང་ཕྲག་བརྒྱ་པ།
1.十萬頌般若波羅蜜多經　　（101–5）

英 IOL.Tib.J.VOL.120 1.ཤེས་རབ་ཀྱི་ཕ་རོལ་དུ་ཕྱིན་པ་སྟོང་ཕྲག་བརྒྱ་པ།
1.十萬頌般若波羅蜜多經　　（101–6）

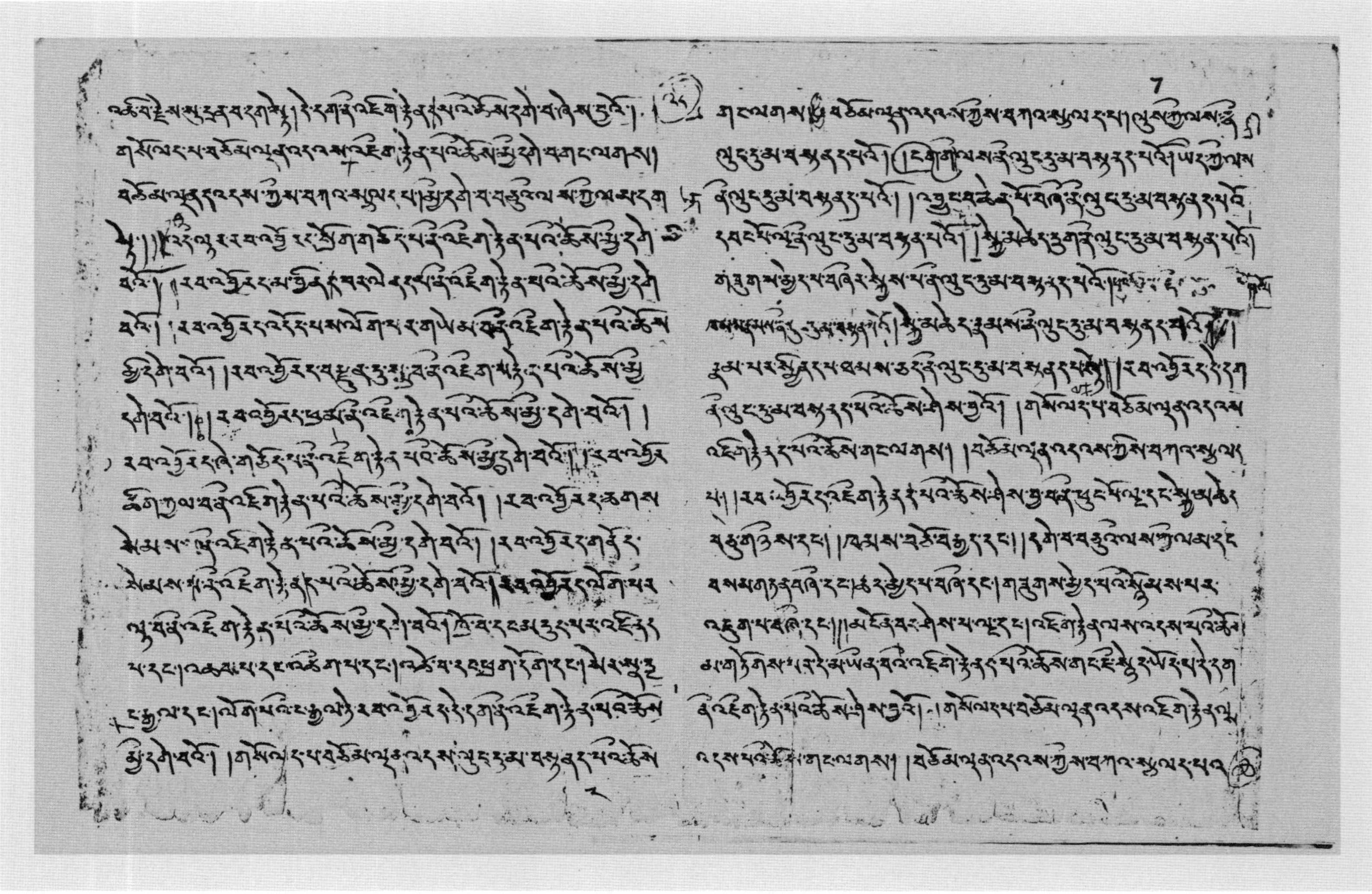

英 IOL.Tib.J.VOL.120　1.ཤེས་རབ་ཀྱི་ཕ་རོལ་དུ་ཕྱིན་པ་སྟོང་ཕྲག་བརྒྱ་པ།

1.十萬頌般若波羅蜜多經　　　(101-7)

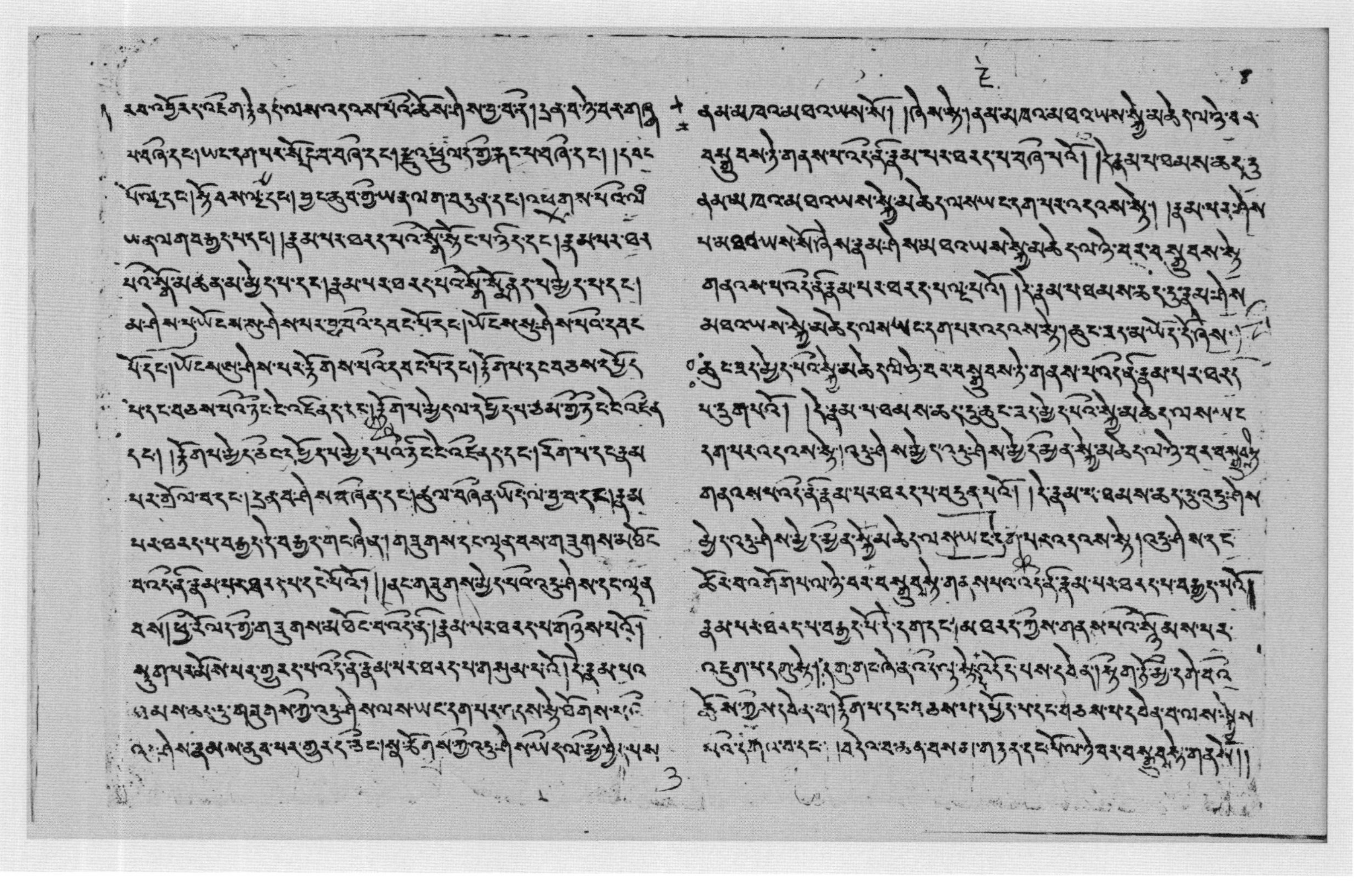

英 IOL.Tib.J.VOL.120　1.ཤེས་རབ་ཀྱི་ཕ་རོལ་དུ་ཕྱིན་པ་སྟོང་ཕྲག་བརྒྱ་པ།

1.十萬頌般若波羅蜜多經　　　(101-8)

英 IOL.Tib.J.VOL.120　1.ཤེས་རབ་ཀྱི་ཕ་རོལ་དུ་ཕྱིན་པ་སྟོང་ཕྲག་བརྒྱ་པ།
　　　　　　　1.十萬頌般若波羅蜜多經　　(101–9)

英 IOL.Tib.J.VOL.120　1.ཤེས་རབ་ཀྱི་ཕ་རོལ་དུ་ཕྱིན་པ་སྟོང་ཕྲག་བརྒྱ་པ།
　　　　　　　1.十萬頌般若波羅蜜多經　　(101–10)

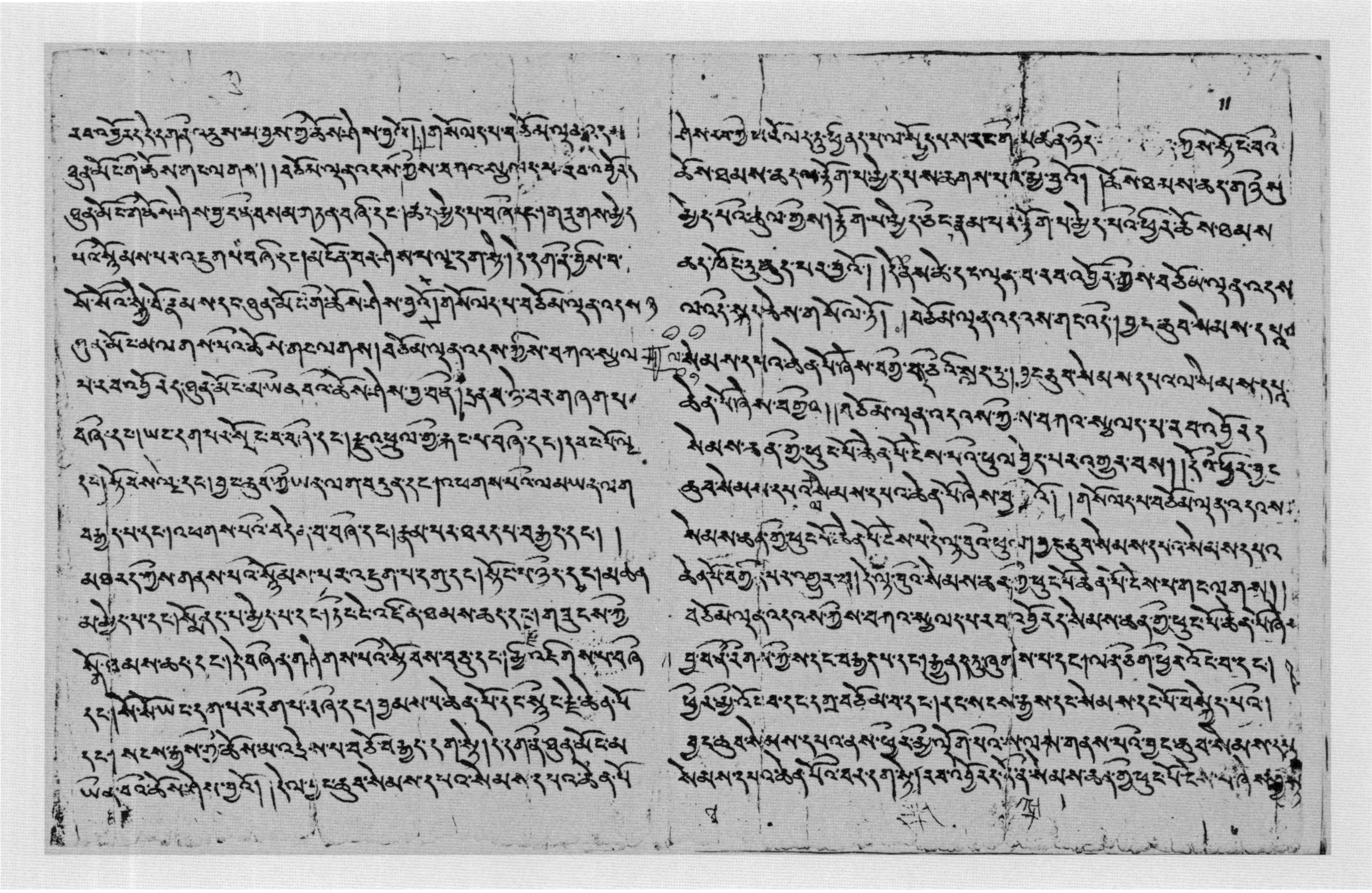

英 IOL.Tib.J.VOL.120　1.ཤེས་རབ་ཀྱི་ཕ་རོལ་ཏུ་ཕྱིན་པ་སྟོང་ཕྲག་བརྒྱ་པ།
1.十萬頌般若波羅蜜多經　(101–11)

英 IOL.Tib.J.VOL.120　1.ཤེས་རབ་ཀྱི་ཕ་རོལ་ཏུ་ཕྱིན་པ་སྟོང་ཕྲག་བརྒྱ་པ།
1.十萬頌般若波羅蜜多經　(101–12)

英 IOL.Tib.J.VOL.120　　1.ཤེས་རབ་ཀྱི་ཕ་རོལ་དུ་ཕྱིན་པ་སྟོང་ཕྲག་བརྒྱ་པ།
　　　　　　　　　1.十萬頌般若波羅蜜多經　　　(101–13)

英 IOL.Tib.J.VOL.120　　1.ཤེས་རབ་ཀྱི་ཕ་རོལ་དུ་ཕྱིན་པ་སྟོང་ཕྲག་བརྒྱ་པ།
　　　　　　　　　1.十萬頌般若波羅蜜多經　　　(101–14)

英 IOL.Tib.J.VOL.120　1.ཤེས་རབ་ཀྱི་ཕ་རོལ་དུ་ཕྱིན་པ་སྟོང་ཕྲག་བརྒྱ་པ།
1.十萬頌般若波羅蜜多經　　(101-15)

英 IOL.Tib.J.VOL.120　1.ཤེས་རབ་ཀྱི་ཕ་རོལ་དུ་ཕྱིན་པ་སྟོང་ཕྲག་བརྒྱ་པ།
1.十萬頌般若波羅蜜多經　　(101-16)

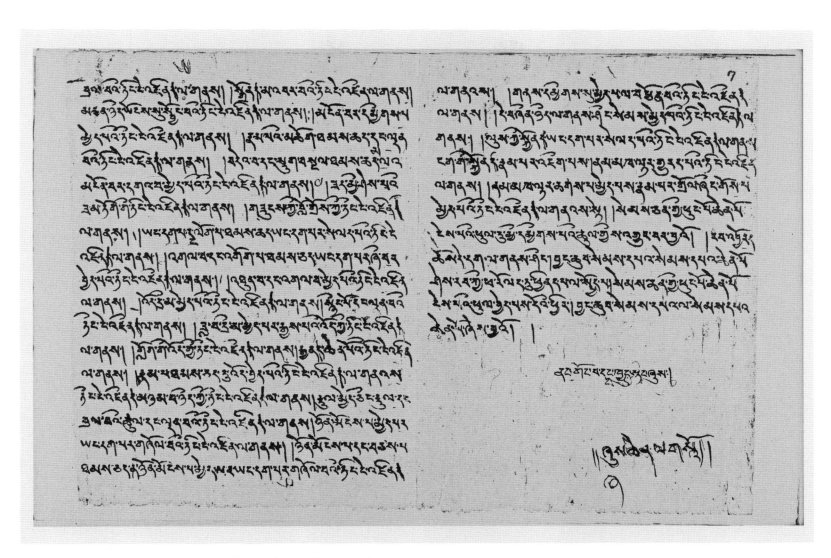

英 IOL.Tib.J.VOL.120　1.ཤེས་རབ་ཀྱི་ཕ་རོལ་དུ་ཕྱིན་པ་སྟོང་ཕྲག་བརྒྱ་པ།　　2.ཞུས་བྱང་།

1.十萬頌般若波羅蜜多經　　2.校對題記　　(101-17)

英 IOL.Tib.J.VOL.120　3.ཚིག་ཐོར་བུ།

3.雜寫　　(101-18)

英 IOL.Tib.J.VOL.120　4.ཤེས་རབ་ཀྱི་ཕ་རོལ་དུ་ཕྱིན་པ་སྟོང་ཕྲག་བརྒྱ་པ།
4.十萬頌般若波羅蜜多經　　　(101–19)

英 IOL.Tib.J.VOL.120　4.ཤེས་རབ་ཀྱི་ཕ་རོལ་དུ་ཕྱིན་པ་སྟོང་ཕྲག་བརྒྱ་པ།
4.十萬頌般若波羅蜜多經　　　(101–20)

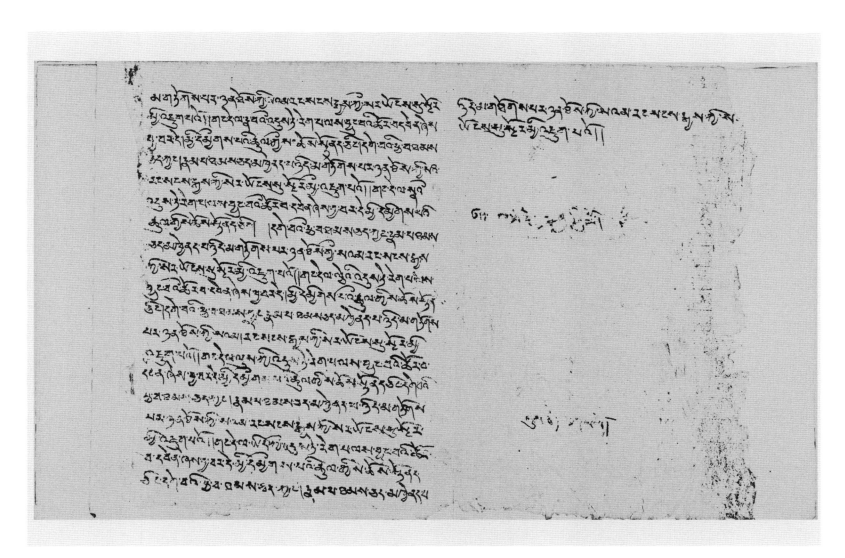

英 IOL.Tib.J.VOL.120　4.ཤེས་རབ་ཀྱི་ཕ་རོལ་དུ་ཕྱིན་པ་སྟོང་ཕྲག་བརྒྱ་པ།

4.十萬頌般若波羅蜜多經　　(101-21)

英 IOL.Tib.J.VOL.120　4.ཤེས་རབ་ཀྱི་ཕ་རོལ་དུ་ཕྱིན་པ་སྟོང་ཕྲག་བརྒྱ་པ།

4.十萬頌般若波羅蜜多經　　(101-22)

英 IOL.Tib.J.VOL.120　4.ཤེས་རབ་ཀྱི་ཕ་རོལ་དུ་ཕྱིན་པ་སྟོང་ཕྲག་བརྒྱ་པ།　　5.བྲིས་ཞུས་བྱུང་།

4.十萬頌般若波羅蜜多經　　5.抄寫校對題記　　(101-23)

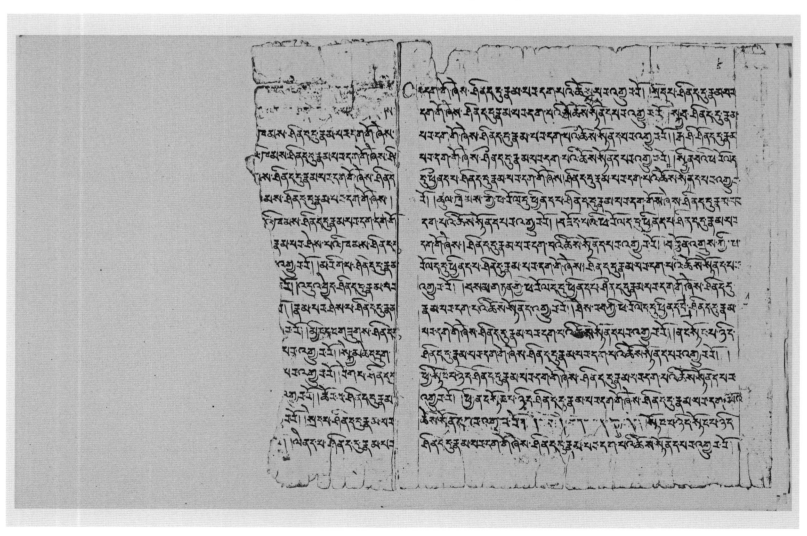

英 IOL.Tib.J.VOL.120　6.ཤེས་རབ་ཀྱི་ཕ་རོལ་དུ་ཕྱིན་པ་སྟོང་ཕྲག་བརྒྱ་པ།

6.十萬頌般若波羅蜜多經　　(101-24)

英 IOL.Tib.J.VOL.120　7.དཔལ་ཆོས་ཁ་ཐོར།

7.佛經殘片　　　　(101-25)

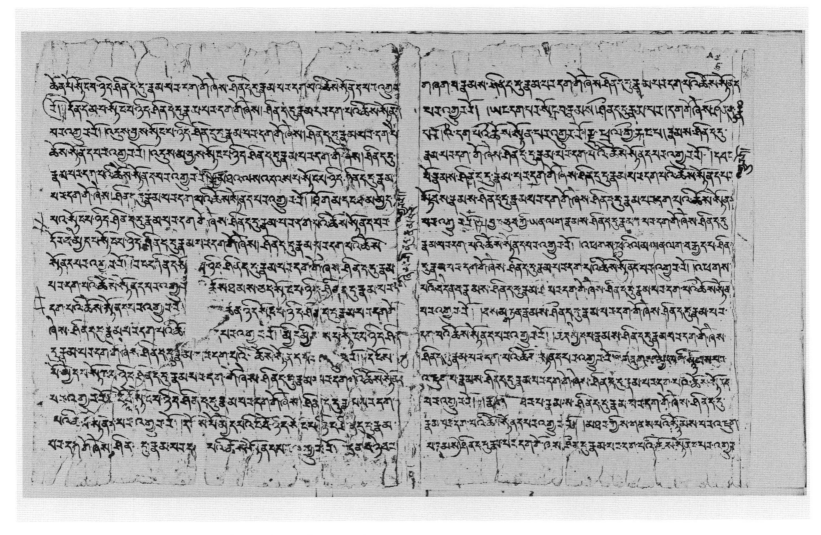

英 IOL.Tib.J.VOL.120　8.ཤེས་རབ་ཀྱི་ཕ་རོལ་དུ་ཕྱིན་པ་སྟོང་ཕྲག་བརྒྱ་པ།

8.十萬頌般若波羅蜜多經　　(101-26)

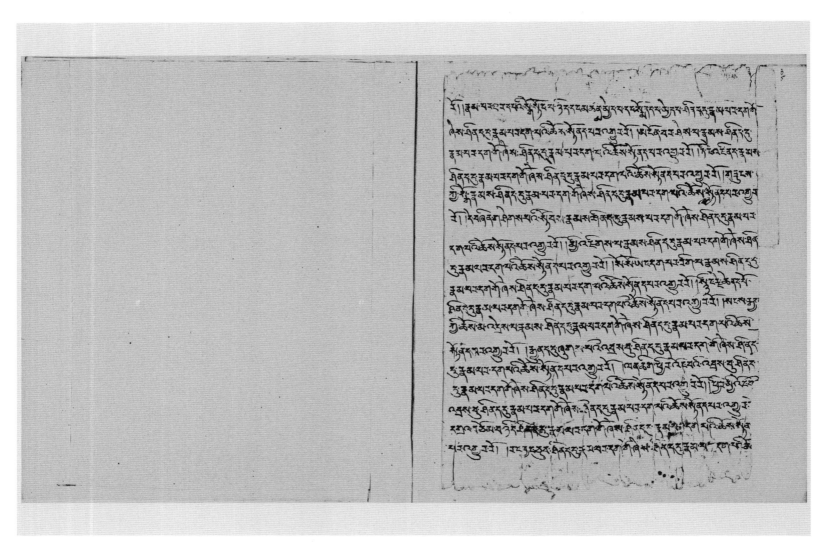

英 IOL.Tib.J.VOL.120 8.ཤེས་རབ་ཀྱི་ཕ་རོལ་དུ་ཕྱིན་པ་སྟོང་ཕྲག་བརྒྱ་པ།

8.十萬頌般若波羅蜜多經 (101-27)

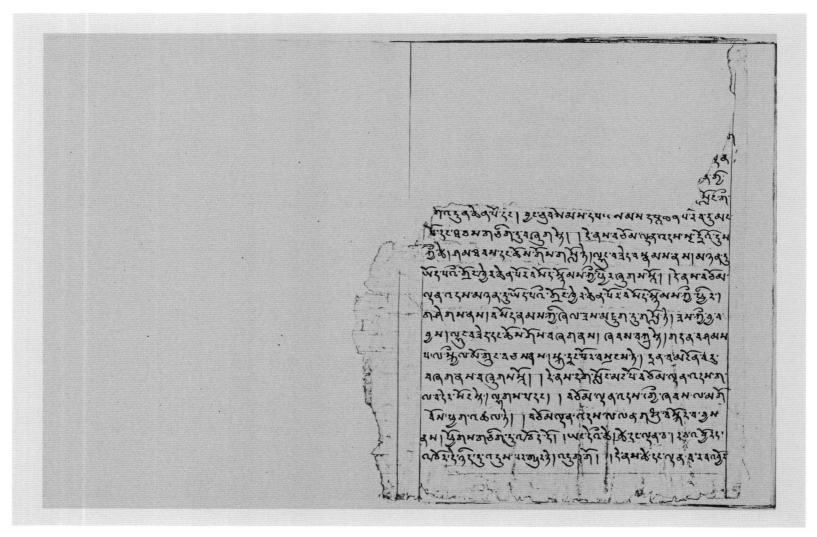

英 IOL.Tib.J.VOL.120 8.ཤེས་རབ་ཀྱི་ཕ་རོལ་དུ་ཕྱིན་པ་སྟོང་ཕྲག་བརྒྱ་པ།

8.十萬頌般若波羅蜜多經 (101-28)

英 IOL.Tib.J.VOL.120　8.ཤེས་རབ་ཀྱི་ཕ་རོལ་ཏུ་ཕྱིན་པ་སྟོང་ཕྲག་བརྒྱ་པ།
8.十萬頌般若波羅蜜多經　　　(101-29)

英 IOL.Tib.J.VOL.120　8.ཤེས་རབ་ཀྱི་ཕ་རོལ་ཏུ་ཕྱིན་པ་སྟོང་ཕྲག་བརྒྱ་པ།
8.十萬頌般若波羅蜜多經　　　(101-30)

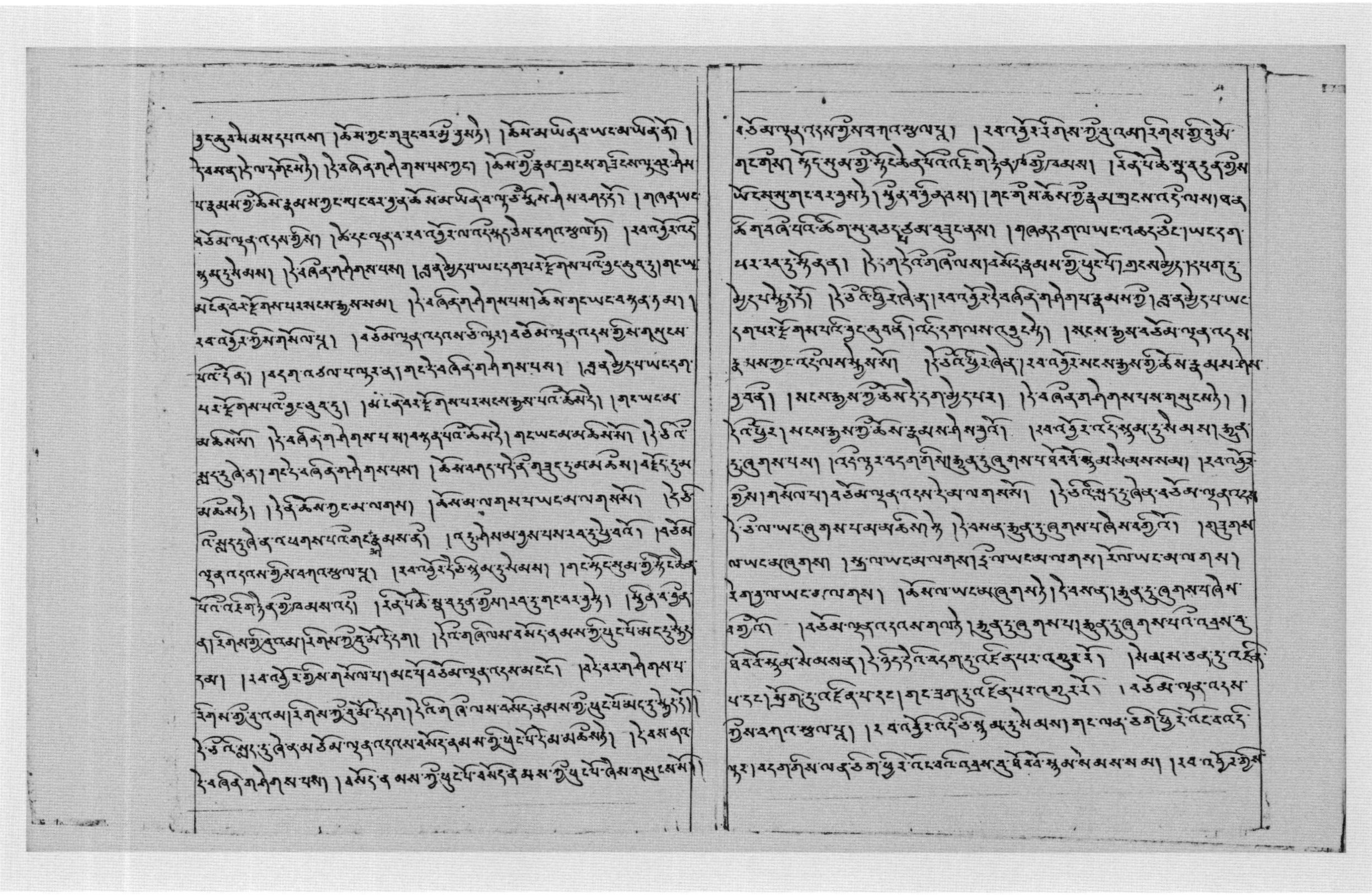

英 IOL.Tib.J.VOL.120　8.ཤེས་རབ་ཀྱི་ཕ་རོལ་ཏུ་ཕྱིན་པ་སྟོང་ཕྲག་བརྒྱ་པ།
8.十萬頌般若波羅蜜多經　(101–31)

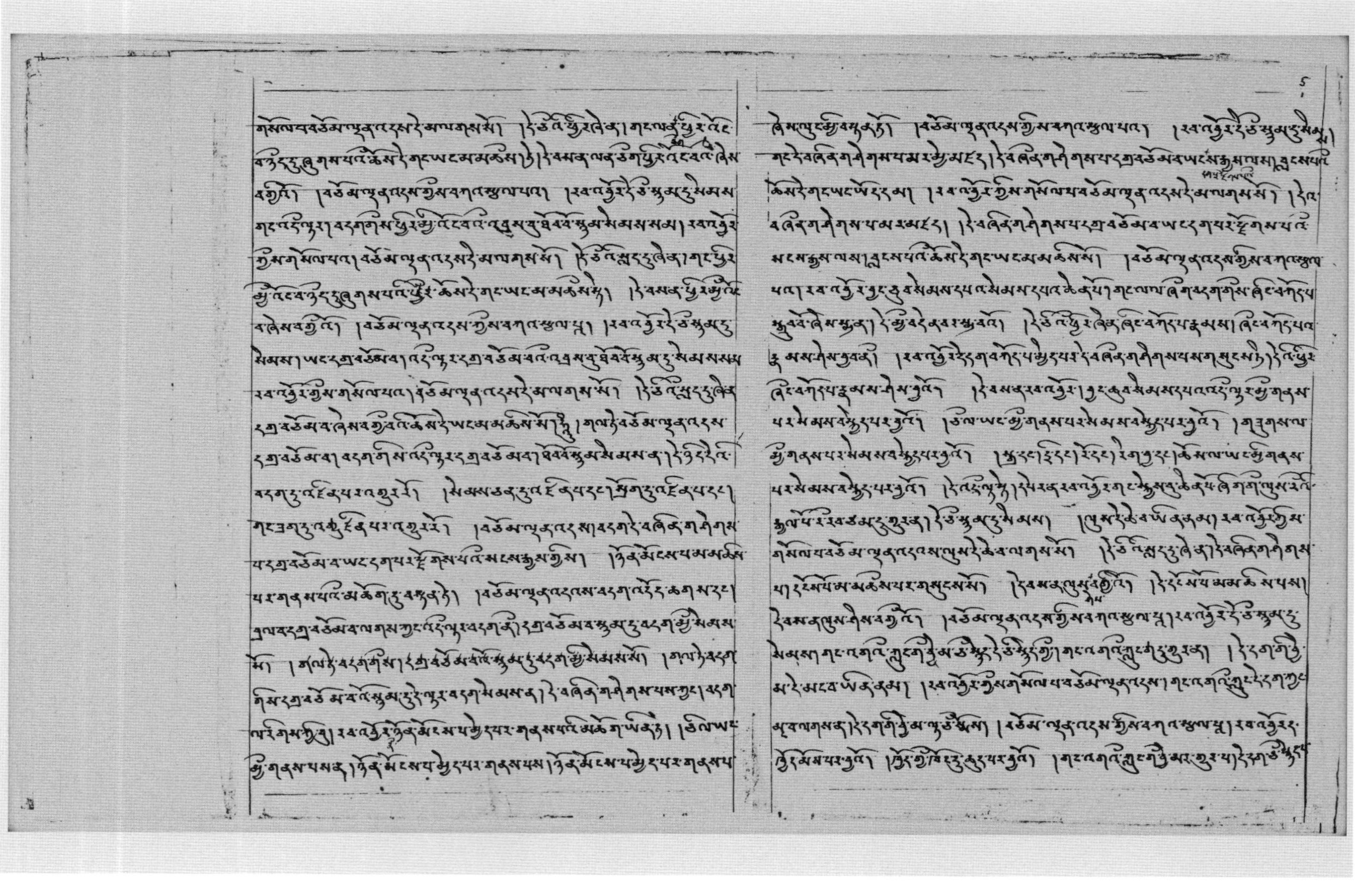

英 IOL.Tib.J.VOL.120　8.ཤེས་རབ་ཀྱི་ཕ་རོལ་ཏུ་ཕྱིན་པ་སྟོང་ཕྲག་བརྒྱ་པ།
8.十萬頌般若波羅蜜多經　(101–32)

英 IOL.Tib.J.VOL.120　8.ནེས་རབ་ཀྱི་ཕ་རོལ་དུ་ཕྱིན་པ་སྟོང་ཕྲག་བརྒྱ་པ།

8.十萬頌般若波羅蜜多經　　　(101–33)

英 IOL.Tib.J.VOL.120　8.ནེས་རབ་ཀྱི་ཕ་རོལ་དུ་ཕྱིན་པ་སྟོང་ཕྲག་བརྒྱ་པ།

8.十萬頌般若波羅蜜多經　　　(101–34)

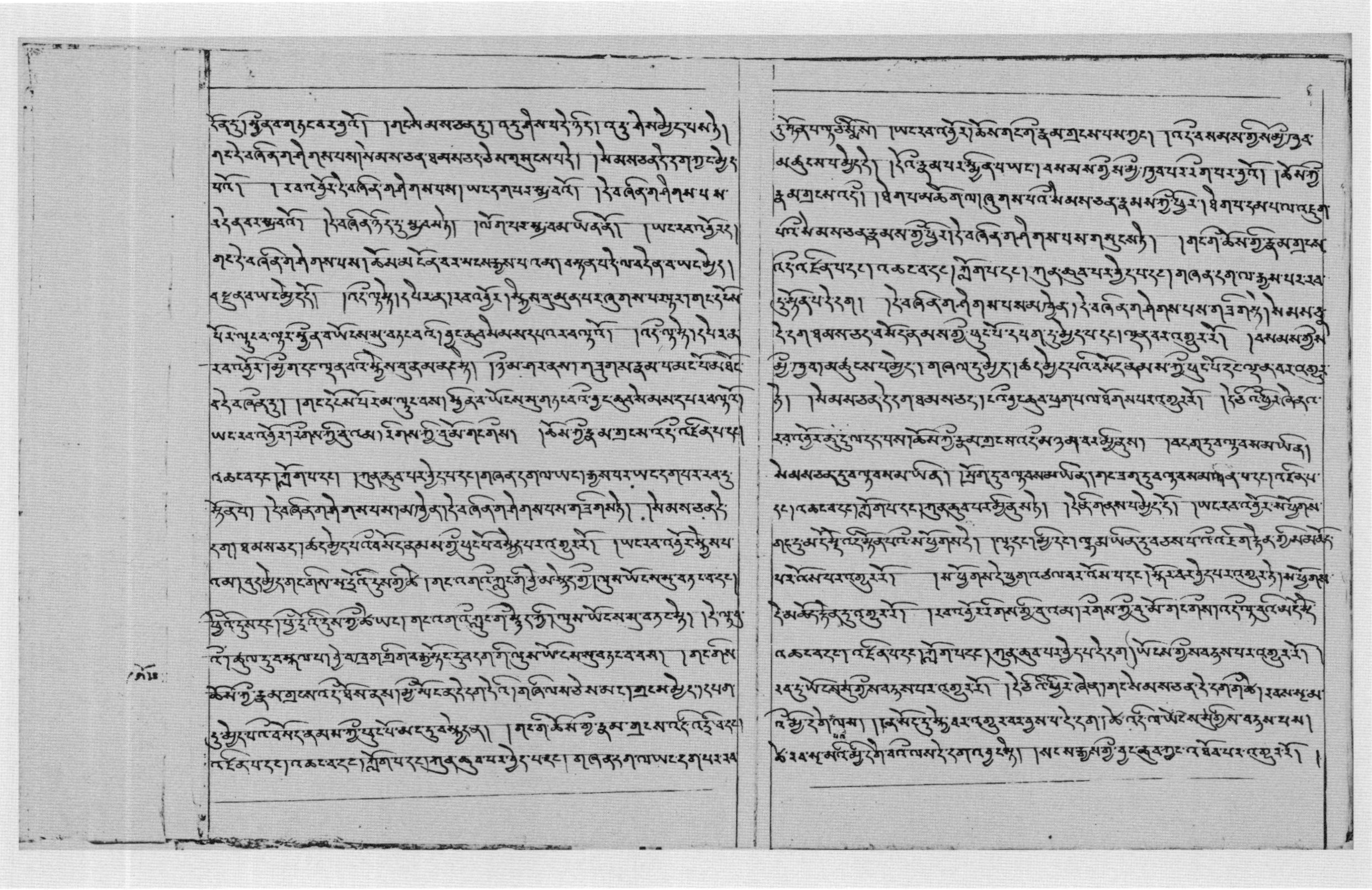

英 IOL.Tib.J.VOL.120　8.ཤེས་རབ་ཀྱི་ཕ་རོལ་ཏུ་ཕྱིན་པ་སྟོང་ཕྲག་བརྒྱ་པ།
8.十萬頌般若波羅蜜多經　(101–35)

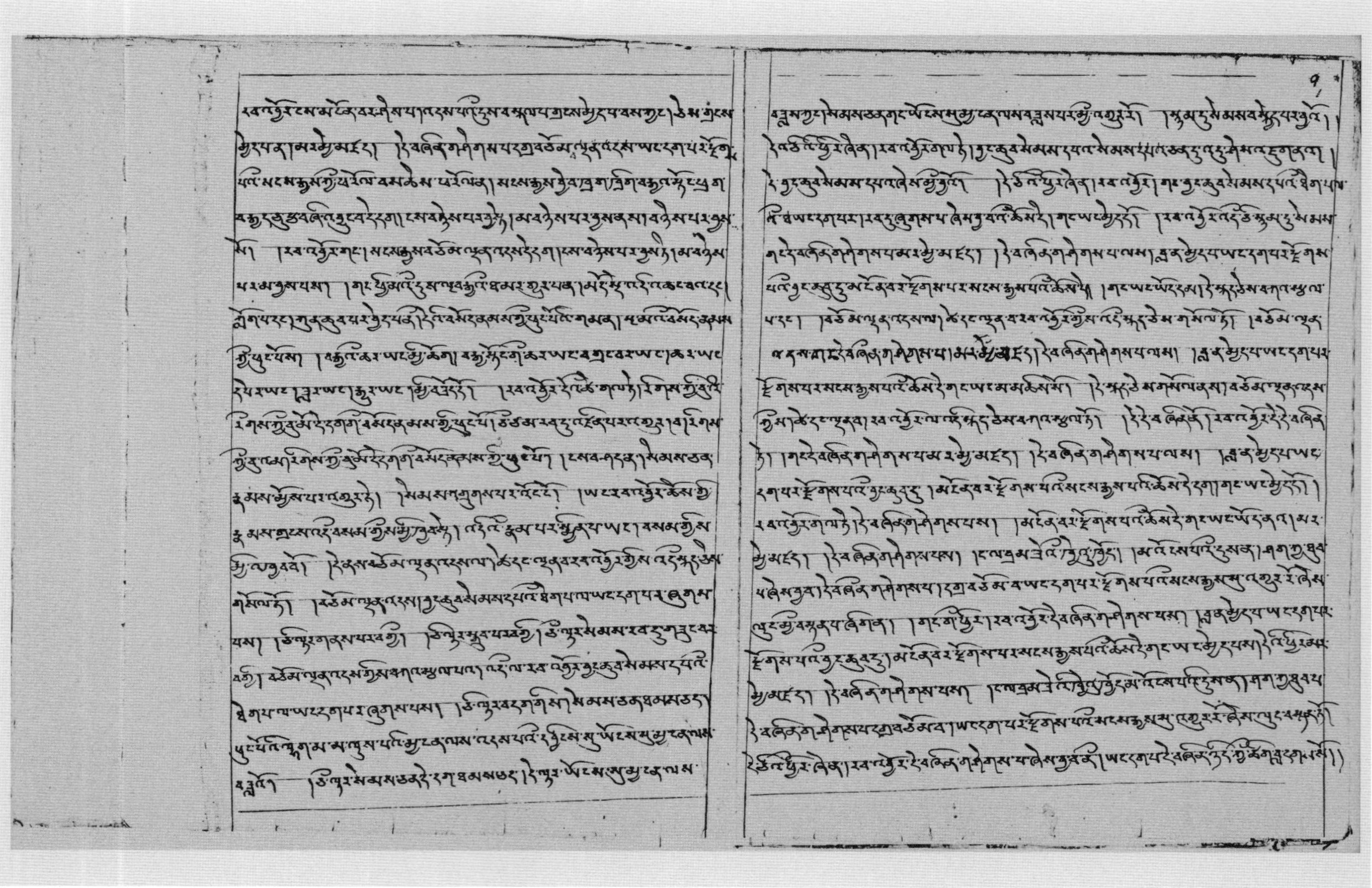

英 IOL.Tib.J.VOL.120　8.ཤེས་རབ་ཀྱི་ཕ་རོལ་ཏུ་ཕྱིན་པ་སྟོང་ཕྲག་བརྒྱ་པ།
8.十萬頌般若波羅蜜多經　(101–36)

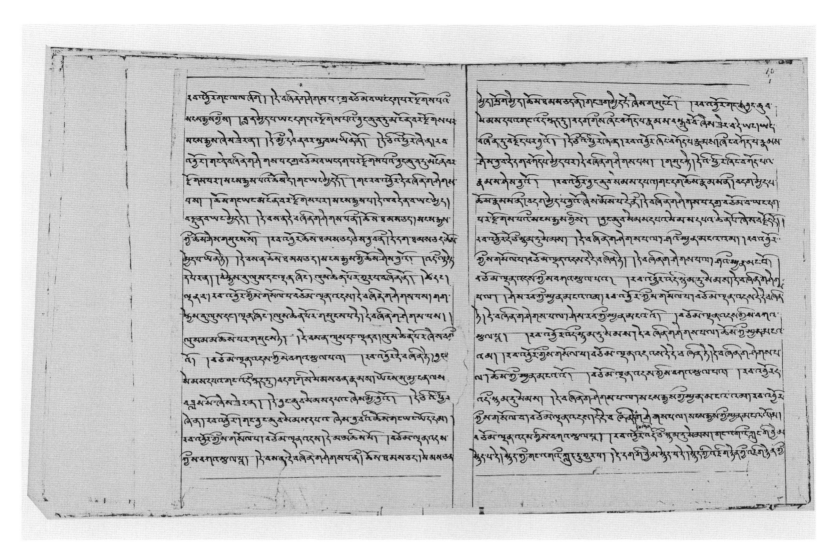

英 IOL.Tib.J.VOL.120　8.ཤེས་རབ་ཀྱི་ཕ་རོལ་དུ་ཕྱིན་པ་སྟོང་ཕྲག་བརྒྱ་པ།
8.十萬頌般若波羅蜜多經　　　(101–37)

英 IOL.Tib.J.VOL.120　9.ཚིག་ཐོར་བུ།
9.雜寫　　(101–38)

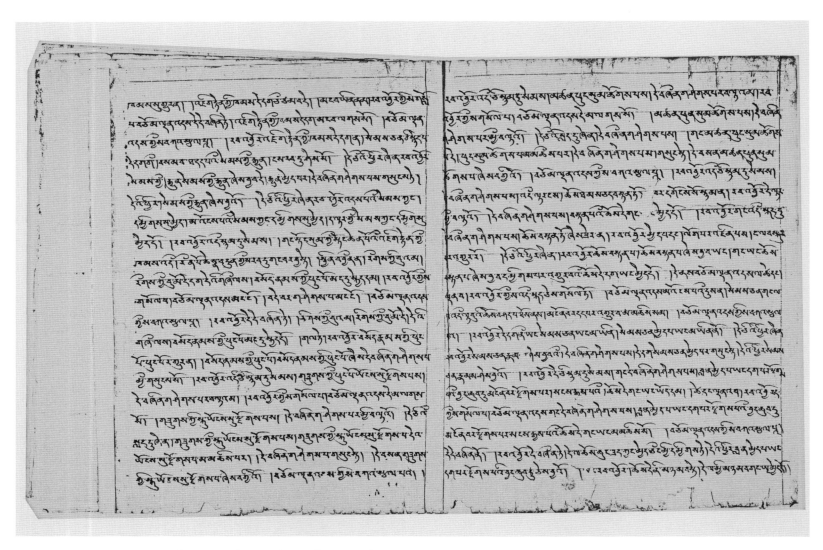

英 IOL.Tib.J.VOL.120　10.ཤེས་རབ་ཀྱི་ཕ་རོལ་ཏུ་ཕྱིན་པ་སྟོང་ཕྲག་བརྒྱ་པ།
10.十萬頌般若波羅蜜多經　　(101–39)

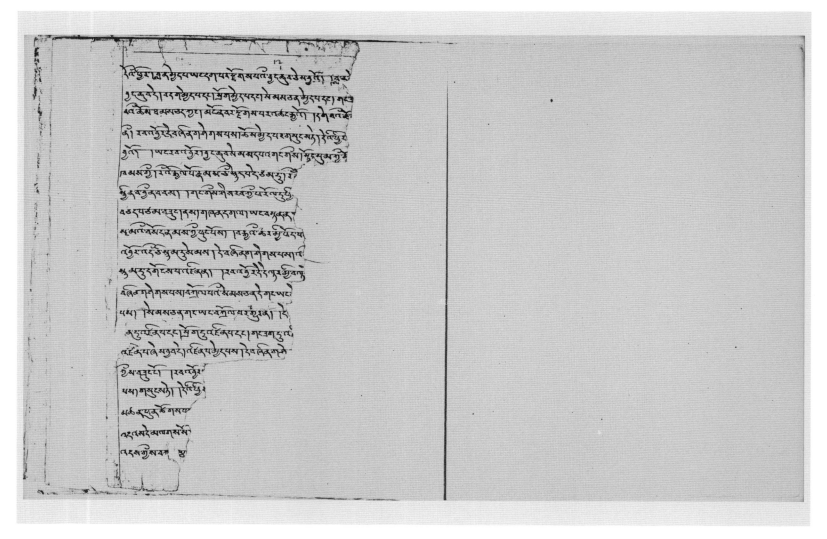

英 IOL.Tib.J.VOL.120　10.ཤེས་རབ་ཀྱི་ཕ་རོལ་ཏུ་ཕྱིན་པ་སྟོང་ཕྲག་བརྒྱ་པ།
10.十萬頌般若波羅蜜多經　　(101–40)

英 IOL.Tib.J.VOL.120　10.ཤེས་རབ་ཀྱི་ཕ་རོལ་དུ་ཕྱིན་པ་སྟོང་ཕྲག་བརྒྱ་པ།

10.十萬頌般若波羅蜜多經　　　(101-41)

英 IOL.Tib.J.VOL.120　10.ཤེས་རབ་ཀྱི་ཕ་རོལ་དུ་ཕྱིན་པ་སྟོང་ཕྲག་བརྒྱ་པ།

10.十萬頌般若波羅蜜多經　　　(101-42)

英 IOL.Tib.J.VOL.120　10.ཤེས་རབ་ཀྱི་ཕ་རོལ་དུ་ཕྱིན་པ་སྟོང་ཕྲག་བརྒྱ་པ།
10.十萬頌般若波羅蜜多經　　(101–43)

英 IOL.Tib.J.VOL.120　10.ཤེས་རབ་ཀྱི་ཕ་རོལ་དུ་ཕྱིན་པ་སྟོང་ཕྲག་བརྒྱ་པ།
10.十萬頌般若波羅蜜多經　　(101–44)

英 IOL.Tib.J.VOL.120　10.ཤེས་རབ་ཀྱི་ཕ་རོལ་ཏུ་ཕྱིན་པ་སྟོང་ཕྲག་བརྒྱ་པ།

10.十萬頌般若波羅蜜多經　　　(101–45)

英 IOL.Tib.J.VOL.120　10.ཤེས་རབ་ཀྱི་ཕ་རོལ་ཏུ་ཕྱིན་པ་སྟོང་ཕྲག་བརྒྱ་པ།

10.十萬頌般若波羅蜜多經　　　(101–46)

英 IOL.Tib.J.VOL.120　10.ཤེས་རབ་ཀྱི་ཕ་རོལ་ཏུ་ཕྱིན་པ་སྟོང་ཕྲག་བརྒྱ་པ།
10.十萬頌般若波羅蜜多經　(101–47)

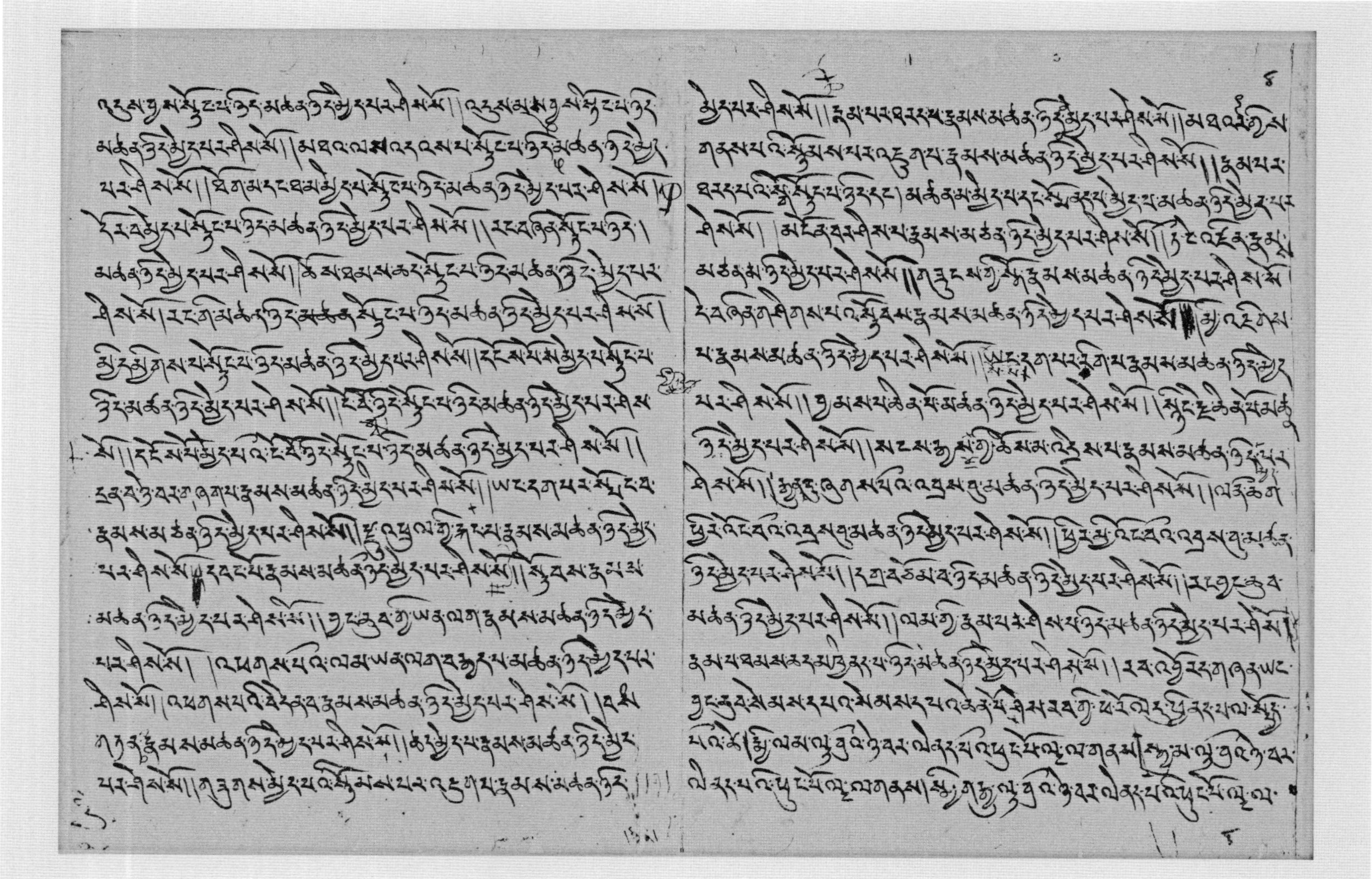

英 IOL.Tib.J.VOL.120　10.ཤེས་རབ་ཀྱི་ཕ་རོལ་ཏུ་ཕྱིན་པ་སྟོང་ཕྲག་བརྒྱ་པ།
10.十萬頌般若波羅蜜多經　(101–48)

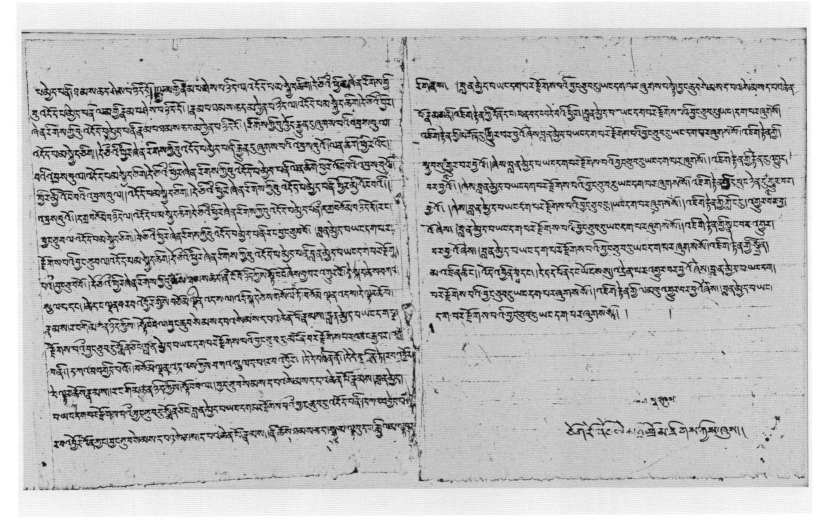

英 IOL.Tib.J.VOL.120　　10.ཤེས་རབ་ཀྱི་ཕ་རོལ་དུ་ཕྱིན་པ་སྟོང་ཕྲག་བརྒྱ་པ།

10.十萬頌般若波羅蜜多經　　　(101–49)

英 IOL.Tib.J.VOL.120　　10.ཤེས་རབ་ཀྱི་ཕ་རོལ་དུ་ཕྱིན་པ་སྟོང་ཕྲག་བརྒྱ་པ།　　　11.ཤེས་ཞུས་བྱང་།

10.十萬頌般若波羅蜜多經　　　11.抄寫校對題記　　　(101–50)

英 IOL.Tib.J.VOL.120　12.ཤེས་རབ་ཀྱི་ཕ་རོལ་དུ་ཕྱིན་པ་སྟོང་ཕྲག་བརྒྱ་པ།
12.十萬頌般若波羅蜜多經　　(101–51)

英 IOL.Tib.J.VOL.120　12.ཤེས་རབ་ཀྱི་ཕ་རོལ་དུ་ཕྱིན་པ་སྟོང་ཕྲག་བརྒྱ་པ།
12.十萬頌般若波羅蜜多經　　(101–52)

26

英 IOL.Tib.J.VOL.120　12.ཤེས་རབ་ཀྱི་ཕ་རོལ་དུ་ཕྱིན་པ་སྟོང་ཕྲག་བརྒྱ་པ།
　　　　　　　12.十萬頌般若波羅蜜多經　　　（101-53）

英 IOL.Tib.J.VOL.120　12.ཤེས་རབ་ཀྱི་ཕ་རོལ་དུ་ཕྱིན་པ་སྟོང་ཕྲག་བརྒྱ་པ།
　　　　　　　12.十萬頌般若波羅蜜多經　　　（101-54）

英 IOL.Tib.J.VOL.120　　12.ཤེས་རབ་ཀྱི་ཕ་རོལ་དུ་ཕྱིན་པ་སྟོང་ཕྲག་བརྒྱ་པ།
12.十萬頌般若波羅蜜多經　　(101–55)

英 IOL.Tib.J.VOL.120　　12.ཤེས་རབ་ཀྱི་ཕ་རོལ་དུ་ཕྱིན་པ་སྟོང་ཕྲག་བརྒྱ་པ།
12.十萬頌般若波羅蜜多經　　(101–56)

英 IOL.Tib.J.VOL.120　12.ཤེས་རབ་ཀྱི་ཕ་རོལ་ཏུ་ཕྱིན་པ་སྟོང་ཕྲག་བརྒྱ་པ།
12.十萬頌般若波羅蜜多經　(101–57)

英 IOL.Tib.J.VOL.120　12.ཤེས་རབ་ཀྱི་ཕ་རོལ་ཏུ་ཕྱིན་པ་སྟོང་ཕྲག་བརྒྱ་པ།
12.十萬頌般若波羅蜜多經　(101–58)

英 IOL.Tib.J.VOL.120　12.ཤེས་རབ་ཀྱི་ཕ་རོལ་དུ་ཕྱིན་པ་སྟོང་ཕྲག་བརྒྱ་པ།
12.十萬頌般若波羅蜜多經　　(101-59)

英 IOL.Tib.J.VOL.120　12.ཤེས་རབ་ཀྱི་ཕ་རོལ་དུ་ཕྱིན་པ་སྟོང་ཕྲག་བརྒྱ་པ།
12.十萬頌般若波羅蜜多經　　(101-60)

英 IOL.Tib.J.VOL.120　　12.ཤེས་རབ་ཀྱི་ཕ་རོལ་དུ་ཕྱིན་པ་སྟོང་ཕྲག་བརྒྱ་པ།

12.十萬頌般若波羅蜜多經　　　(101–61)

英 IOL.Tib.J.VOL.120　　12.ཤེས་རབ་ཀྱི་ཕ་རོལ་དུ་ཕྱིན་པ་སྟོང་ཕྲག་བརྒྱ་པ།

12.十萬頌般若波羅蜜多經　　　(101–62)

英 IOL.Tib.J.VOL.120　12.ཤེས་རབ་ཀྱི་ཕ་རོལ་དུ་ཕྱིན་པ་སྟོང་ཕྲག་བརྒྱ་པ།
12.十萬頌般若波羅蜜多經　　(101–63)

英 IOL.Tib.J.VOL.120　12.ཤེས་རབ་ཀྱི་ཕ་རོལ་དུ་ཕྱིན་པ་སྟོང་ཕྲག་བརྒྱ་པ།
12.十萬頌般若波羅蜜多經　　(101–64)

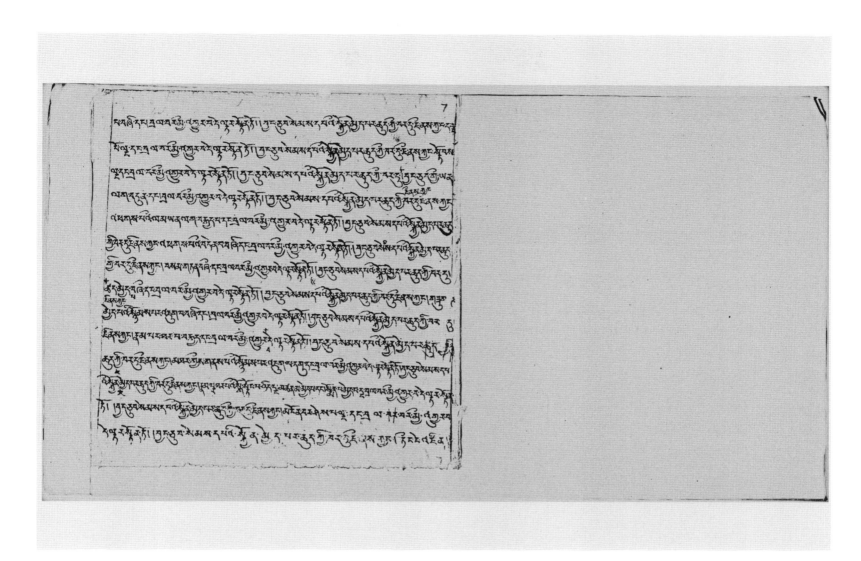

英 IOL.Tib.J.VOL.120　12.ཤེས་རབ་ཀྱི་ཕ་རོལ་དུ་ཕྱིན་པ་སྟོང་ཕྲག་བརྒྱ་པ།
　　　　　　　　　12.十萬頌般若波羅蜜多經　　　（101–65）

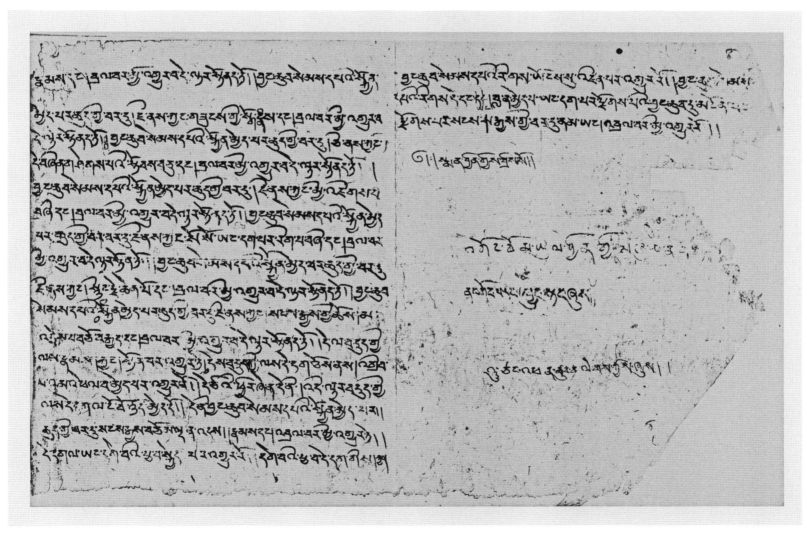

英 IOL.Tib.J.VOL.120　12.ཤེས་རབ་ཀྱི་ཕ་རོལ་དུ་ཕྱིན་པ་སྟོང་ཕྲག་བརྒྱ་པ།　　13.བྲིས་ཞུས་བྱང་།
　　　　　　　　　12.十萬頌般若波羅蜜多經　　13.抄寫校對題記　　（101–66）

英 IOL.Tib.J.VOL.120　14.ཤེས་རབ་ཀྱི་ཕ་རོལ་ཏུ་ཕྱིན་པ་སྟོང་ཕྲག་བརྒྱ་པ།
14.十萬頌般若波羅蜜多經　(101–67)

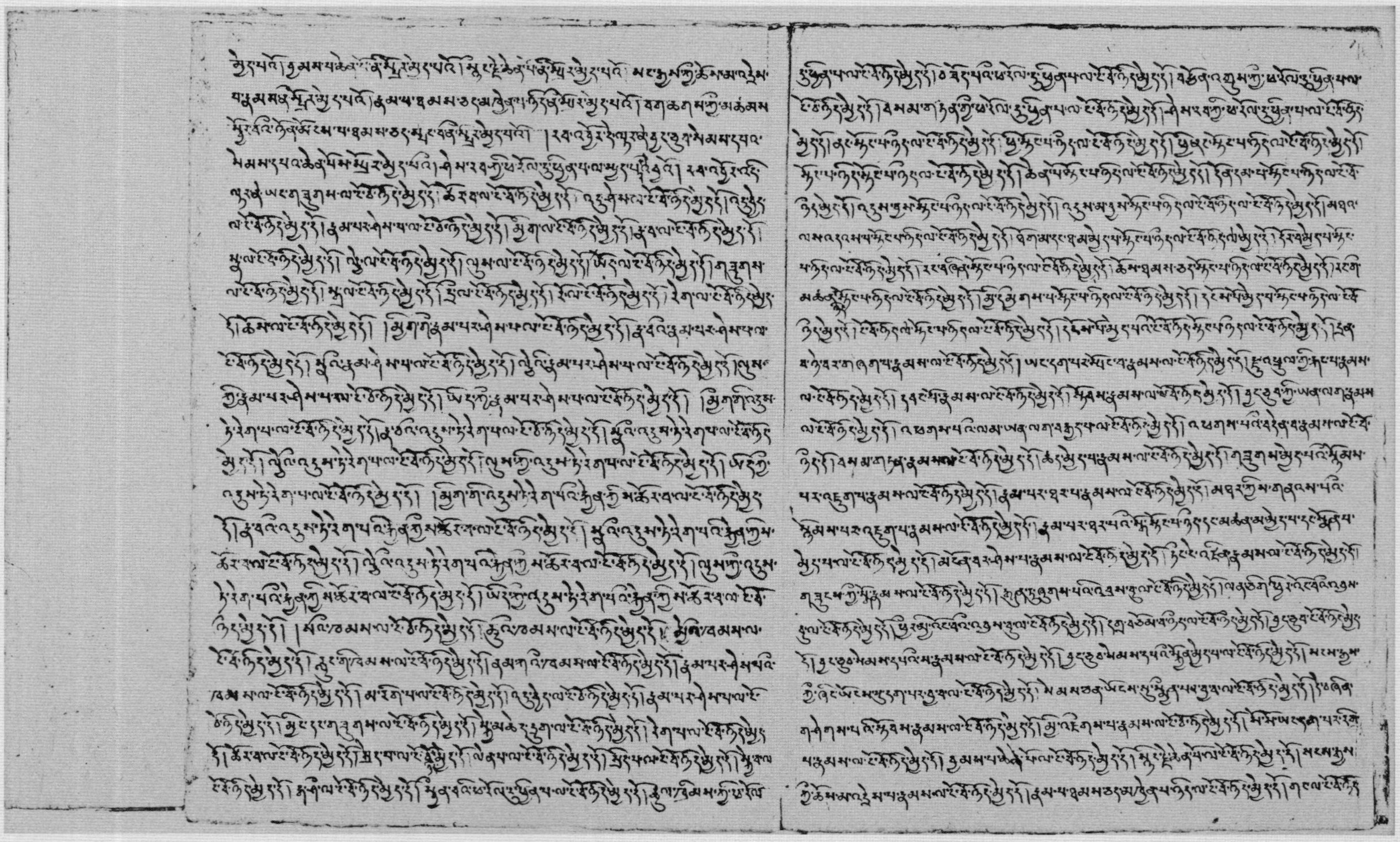

英 IOL.Tib.J.VOL.120　14.ཤེས་རབ་ཀྱི་ཕ་རོལ་ཏུ་ཕྱིན་པ་སྟོང་ཕྲག་བརྒྱ་པ།
14.十萬頌般若波羅蜜多經　(101–68)

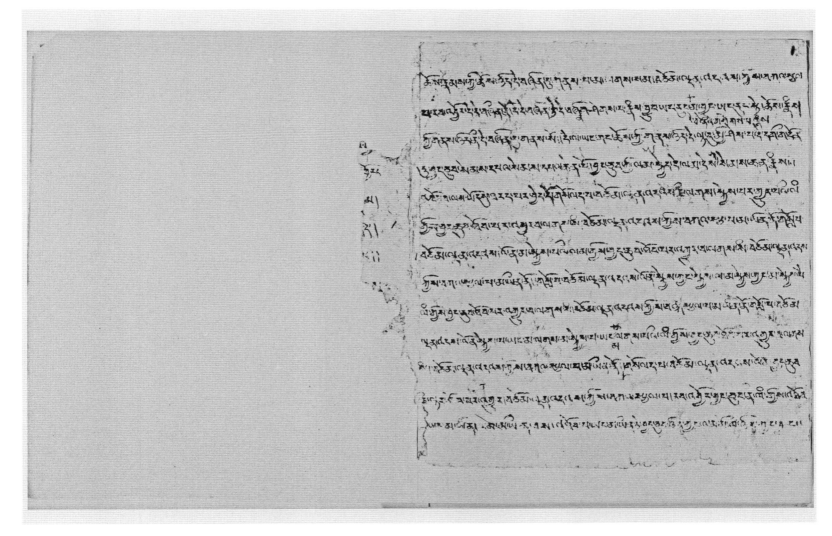

英 IOL.Tib.J.VOL.120　　14.ཤེས་རབ་ཀྱི་ཕ་རོལ་ཏུ་ཕྱིན་པ་སྟོང་ཕྲག་བརྒྱ་པ།
14.十萬頌般若波羅蜜多經　　　(101-69)

英 IOL.Tib.J.VOL.120　　14.ཤེས་རབ་ཀྱི་ཕ་རོལ་ཏུ་ཕྱིན་པ་སྟོང་ཕྲག་བརྒྱ་པ།
14.十萬頌般若波羅蜜多經　　　(101-70)

英 IOL.Tib.J.VOL.120　14.ཤེས་རབ་ཀྱི་ཕ་རོལ་དུ་ཕྱིན་པ་སྟོང་ཕྲག་བརྒྱ་པ
14.十萬頌般若波羅蜜多經　　(101–71)

英 IOL.Tib.J.VOL.120　14.ཤེས་རབ་ཀྱི་ཕ་རོལ་དུ་ཕྱིན་པ་སྟོང་ཕྲག་བརྒྱ་པ
14.十萬頌般若波羅蜜多經　　(101–72)

英 IOL.Tib.J.VOL.120　14.ཤེས་རབ་ཀྱི་ཕ་རོལ་དུ་ཕྱིན་པ་སྟོང་ཕྲག་བརྒྱ་པ།
14.十萬頌般若波羅蜜多經　　(101–73)

英 IOL.Tib.J.VOL.120　14.ཤེས་རབ་ཀྱི་ཕ་རོལ་དུ་ཕྱིན་པ་སྟོང་ཕྲག་བརྒྱ་པ།
14.十萬頌般若波羅蜜多經　　(101–74)

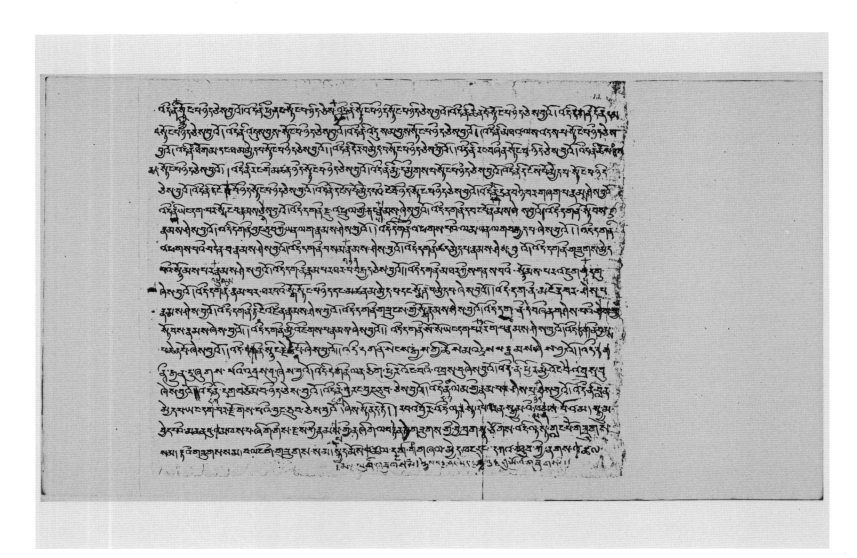

英 IOL.Tib.J.VOL.120　14.ཤེས་རབ་ཀྱི་ཕ་རོལ་དུ་ཕྱིན་པ་སྟོང་ཕྲག་བརྒྱ་པ།
14.十萬頌般若波羅蜜多經　　　(101-75)

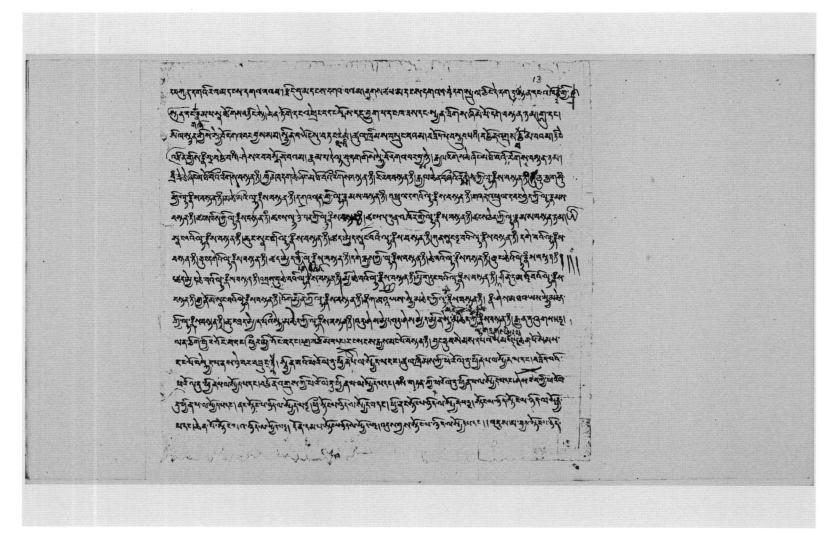

英 IOL.Tib.J.VOL.120　14.ཤེས་རབ་ཀྱི་ཕ་རོལ་དུ་ཕྱིན་པ་སྟོང་ཕྲག་བརྒྱ་པ།
14.十萬頌般若波羅蜜多經　　　(101-76)

英 IOL.Tib.J.VOL.120　14.ཤེས་རབ་ཀྱི་ཕ་རོལ་དུ་ཕྱིན་པ་སྟོང་ཕྲག་བརྒྱ་པ།
14.十萬頌般若波羅蜜多經　　(101–77)

英 IOL.Tib.J.VOL.120　14.ཤེས་རབ་ཀྱི་ཕ་རོལ་དུ་ཕྱིན་པ་སྟོང་ཕྲག་བརྒྱ་པ།
14.十萬頌般若波羅蜜多經　　(101–78)

英 IOL.Tib.J.VOL.120　14.ཤེས་རབ་ཀྱི་ཕ་རོལ་དུ་ཕྱིན་པ་སྟོང་ཕྲག་བརྒྱ་པ།
14.十萬頌般若波羅蜜多經　　　(101–79)

英 IOL.Tib.J.VOL.120　14.ཤེས་རབ་ཀྱི་ཕ་རོལ་དུ་ཕྱིན་པ་སྟོང་ཕྲག་བརྒྱ་པ།
14.十萬頌般若波羅蜜多經　　　(101–80)

英 IOL.Tib.J.VOL.120　　14.ཤེས་རབ་ཀྱི་ཕ་རོལ་དུ་ཕྱིན་པ་སྟོང་ཕྲག་བརྒྱ་པ།
　　　　　　　14.十萬頌般若波羅蜜多經　　（101–81）

英 IOL.Tib.J.VOL.120　　14.ཤེས་རབ་ཀྱི་ཕ་རོལ་དུ་ཕྱིན་པ་སྟོང་ཕྲག་བརྒྱ་པ།
　　　　　　　14.十萬頌般若波羅蜜多經　　（101–82）

英 IOL.Tib.J.VOL.120　14.ཤེས་རབ་ཀྱི་ཕ་རོལ་ཏུ་ཕྱིན་པ་སྟོང་ཕྲག་བརྒྱ་པ།
14.十萬頌般若波羅蜜多經　(101–83)

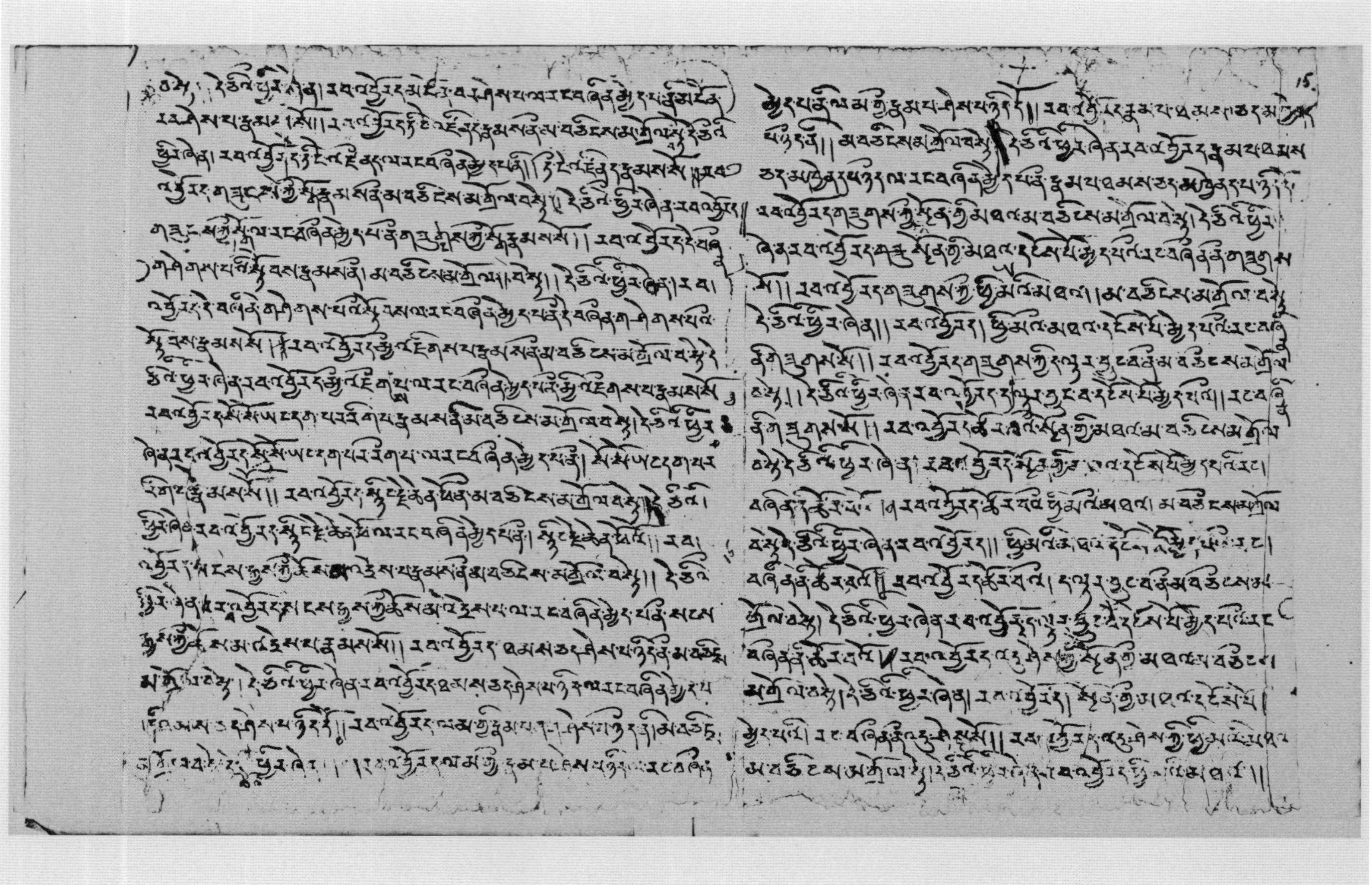

英 IOL.Tib.J.VOL.120　14.ཤེས་རབ་ཀྱི་ཕ་རོལ་ཏུ་ཕྱིན་པ་སྟོང་ཕྲག་བརྒྱ་པ།
14.十萬頌般若波羅蜜多經　(101–84)

英 IOL.Tib.J.VOL.120　14.ཤེས་རབ་ཀྱི་ཕ་རོལ་དུ་ཕྱིན་པ་སྟོང་ཕྲག་བརྒྱ་པ།
14.十萬頌般若波羅蜜多經　　　(101–85)

英 IOL.Tib.J.VOL.120　14.ཤེས་རབ་ཀྱི་ཕ་རོལ་དུ་ཕྱིན་པ་སྟོང་ཕྲག་བརྒྱ་པ།
14.十萬頌般若波羅蜜多經　　　(101–86)

英 IOL.Tib.J.VOL.120　14.ཤེས་རབ་ཀྱི་ཕ་རོལ་དུ་ཕྱིན་པ་སྟོང་ཕྲག་བརྒྱ་པ།
14.十萬頌般若波羅蜜多經　　　(101–87)

英 IOL.Tib.J.VOL.120　14.ཤེས་རབ་ཀྱི་ཕ་རོལ་དུ་ཕྱིན་པ་སྟོང་ཕྲག་བརྒྱ་པ།
14.十萬頌般若波羅蜜多經　　　(101–88)

英 IOL.Tib.J.VOL.120　14.ཤེས་རབ་ཀྱི་ཕ་རོལ་དུ་ཕྱིན་པ་སྟོང་ཕྲག་བརྒྱ་པ།
14.十萬頌般若波羅蜜多經　　　(101–89)

英 IOL.Tib.J.VOL.120　14.ཤེས་རབ་ཀྱི་ཕ་རོལ་དུ་ཕྱིན་པ་སྟོང་ཕྲག་བརྒྱ་པ།
14.十萬頌般若波羅蜜多經　　　(101–90)

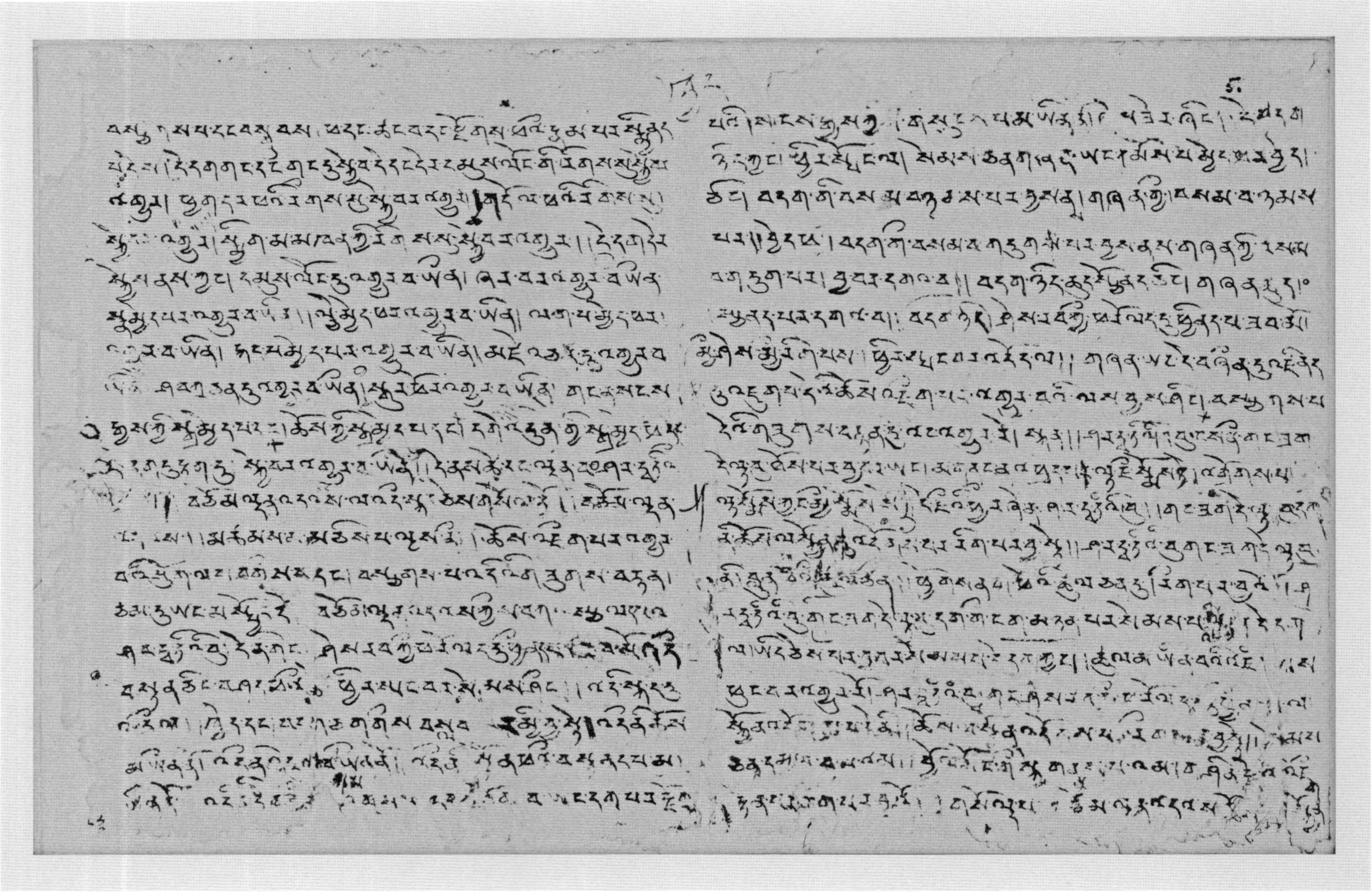

英 IOL.Tib.J.VOL.120　14.ཤེས་རབ་ཀྱི་ཕ་རོལ་ཏུ་ཕྱིན་པ་སྟོང་ཕྲག་བརྒྱ་པ།

14.十萬頌般若波羅蜜多經　　　(101–91)

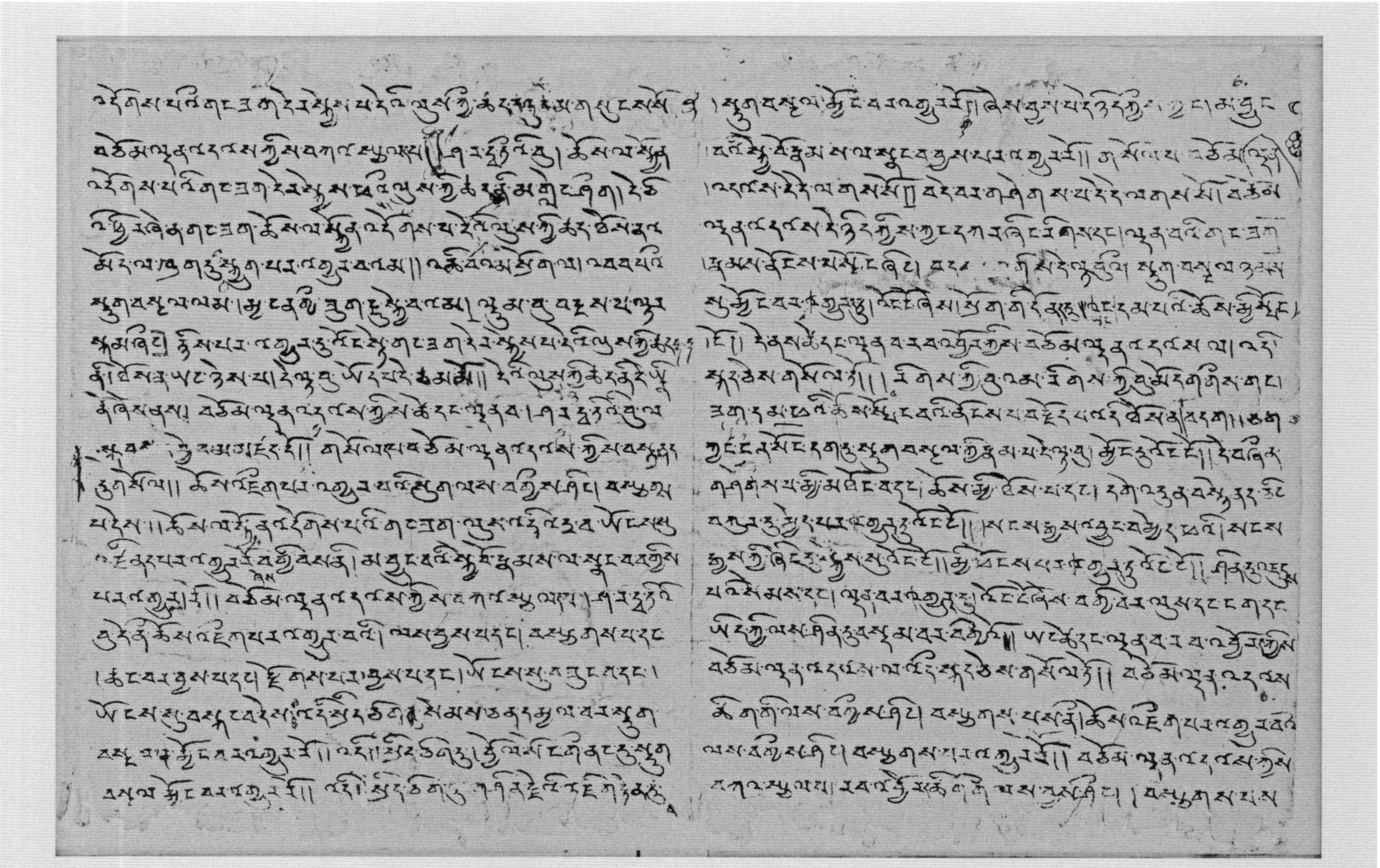

英 IOL.Tib.J.VOL.120　14.ཤེས་རབ་ཀྱི་ཕ་རོལ་ཏུ་ཕྱིན་པ་སྟོང་ཕྲག་བརྒྱ་པ།

14.十萬頌般若波羅蜜多經　　　(101–92)

英 IOL.Tib.J.VOL.120　14.ནེས་རབ་ཀྱི་ཕ་རོལ་དུ་ཕྱིན་པ་སྟོང་ཕྲག་བརྒྱ་པ
14.十萬頌般若波羅蜜多經　　　（101-93）

英 IOL.Tib.J.VOL.120　14.ནེས་རབ་ཀྱི་ཕ་རོལ་དུ་ཕྱིན་པ་སྟོང་ཕྲག་བརྒྱ་པ
14.十萬頌般若波羅蜜多經　　　（101-94）

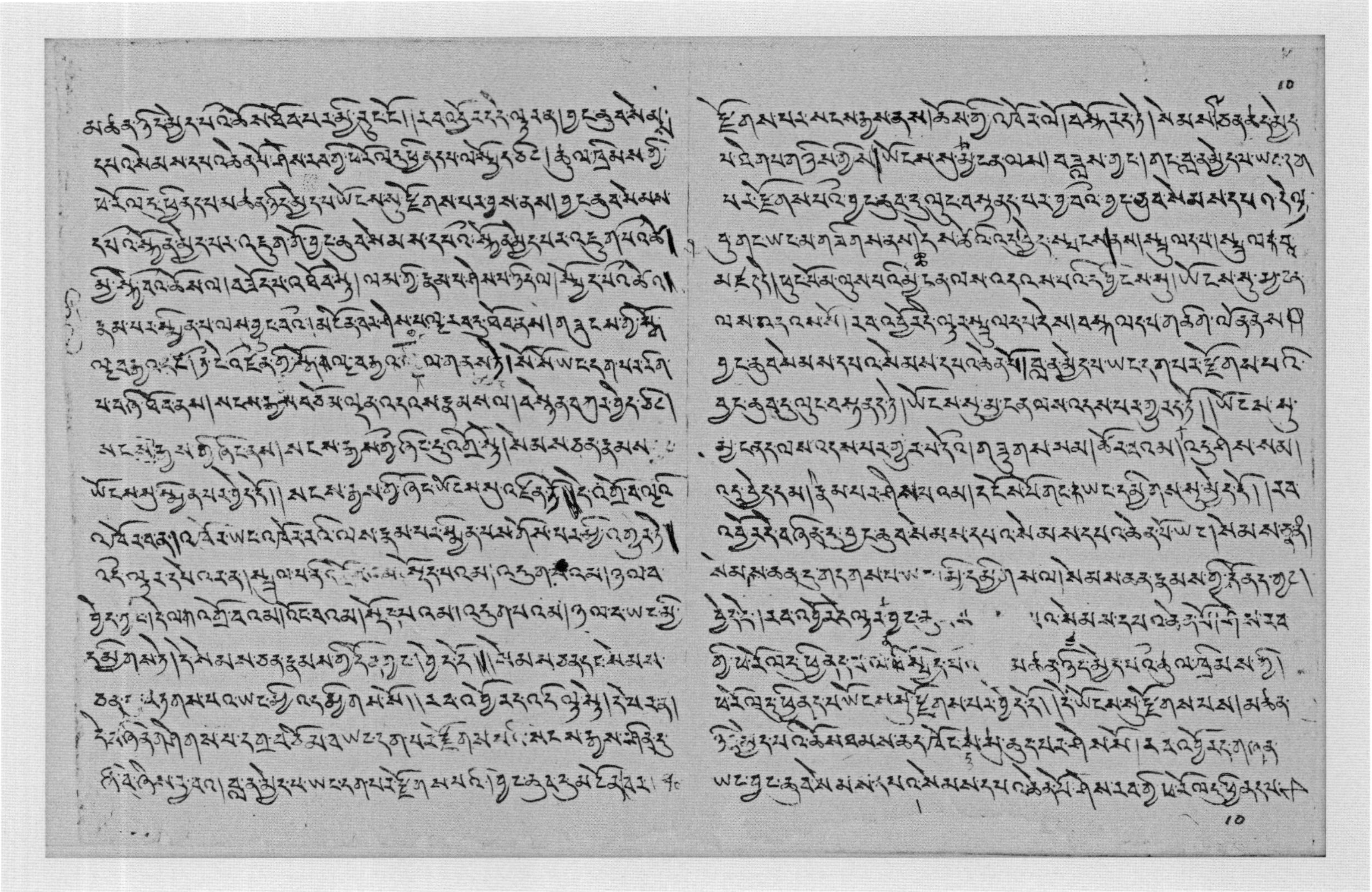

英 IOL.Tib.J.VOL.120 14.ཤེས་རབ་ཀྱི་ཕ་རོལ་ཏུ་ཕྱིན་པ་སྟོང་ཕྲག་བརྒྱ་པ།
14.十萬頌般若波羅蜜多經 (101–95)

英 IOL.Tib.J.VOL.120 14.ཤེས་རབ་ཀྱི་ཕ་རོལ་ཏུ་ཕྱིན་པ་སྟོང་ཕྲག་བརྒྱ་པ།
14.十萬頌般若波羅蜜多經 (101–96)

英 IOL.Tib.J.VOL.120　14.ཤེས་རབ་ཀྱི་ཕ་རོལ་དུ་ཕྱིན་པ་སྟོང་ཕྲག་བརྒྱ་པ།
14.十萬頌般若波羅蜜多經　　　(101-97)

英 IOL.Tib.J.VOL.120　14.ཤེས་རབ་ཀྱི་ཕ་རོལ་དུ་ཕྱིན་པ་སྟོང་ཕྲག་བརྒྱ་པ།
14.十萬頌般若波羅蜜多經　　　(101-98)

英 IOL.Tib.J.VOL.120　14.ཤེས་རབ་ཀྱི་ཕ་རོལ་དུ་ཕྱིན་པ་སྟོང་ཕྲག་བརྒྱ་པ།

14.十萬頌般若波羅蜜多經　　　(101–99)

英 IOL.Tib.J.VOL.120　14.ཤེས་རབ་ཀྱི་ཕ་རོལ་དུ་ཕྱིན་པ་སྟོང་ཕྲག་བརྒྱ་པ།

14.十萬頌般若波羅蜜多經　　　(101–100)

英 IOL.Tib.J.VOL.120　14.ཤེས་རབ་ཀྱི་ཕ་རོལ་དུ་ཕྱིན་པ་སྟོང་ཕྲག་བརྒྱ་པ།　15.བྲིས་ཞུས་བྱང་།

14.十萬頌般若波羅蜜多經　　15.抄寫校對題記　(101–101)

英 IOL.Tib.J.VOL.121　1.བསྟན་བཅོས་ཁ་ཐོར།
1.佛教論典　　(54-1)

英 IOL.Tib.J.VOL.121　1.བསྟན་བཅོས་ཁ་ཐོར།
1.佛教論典　　(54-2)

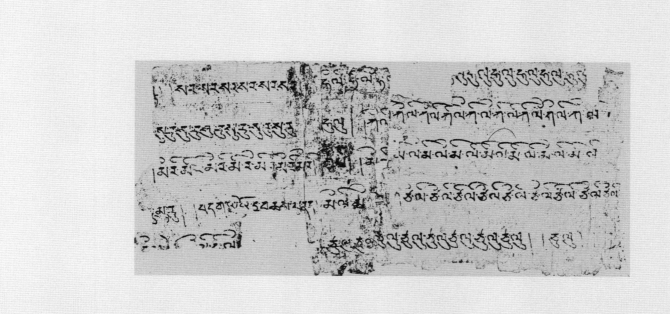

英 IOL.Tib.J.VOL.121　　2.ཕྱིར་བཟློག་པ་འཕགས་པ་རྣམ་པར་རྒྱལ་བ་ཅན།

2.聖尊勝迴遮陀羅尼　　　(54–3)

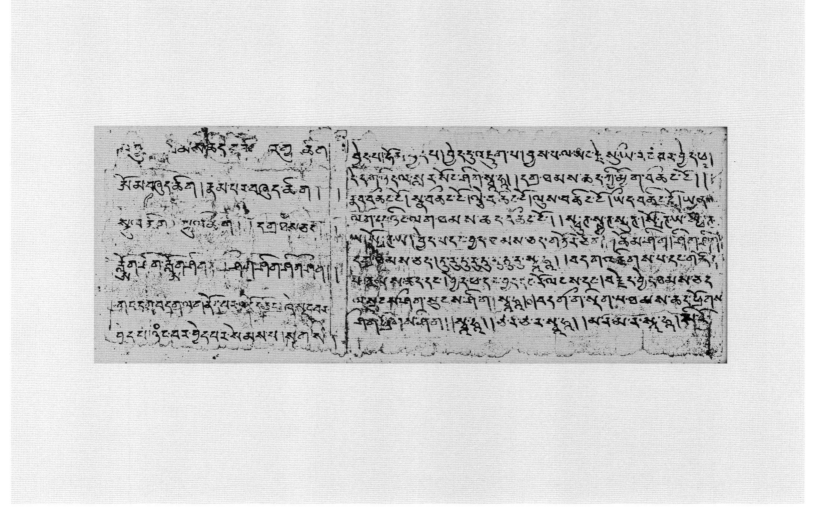

英 IOL.Tib.J.VOL.121　　2.ཕྱིར་བཟློག་པ་འཕགས་པ་རྣམ་པར་རྒྱལ་བ་ཅན།

2.聖尊勝迴遮陀羅尼　　　(54–4)

英 IOL.Tib.J.VOL.121　2.ཕྱིར་བཟློག་པ་འཕགས་པ་རྣམ་པར་རྒྱལ་བ་ཅན།

2.聖尊勝迴遮陀羅尼　　（54–5）

英 IOL.Tib.J.VOL.121　3.འཕགས་པ་དེ་བཞིན་གཤེགས་པའི་གཙུག་ཏོར་ནས་བྱུང་བའི་གདུགས་དཀར་པོ་ཅན་གཞན་གྱིས་མི་ཐུབ་པ་ཞེས་བྱ་བའི་གཟུངས།

　3.聖如來頂髻中出白傘蓋餘無能敵陀羅尼　　（54–6）

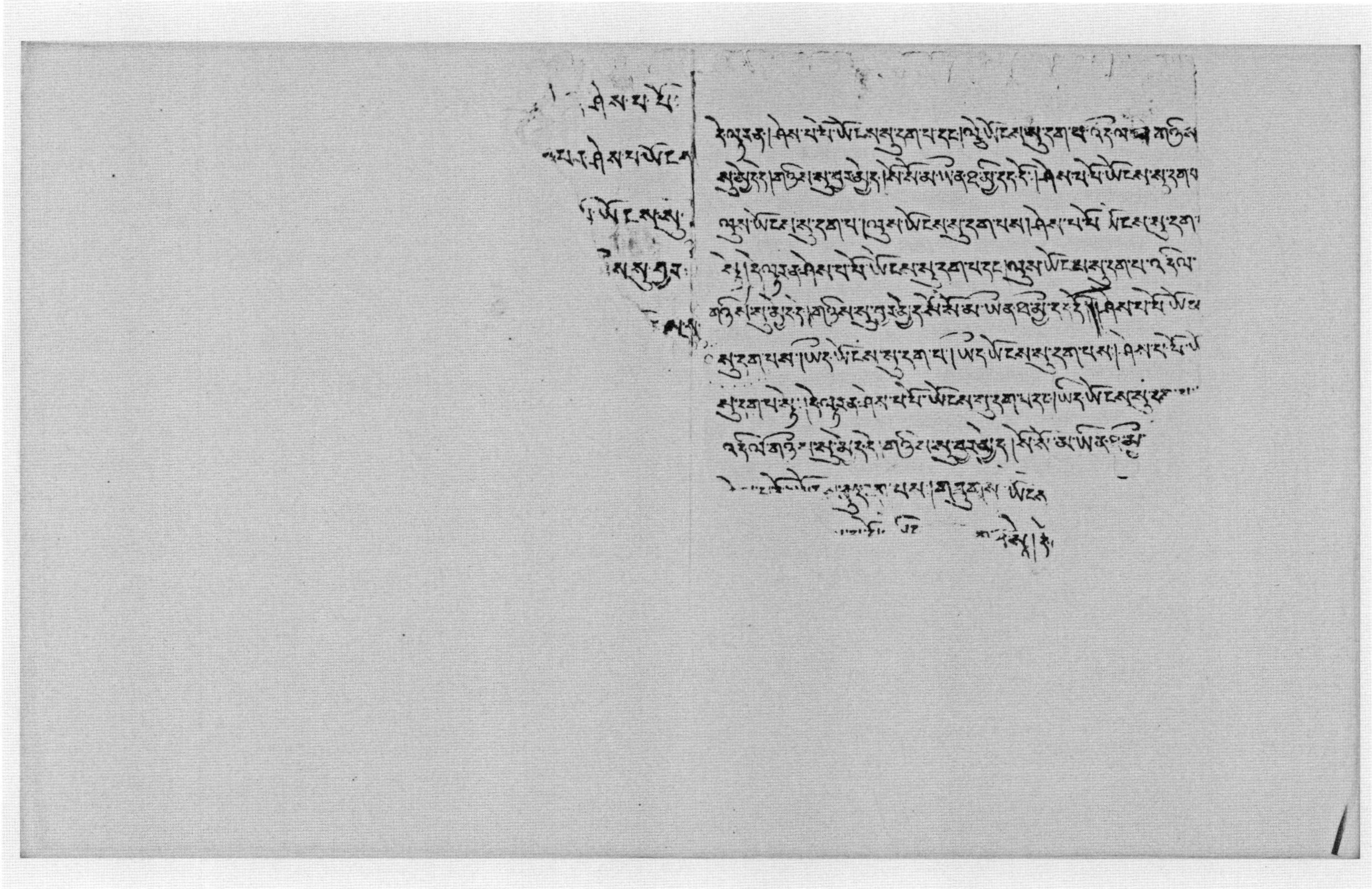

英 IOL.Tib.J.VOL.121　4.ཤེས་རབ་ཀྱི་ཕ་རོལ་དུ་ཕྱིན་པ་སྟོང་ཕྲག་བརྒྱ་པ།

4.十萬頌般若波羅蜜多經　　　(54-7)

英 IOL.Tib.J.VOL.121　4.ཤེས་རབ་ཀྱི་ཕ་རོལ་དུ་ཕྱིན་པ་སྟོང་ཕྲག་བརྒྱ་པ།

4.十萬頌般若波羅蜜多經　　　(54-8)

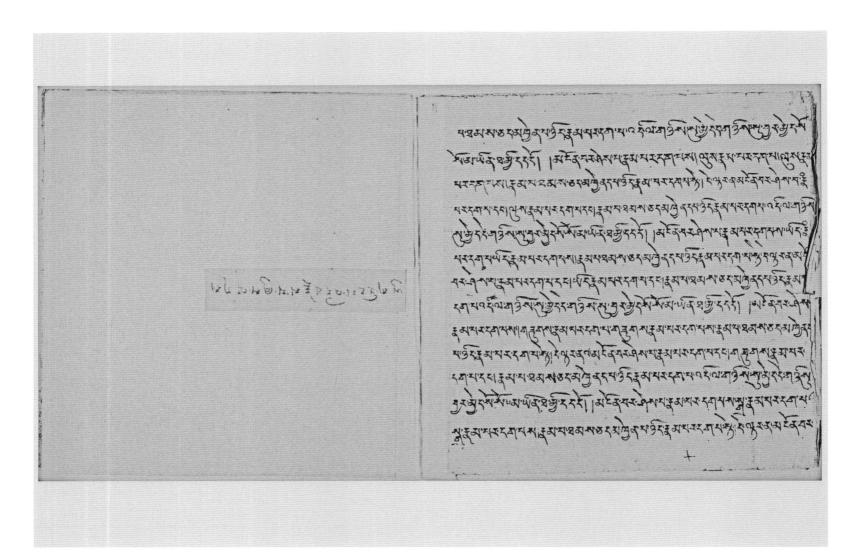

英 IOL.Tib.J.VOL.121　4.ཤེས་རབ་ཀྱི་ཕ་རོལ་དུ་ཕྱིན་པ་སྟོང་ཕྲག་བརྒྱ་པ།
　　　　　　4.十萬頌般若波羅蜜多經　　　(54-9)

英 IOL.Tib.J.VOL.121　4.ཤེས་རབ་ཀྱི་ཕ་རོལ་དུ་ཕྱིན་པ་སྟོང་ཕྲག་བརྒྱ་པ།
　　　　　　4.十萬頌般若波羅蜜多經　　　(54-10)

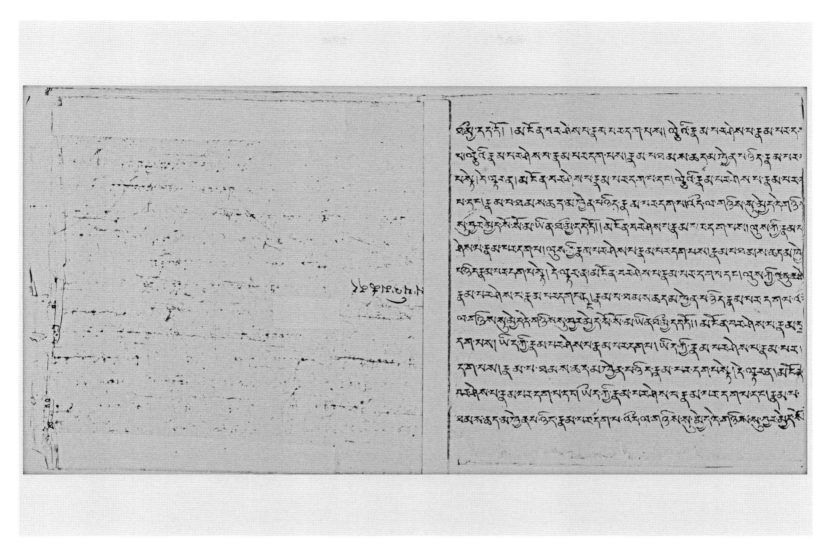

英 IOL.Tib.J.VOL.121　4.ཤེས་རབ་ཀྱི་ཕ་རོལ་ཏུ་ཕྱིན་པ་སྟོང་ཕྲག་བརྒྱ་པ།

4.十萬頌般若波羅蜜多經　　　(54-11)

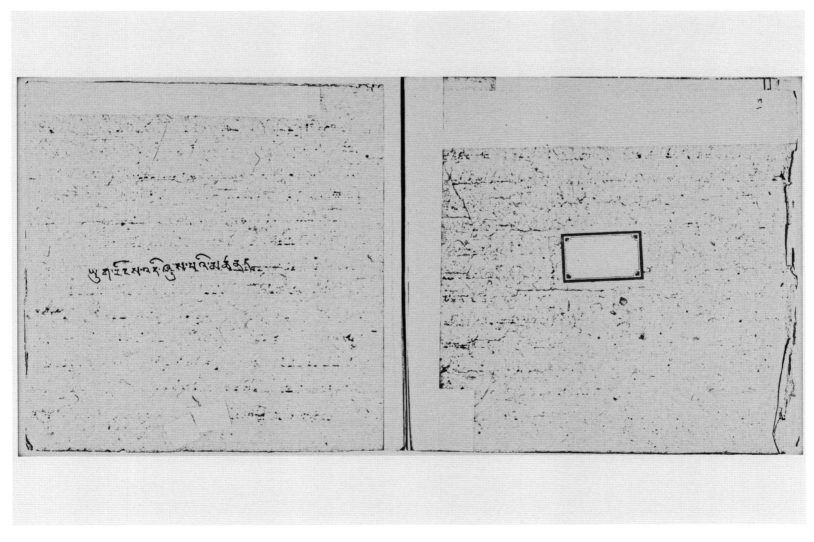

英 IOL.Tib.J.VOL.121　5.ཞུས་བྱང་།

5.校對題記　　(54-12)

英 IOL.Tib.J.VOL.121　6.ཤེས་རབ་ཀྱི་ཕ་རོལ་ཏུ་ཕྱིན་པ་སྟོང་ཕྲག་བརྒྱ་པ།
6.十萬頌般若波羅蜜多經　　　(54–13)

英 IOL.Tib.J.VOL.121　6.ཤེས་རབ་ཀྱི་ཕ་རོལ་ཏུ་ཕྱིན་པ་སྟོང་ཕྲག་བརྒྱ་པ།
6.十萬頌般若波羅蜜多經　　　(54–14)

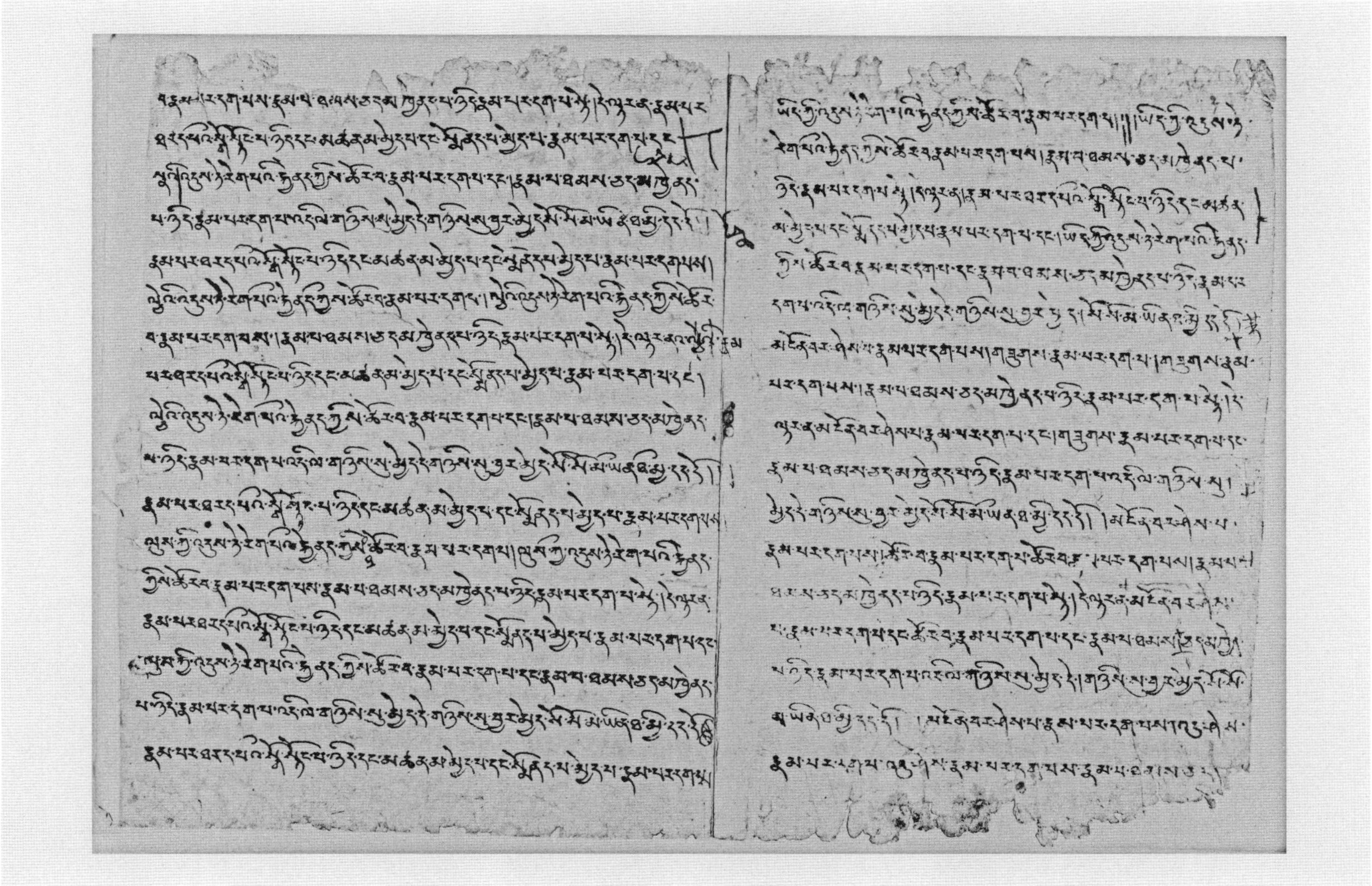

英 IOL.Tib.J.VOL.121　6.ཤེས་རབ་ཀྱི་ཕ་རོལ་དུ་ཕྱིན་པ་སྟོང་ཕྲག་བརྒྱ་པ།

6.十萬頌般若波羅蜜多經　　　(54-15)

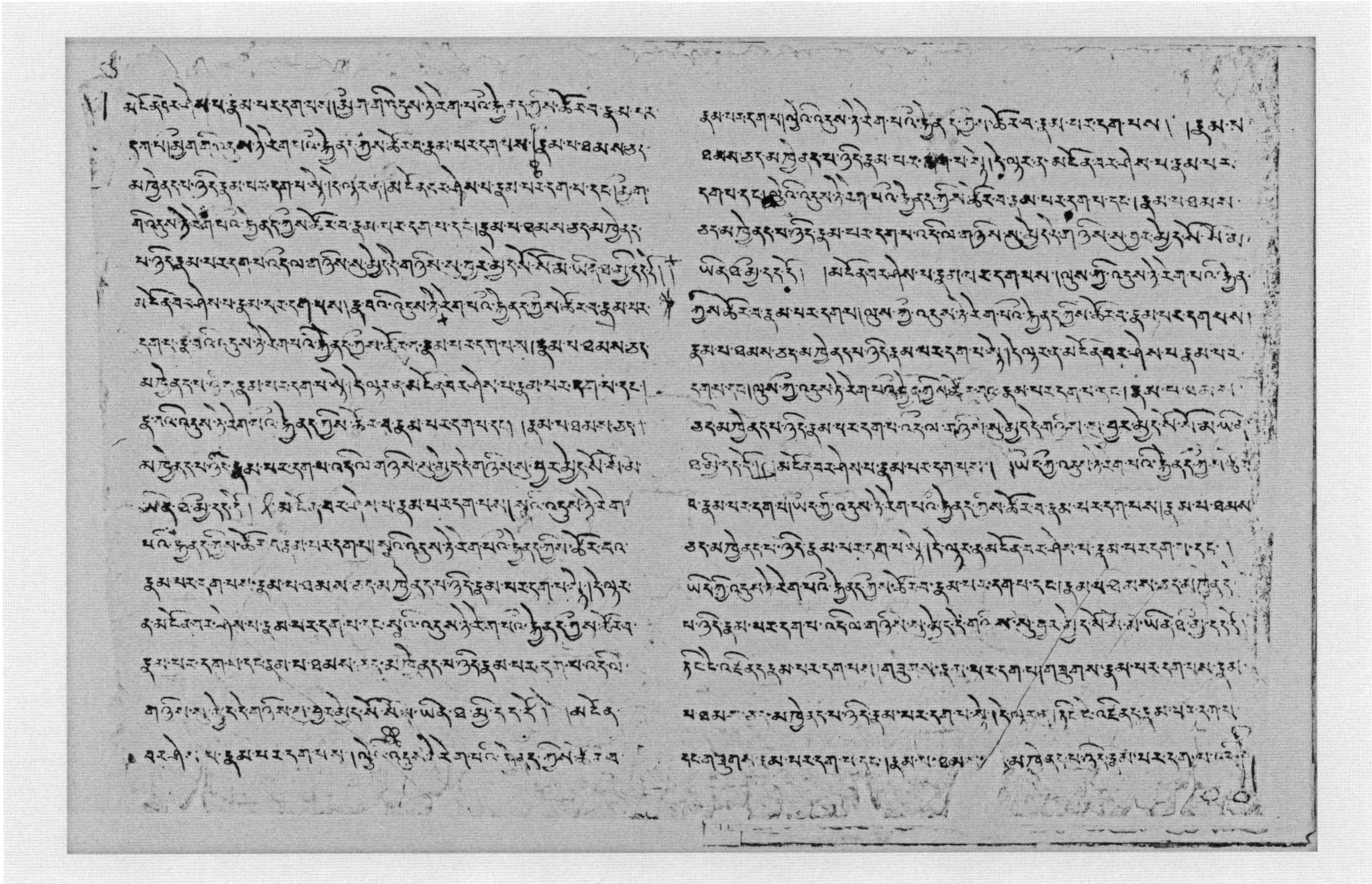

英 IOL.Tib.J.VOL.121　6.ཤེས་རབ་ཀྱི་ཕ་རོལ་དུ་ཕྱིན་པ་སྟོང་ཕྲག་བརྒྱ་པ།

6.十萬頌般若波羅蜜多經　　　(54-16)

英 IOL.Tib.J.VOL.121　6.ཤེས་རབ་ཀྱི་ཕ་རོལ་དུ་ཕྱིན་པ་སྟོང་ཕྲག་བརྒྱ་པ།
6.十萬頌般若波羅蜜多經　　　(54-17)

英 IOL.Tib.J.VOL.121　6.ཤེས་རབ་ཀྱི་ཕ་རོལ་དུ་ཕྱིན་པ་སྟོང་ཕྲག་བརྒྱ་པ།
6.十萬頌般若波羅蜜多經　　　(54-18)

英 IOL.Tib.J.VOL.121　　6.ནེས་རབ་ཀྱི་ཕ་རོལ་དུ་ཕྱིན་པ་སྟོང་ཕྲག་བརྒྱ་པ།

6.十萬頌般若波羅蜜多經　　　(54–19)

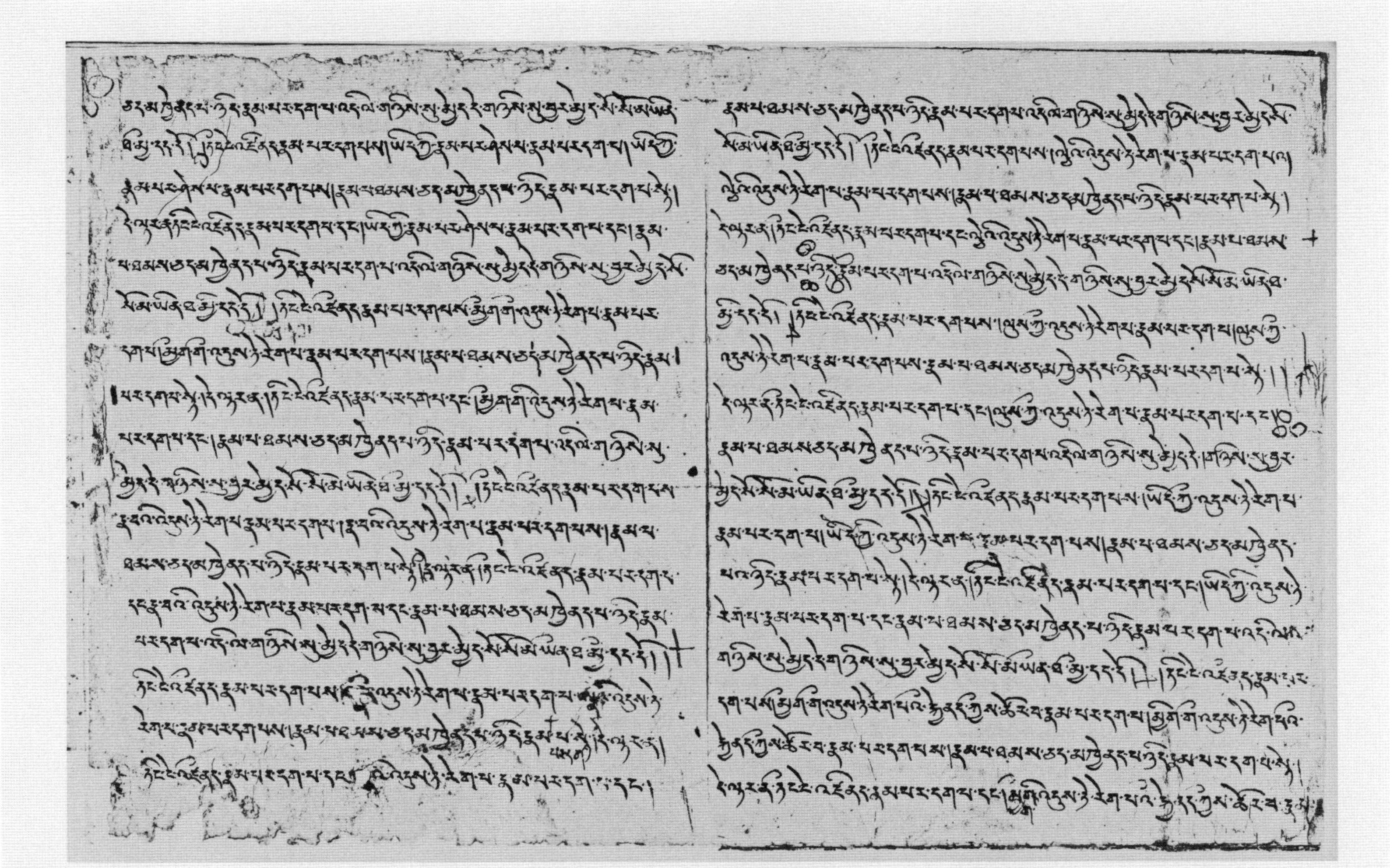

英 IOL.Tib.J.VOL.121　　6.ནེས་རབ་ཀྱི་ཕ་རོལ་དུ་ཕྱིན་པ་སྟོང་ཕྲག་བརྒྱ་པ།

6.十萬頌般若波羅蜜多經　　　(54–20)

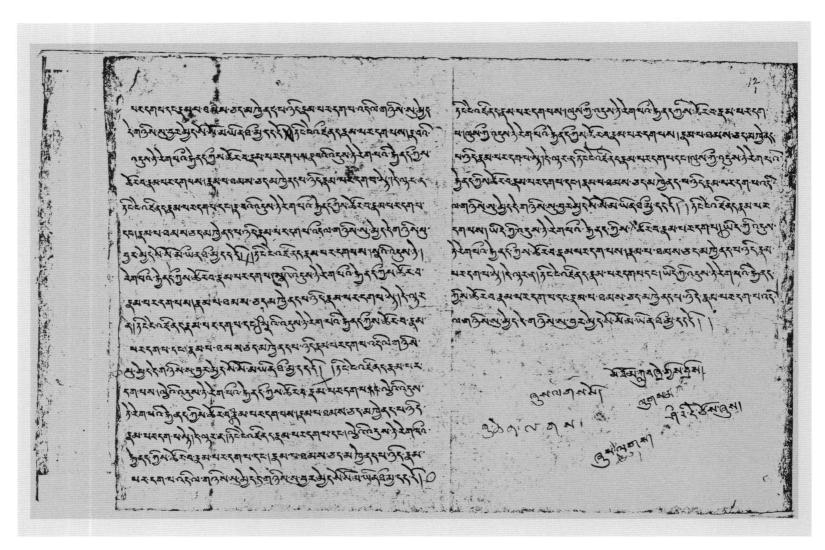

英 IOL.Tib.J.VOL.121　6.ཤེས་རབ་ཀྱི་ཕ་རོལ་དུ་ཕྱིན་པ་སྟོང་ཕྲག་བརྒྱ་པ།　7.བྲིས་ཞུས་བྱང་།

6.十萬頌般若波羅蜜多經　　7.抄寫校對題記　　(54–21)

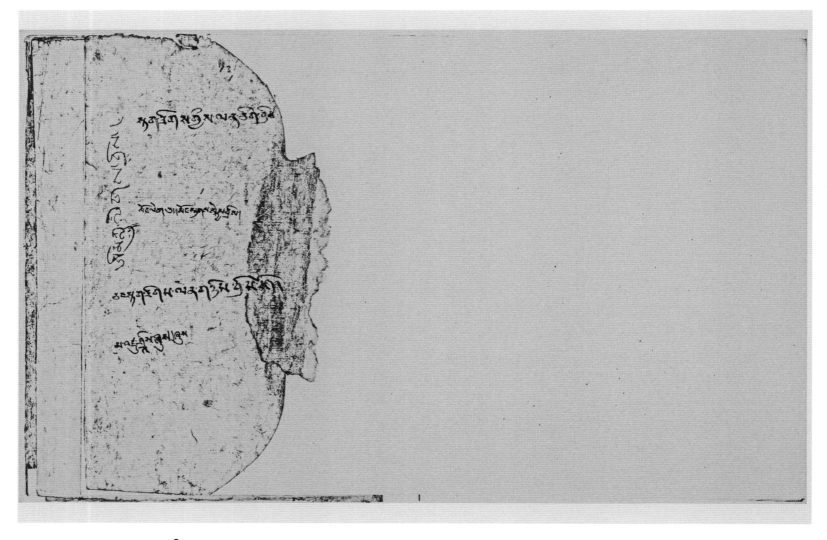

英 IOL.Tib.J.VOL.121　7.བྲིས་ཞུས་བྱང་།

7.抄寫校對題記　　(54–22)

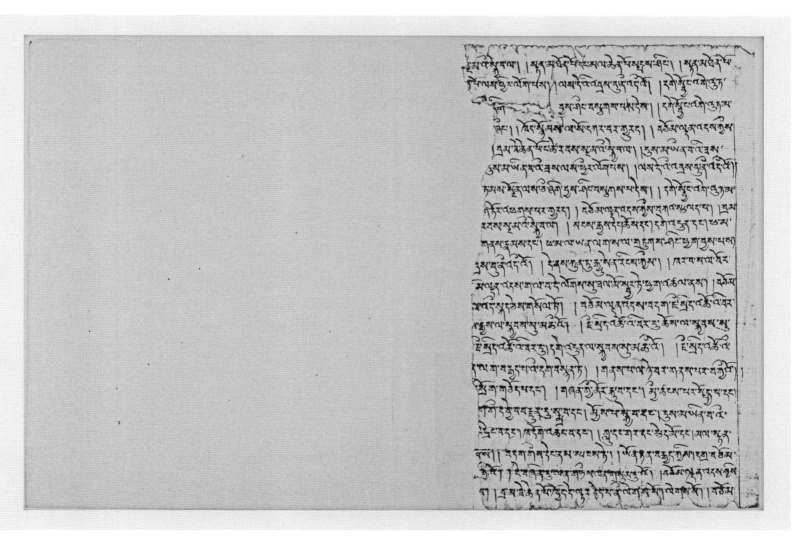

英 IOL.Tib.J.VOL.121　8.ཤེས་རབ་ཀྱི་ཕ་རོལ་དུ་ཕྱིན་པ་སྟོང་ཕྲག་བརྒྱ་པ།

8.十萬頌般若波羅蜜多經　　　(54-23)

英 IOL.Tib.J.VOL.121　9.ཀུན་ཏུ་རྒྱུ་སེན་རིངས་ཀྱིས་ཞུས་པ་ཞེས་བྱ་བའི་མདོ།

9.長爪梵志請問經　　　(54-24)

英 IOL.Tib.J.VOL.121　9.གུན་དུ་རྒྱུ་མེན་རིངས་ཀྱིས་ཞུས་པ་ཞེས་བྱ་བའི་མདོ།
9.長爪梵志請問經　　　(54–25)

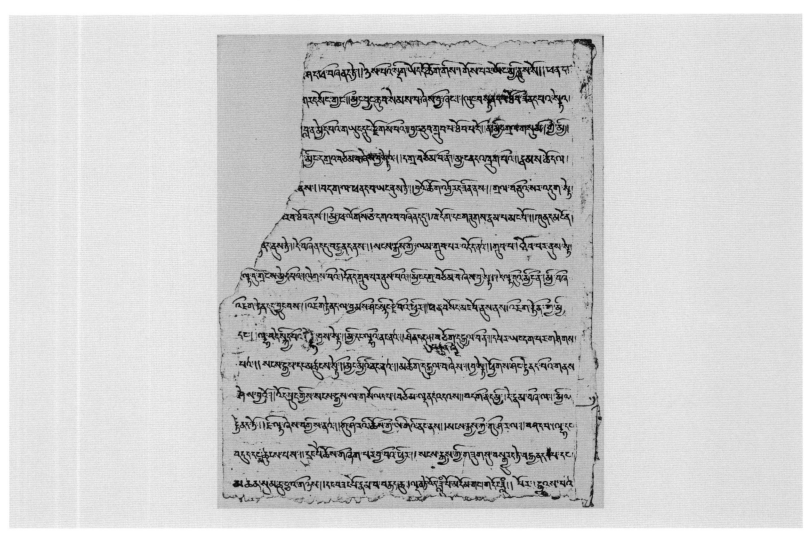

英 IOL.Tib.J.VOL.121　10.དམ་ཆོས་ཁ་ཐོར།
10.佛經　　　(54–26)

英 IOL.Tib.J.VOL.121　11.ཤེས་རབ་ཀྱི་ཕ་རོལ་དུ་ཕྱིན་པ་སྟོང་ཕྲག་བརྒྱ་པ།
　　　　　11.十萬頌般若波羅蜜多經　　(54–27)

英 IOL.Tib.J.VOL.121　11.ཤེས་རབ་ཀྱི་ཕ་རོལ་དུ་ཕྱིན་པ་སྟོང་ཕྲག་བརྒྱ་པ།
　　　　　11.十萬頌般若波羅蜜多經　　(54–28)

11.十萬頌般若波羅蜜多經　　　(54–29)

英 IOL.Tib.J.VOL.121　11.ཤེས་རབ་ཀྱི་ཕ་རོལ་དུ་ཕྱིན་པ་སྟོང་ཕྲག་བརྒྱ་པ།
11.十萬頌般若波羅蜜多經　　　　(54–31)

英 IOL.Tib.J.VOL.121　11.ཤེས་རབ་ཀྱི་ཕ་རོལ་དུ་ཕྱིན་པ་སྟོང་ཕྲག་བརྒྱ་པ།
11.十萬頌般若波羅蜜多經　　　　(54–32)

英 IOL.Tib.J.VOL.121　11.ཤེས་རབ་ཀྱི་ཕ་རོལ་ཏུ་ཕྱིན་པ་སྟོང་ཕྲག་བརྒྱ་པ།
11.十萬頌般若波羅蜜多經　　(54–33)

英 IOL.Tib.J.VOL.121　11.ཤེས་རབ་ཀྱི་ཕ་རོལ་ཏུ་ཕྱིན་པ་སྟོང་ཕྲག་བརྒྱ་པ།
11.十萬頌般若波羅蜜多經　　(54–34)

68

英 IOL.Tib.J.VOL.121　11.ཤེས་རབ་ཀྱི་ཕ་རོལ་དུ་ཕྱིན་པ་སྟོང་ཕྲག་བརྒྱ་པ།
11.十萬頌般若波羅蜜多經　　　(54–35)

英 IOL.Tib.J.VOL.121　11.ཤེས་རབ་ཀྱི་ཕ་རོལ་དུ་ཕྱིན་པ་སྟོང་ཕྲག་བརྒྱ་པ།
11.十萬頌般若波羅蜜多經　　　(54–36)

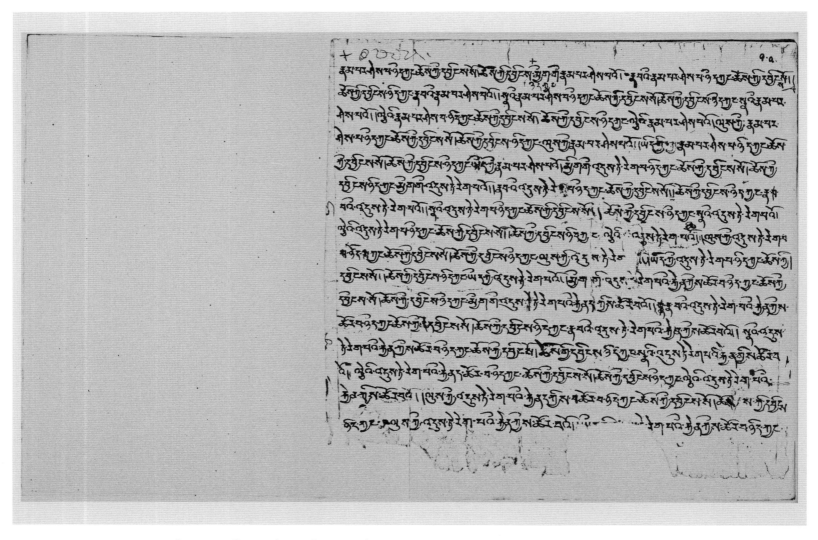

英 IOL.Tib.J.VOL.121　11.ཤེས་རབ་ཀྱི་ཕ་རོལ་དུ་ཕྱིན་པ་སྟོང་ཕྲག་བརྒྱ་པ།
　　　　　　　　11.十萬頌般若波羅蜜多經　　(54-37)

英 IOL.Tib.J.VOL.121　11.ཤེས་རབ་ཀྱི་ཕ་རོལ་དུ་ཕྱིན་པ་སྟོང་ཕྲག་བརྒྱ་པ།
　　　　　　　　11.十萬頌般若波羅蜜多經　　(54-38)

英 IOL.Tib.J.VOL.121　11.ཤེས་རབ་ཀྱི་ཕ་རོལ་དུ་ཕྱིན་པ་སྟོང་ཕྲག་བརྒྱ་པ།
11.十萬頌般若波羅蜜多經　　(54–39)

英 IOL.Tib.J.VOL.121　11.ཤེས་རབ་ཀྱི་ཕ་རོལ་དུ་ཕྱིན་པ་སྟོང་ཕྲག་བརྒྱ་པ།
11.十萬頌般若波羅蜜多經　　(54–40)

英 IOL.Tib.J.VOL.121　11.ཤེས་རབ་ཀྱི་ཕ་རོལ་དུ་ཕྱིན་པ་སྟོང་ཕྲག་བརྒྱ་པ།

11.十萬頌般若波羅蜜多經　　(54–41)

英 IOL.Tib.J.VOL.121　11.ཤེས་རབ་ཀྱི་ཕ་རོལ་དུ་ཕྱིན་པ་སྟོང་ཕྲག་བརྒྱ་པ།

11.十萬頌般若波羅蜜多經　　(54–42)

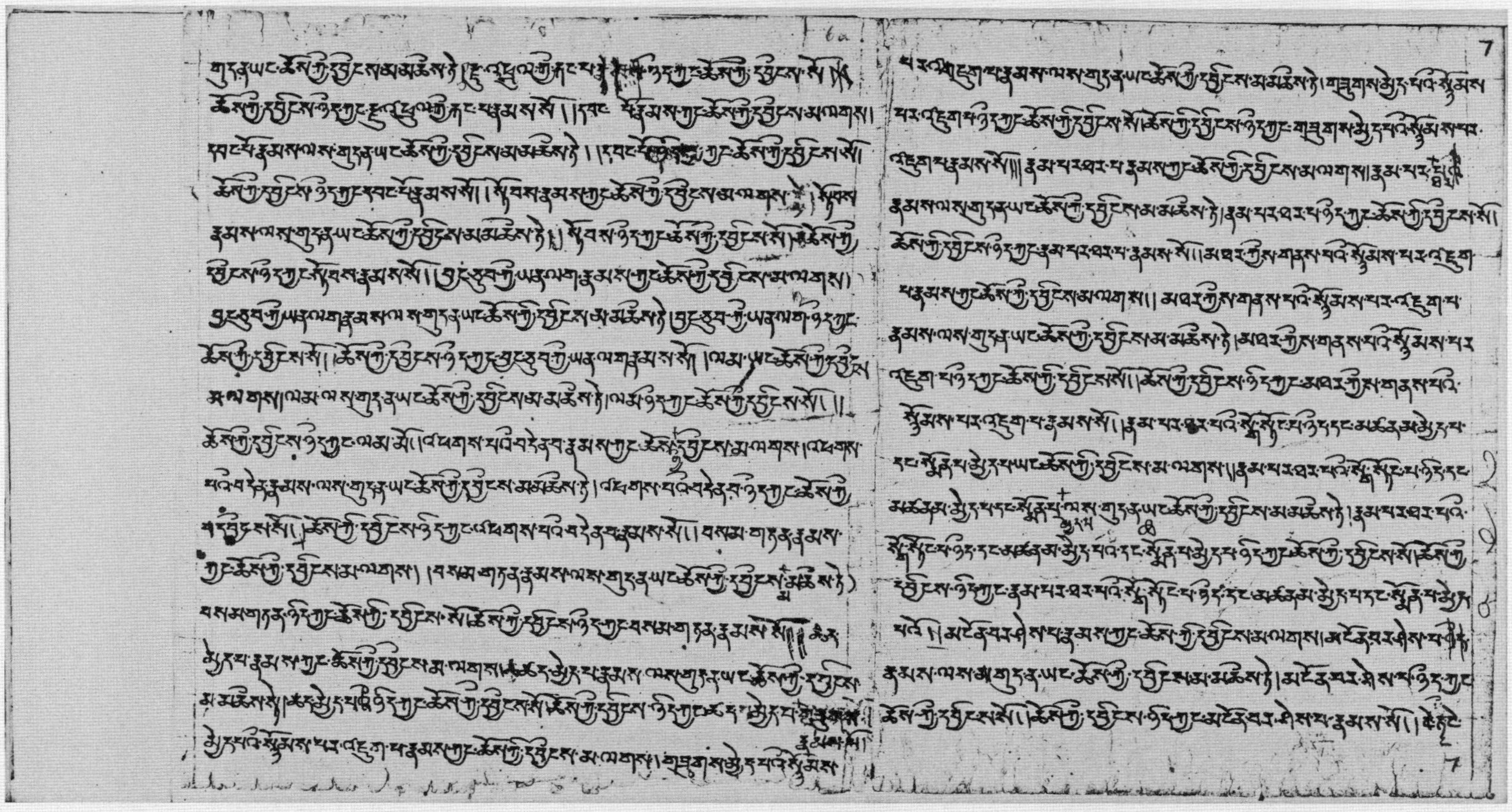

英 IOL.Tib.J.VOL.121　11.ཤེས་རབ་ཀྱི་ཕ་རོལ་ཏུ་ཕྱིན་པ་སྟོང་ཕྲག་བརྒྱ་པ།
11.十萬頌般若波羅蜜多經　(54–43)

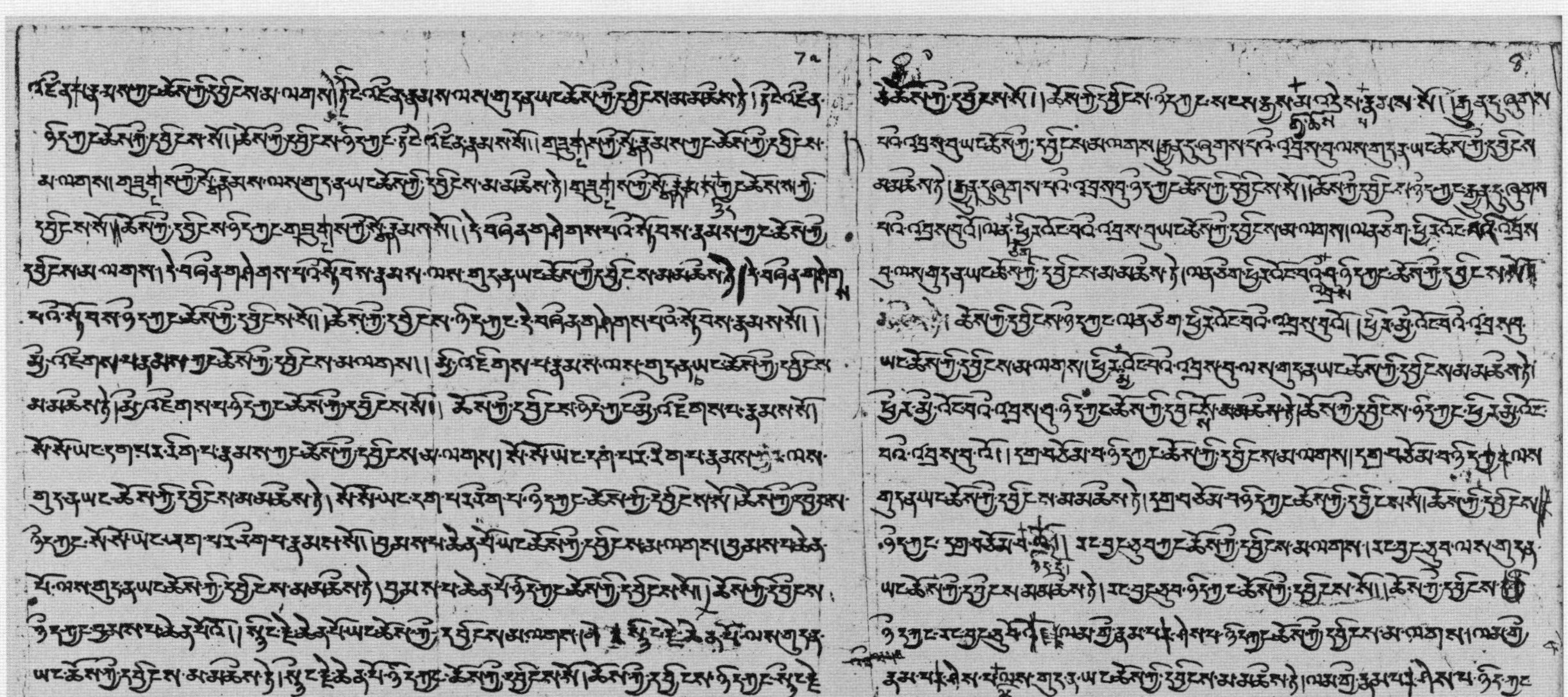

英 IOL.Tib.J.VOL.121　11.ཤེས་རབ་ཀྱི་ཕ་རོལ་ཏུ་ཕྱིན་པ་སྟོང་ཕྲག་བརྒྱ་པ།
11.十萬頌般若波羅蜜多經　(54–44)

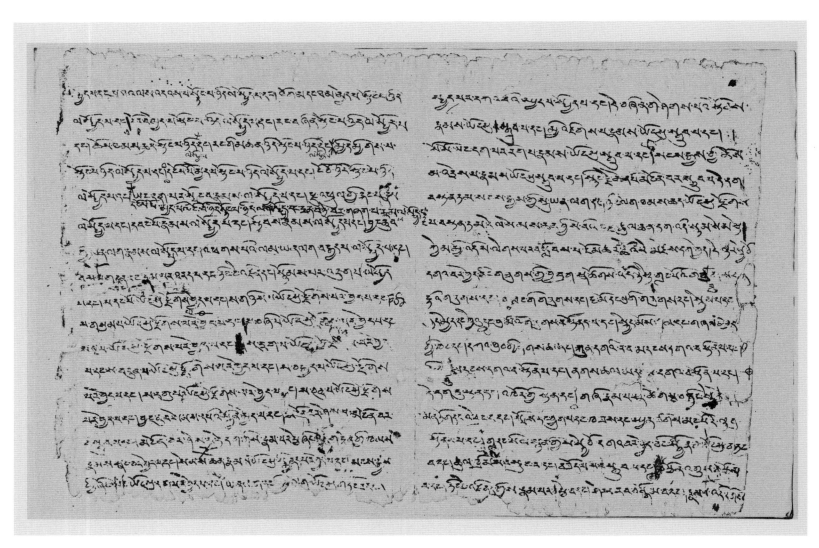

英 IOL.Tib.J.VOL.121　11.ཤེས་རབ་ཀྱི་ཕ་རོལ་དུ་ཕྱིན་པ་སྟོང་ཕྲག་བརྒྱ་པ།
11.十萬頌般若波羅蜜多經　　（54–45）

英 IOL.Tib.J.VOL.121　11.ཤེས་རབ་ཀྱི་ཕ་རོལ་དུ་ཕྱིན་པ་སྟོང་ཕྲག་བརྒྱ་པ།
11.十萬頌般若波羅蜜多經　　（54–46）

英 IOL.Tib.J.VOL.121　　11.ཤེས་རབ་ཀྱི་ཕ་རོལ་དུ་ཕྱིན་པ་སྟོང་ཕྲག་བརྒྱ་པ།

11.十萬頌般若波羅蜜多經　　(54–47)

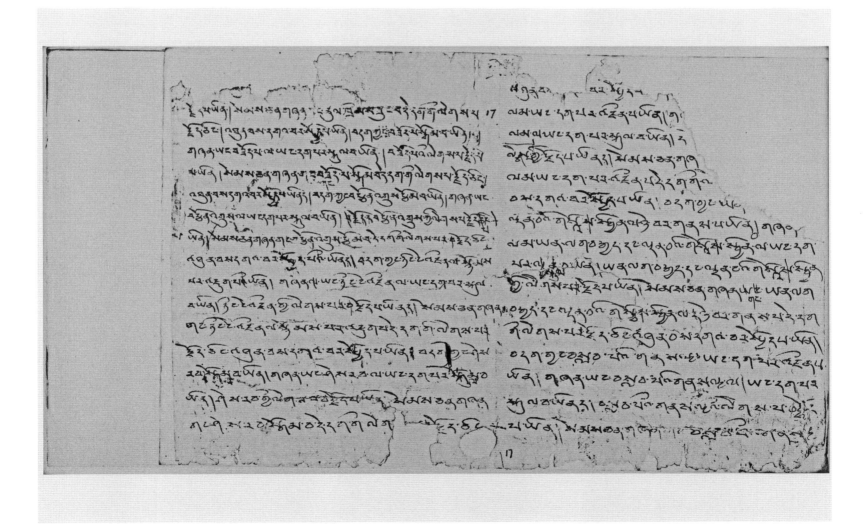

英 IOL.Tib.J.VOL.121　　11.ཤེས་རབ་ཀྱི་ཕ་རོལ་དུ་ཕྱིན་པ་སྟོང་ཕྲག་བརྒྱ་པ།

11.十萬頌般若波羅蜜多經　　(54–48)

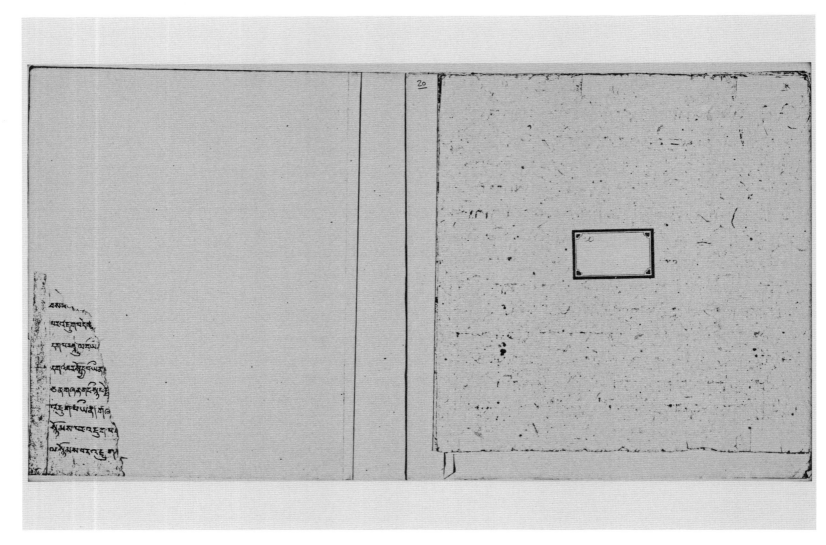

英 IOL.Tib.J.VOL.121　12.དམ་ཆོས་ཁ་ཐོར།
12.佛經　　　(54–49)

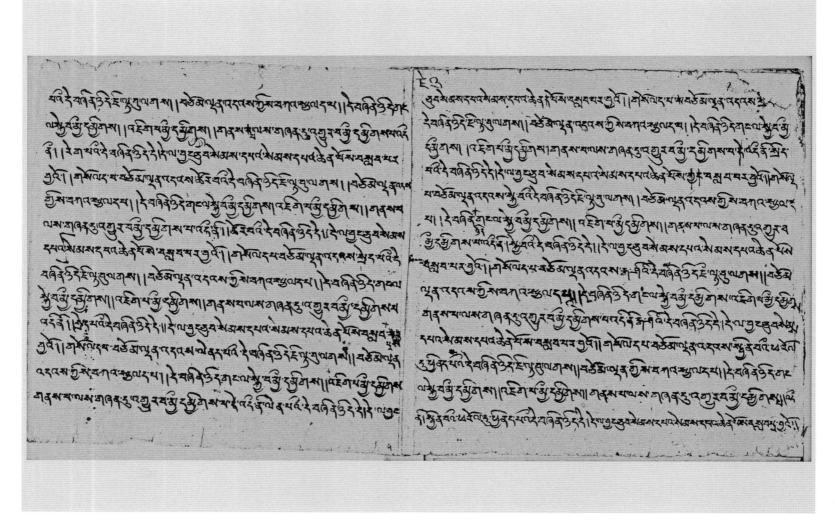

英 IOL.Tib.J.VOL.121　13.ཤེས་རབ་ཀྱི་ཕ་རོལ་དུ་ཕྱིན་པ་སྟོང་ཕྲག་བརྒྱ་པ།
13.十萬頌般若波羅蜜多經　　(54–50)

英 IOL.Tib.J.VOL.121　　13.ཤེས་རབ་ཀྱི་ཕ་རོལ་དུ་ཕྱིན་པ་སྟོང་ཕྲག་བརྒྱ་པ།
　　　　　　　　　13.十萬頌般若波羅蜜多經　　　(54–51)

英 IOL.Tib.J.VOL.121　　13.ཤེས་རབ་ཀྱི་ཕ་རོལ་དུ་ཕྱིན་པ་སྟོང་ཕྲག་བརྒྱ་པ།
　　　　　　　　　13.十萬頌般若波羅蜜多經　　　(54–52)

英 IOL.Tib.J.VOL.121　　13.ཤེས་རབ་ཀྱི་ཕ་རོལ་དུ་ཕྱིན་པ་སྟོང་ཕྲག་བརྒྱ་པ།
13.十萬頌般若波羅蜜多經　　　(54–53)

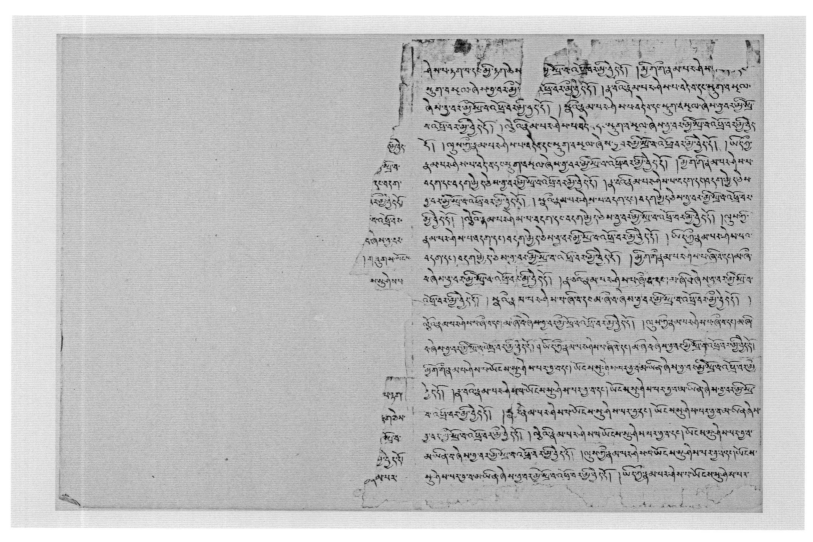

英 IOL.Tib.J.VOL.121　　13.ཤེས་རབ་ཀྱི་ཕ་རོལ་དུ་ཕྱིན་པ་སྟོང་ཕྲག་བརྒྱ་པ།
13.十萬頌般若波羅蜜多經　　　(54–54)

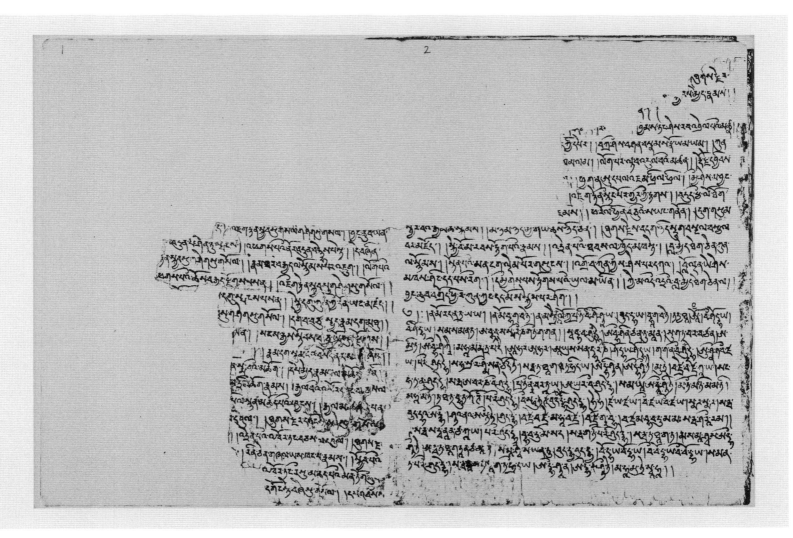

英 IOL.Tib.J.VOL.122　1.དམ་ཆོས་ཁ་ཐོར།
　　　　　　　　　　1.佛經　　　(30–1)

英 IOL.Tib.J.VOL.122　2.བསླབ་བྱ།　　3.གཙུག་ཏོར་རྣམ་པར་རྒྱལ་བའི་གཟུངས།
　　　　　　　　　　2.教言　　　3.頂髻尊勝陀羅尼　　(30–2)

4.課頌正文　　(30-3)

4.課頌正文　　(30-4)

英 IOL.Tib.J.VOL.122　4.རྒྱུད་ཆགས།
4.課頌正文　(30–5)

英 IOL.Tib.J.VOL.122　4.རྒྱུད་ཆགས།
4.課頌正文　(30–6)

英 IOL.Tib.J.VOL.122　4.ཀུན་ཆགས།　　5.ཀུན་གསུམ་པ།　　6.བསྔོ་སྨོན།
4.課頌正文　　5.三續啓請經　　6.回向祈願文　　(30–7)

英 IOL.Tib.J.VOL.122　6.བསྔོ་སྨོན།
6.回向祈願文　　(30–8)

英 IOL.Tib.J.VOL.122　6.བསྔོ་སྨོན། 　　7.འཕགས་པ་པ་ཏྲ་རེའི་མདོ།

6.回向祈願文　　7.葉衣觀自在菩薩經　　　(30-9)

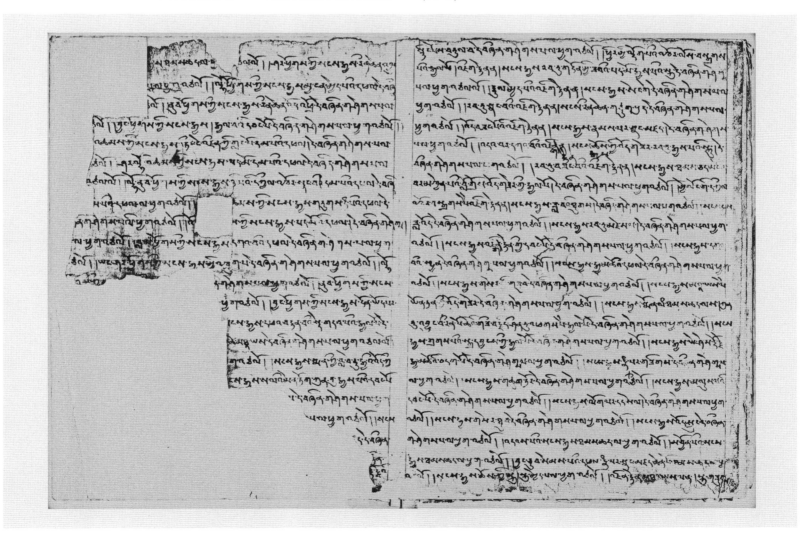

英 IOL.Tib.J.VOL.122　8.དཔང་སྐོང་ཕྱག་བརྒྱ་པ།

8.百拜懺悔經　　(30-10)

英 IOL.Tib.J.VOL.122 8.དཔང་སྐོང་ཕྱག་བརྒྱ་པ།
8.百拜懺悔經 (30–11)

英 IOL.Tib.J.VOL.122 8.དཔང་སྐོང་ཕྱག་བརྒྱ་པ།
8.百拜懺悔經 (30–12)

英 IOL.Tib.J.VOL.122　9.འགྱོད་ཚངས་དང་སྨོན་ལམ།
　　　　　　9.懺悔祈願文　　　(30–13)

英 IOL.Tib.J.VOL.122　9.འགྱོད་ཚངས་དང་སྨོན་ལམ།
　　　　　　9.懺悔祈願文　　　(30–14)

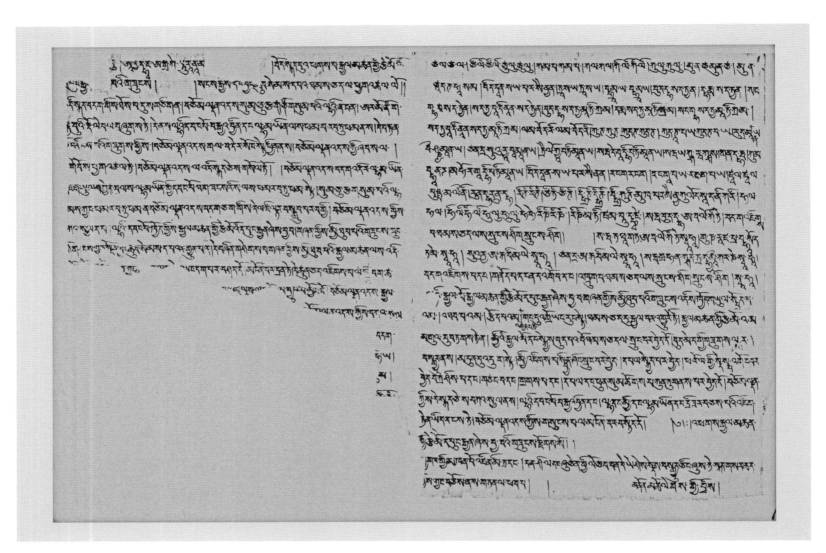

英 IOL.Tib.J.VOL.122　　10.འཕགས་པ་རྒྱལ་མཚན་གྱི་རྩེ་མོའི་དཔུང་རྒྱན་ཞེས་བྱ་བའི་གཟུངས།　　11.བྲིས་བྱང་།

10.佛説無能勝幡王如來莊嚴陀羅尼經　　　11.抄寫題記　　　(30–15)

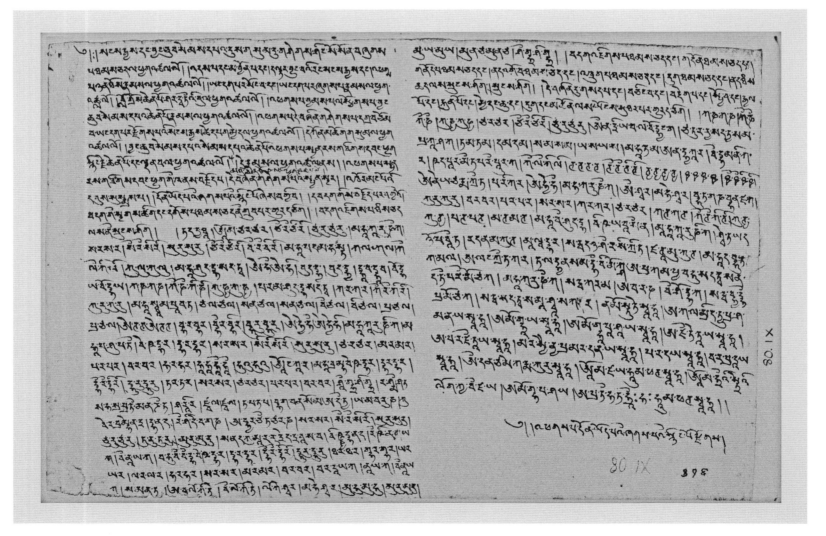

英 IOL.Tib.J.VOL.122　　12.འཕགས་པ་དོན་ཡོད་ཞགས་པའི་སྙིང་པོ།

12.聖不空羂索心髓陀羅尼　　　(30–16)

英 IOL.Tib.J.VOL.122　13.གཙུག་ཏོར་རྣམ་པར་རྒྱལ་བའི་གཟུངས།　14.ལས་ཀྱི་སྒྲིབ་པ་རྣམ་པར་སྦྱོང་བའི་གཟུངས།

13.頂髻尊勝陀羅尼　14.消除業障陀羅尼　(30–17)

英 IOL.Tib.J.VOL.122　15.ཤེས་རབ་ཀྱི་ཕ་རོལ་ཏུ་ཕྱིན་པ་སྟོང་ཕྲག་ཉི་ཤུ་ལྔ་པ།

15.二萬五千頌般若波羅蜜多經　(30–18)

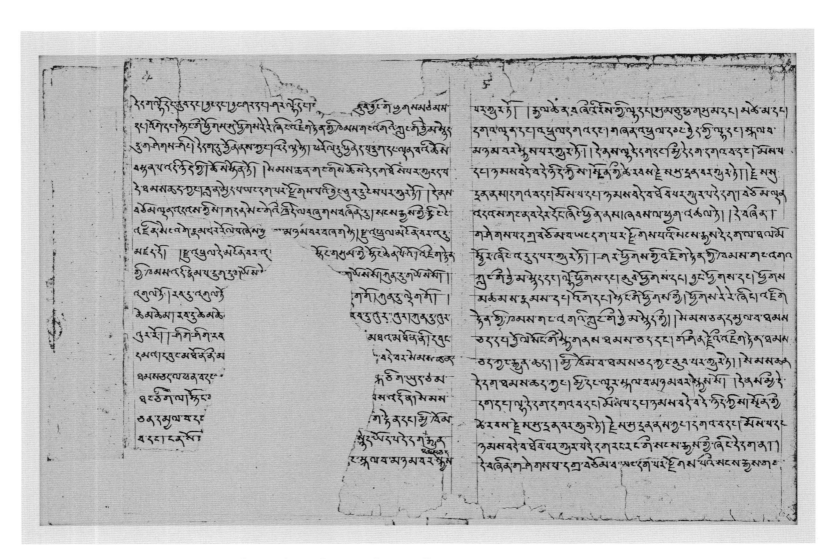

英 IOL.Tib.J.VOL.122　15.ཤེས་རབ་ཀྱི་ཕ་རོལ་ཏུ་ཕྱིན་པ་སྟོང་ཕྲག་ཉི་ཤུ་ལྔ་པ།

15.二萬五千頌般若波羅蜜多經　　(30–21)

英 IOL.Tib.J.VOL.122　15.ཤེས་རབ་ཀྱི་ཕ་རོལ་ཏུ་ཕྱིན་པ་སྟོང་ཕྲག་ཉི་ཤུ་ལྔ་པ།

15.二萬五千頌般若波羅蜜多經　　(30–22)

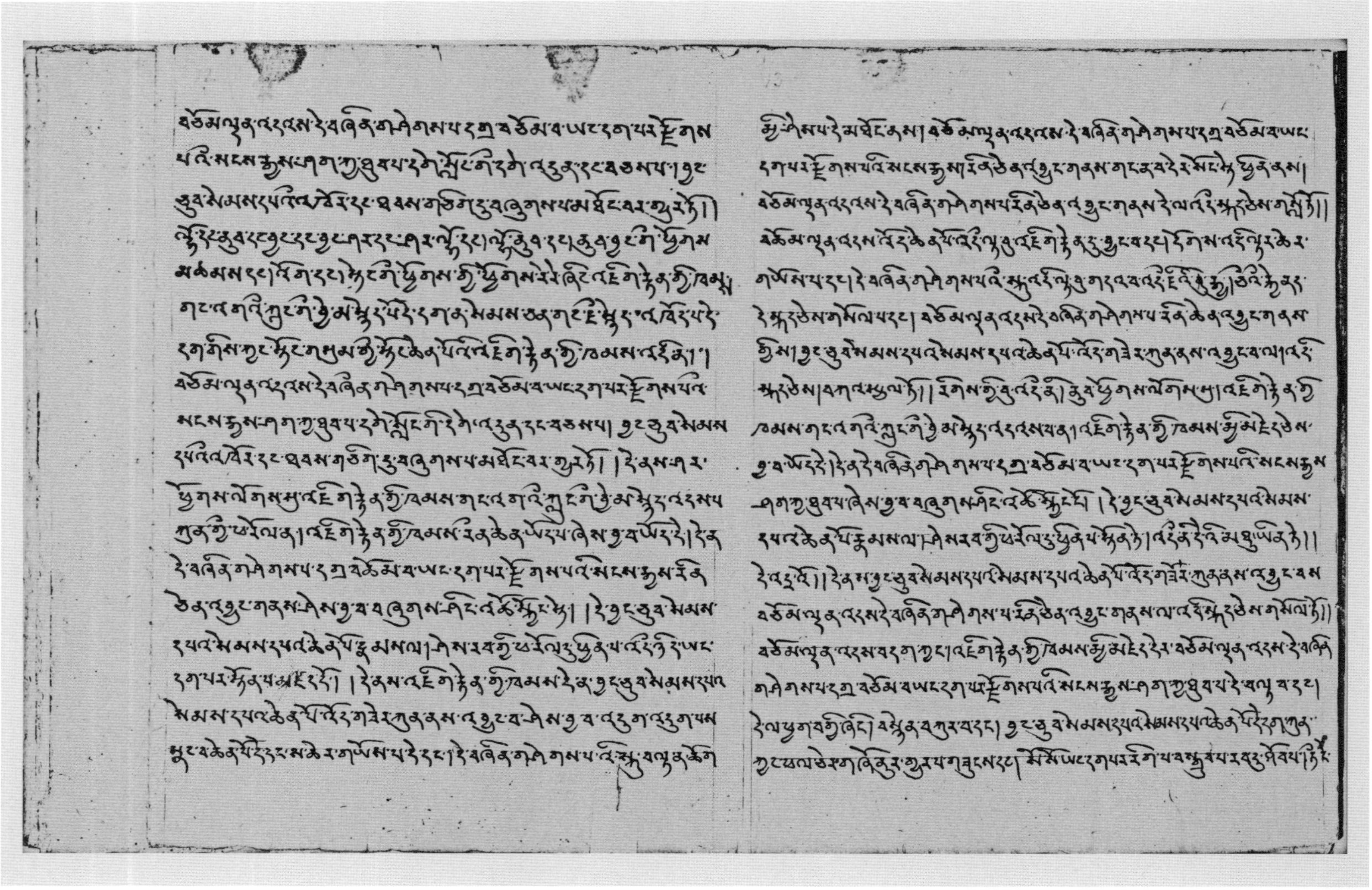

英 IOL.Tib.J.VOL.122　15.ཤེས་རབ་ཀྱི་ཕ་རོལ་ཏུ་ཕྱིན་པ་སྟོང་ཕྲག་ཉི་ཤུ་ལྔ་པ།
15.二萬五千頌般若波羅蜜多經　(30–23)

英 IOL.Tib.J.VOL.122　15.ཤེས་རབ་ཀྱི་ཕ་རོལ་ཏུ་ཕྱིན་པ་སྟོང་ཕྲག་ཉི་ཤུ་ལྔ་པ།
15.二萬五千頌般若波羅蜜多經　(30–24)

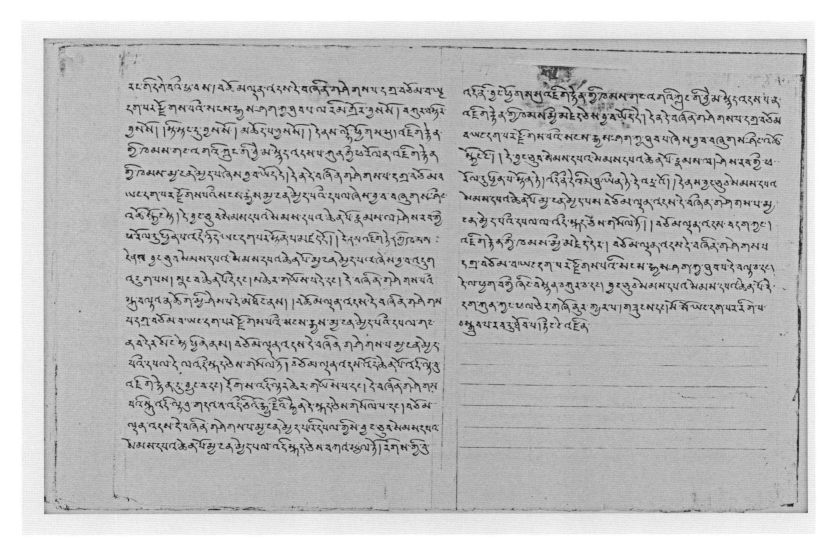

英 IOL.Tib.J.VOL.122　15.ཤེས་རབ་ཀྱི་ཕ་རོལ་ཏུ་ཕྱིན་པ་སྟོང་ཕྲག་ཉི་ཤུ་ལྔ་པ།

15.二萬五千頌般若波羅蜜多經　　　(30–25)

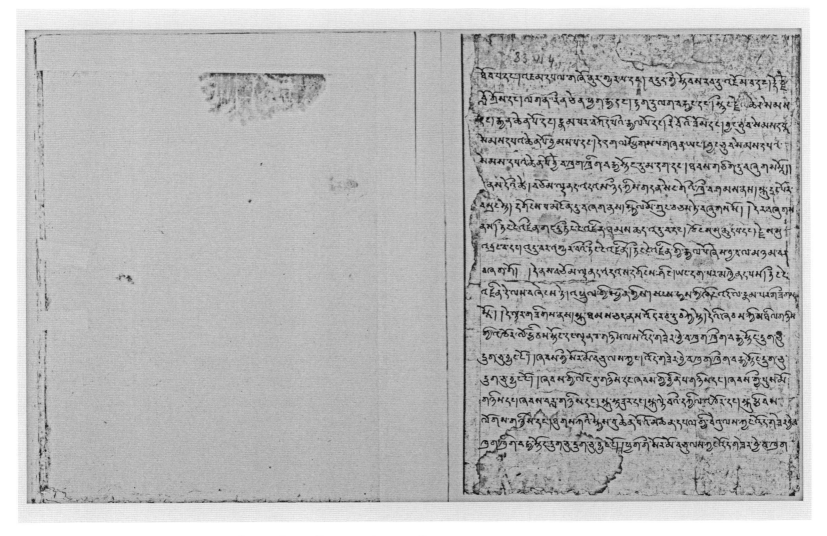

英 IOL.Tib.J.VOL.122　15.ཤེས་རབ་ཀྱི་ཕ་རོལ་ཏུ་ཕྱིན་པ་སྟོང་ཕྲག་ཉི་ཤུ་ལྔ་པ།

15.二萬五千頌般若波羅蜜多經　　　(30–26)

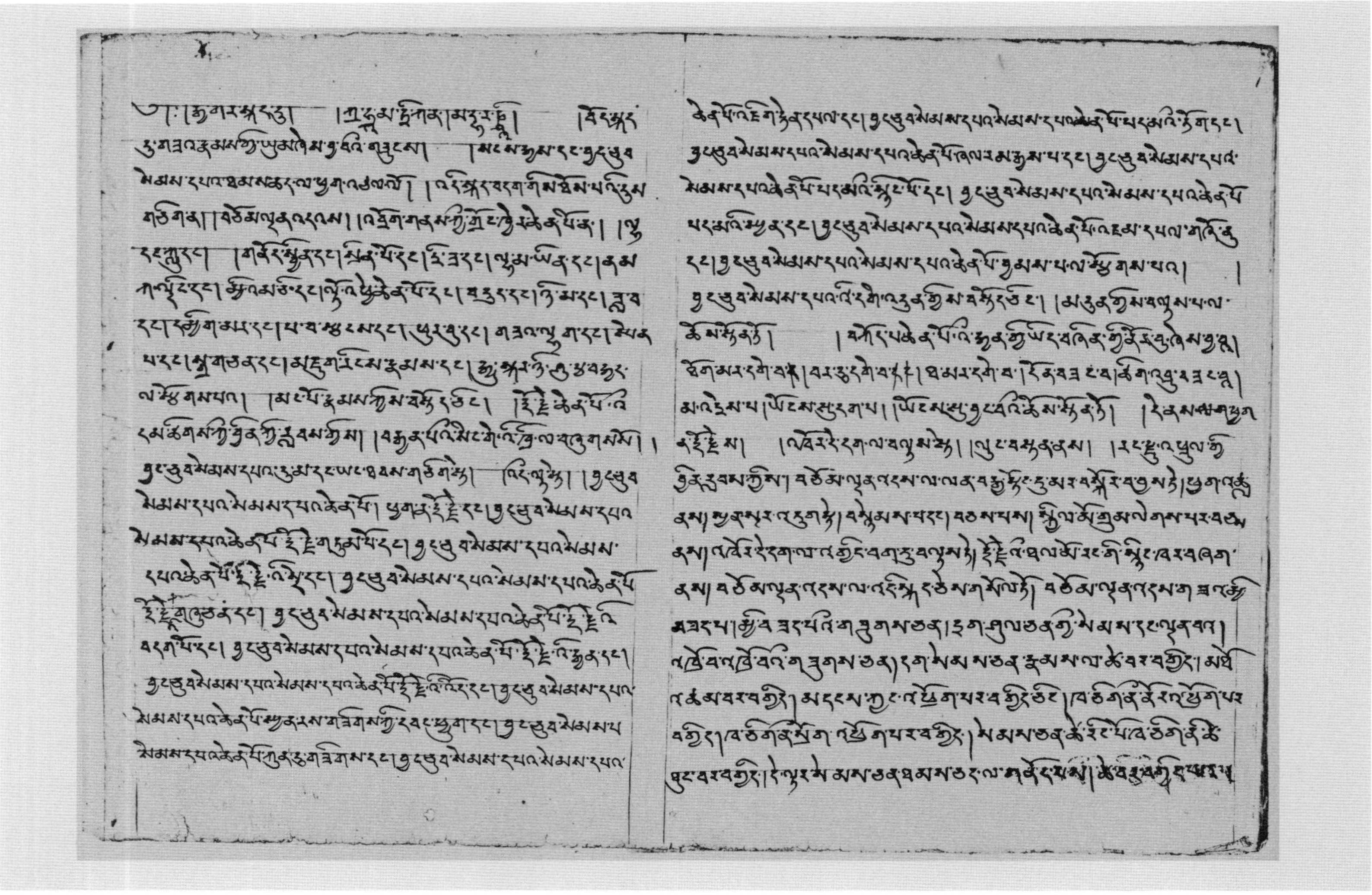

英 IOL.Tib.J.VOL.122　16.གཟའ་རྣམས་ཀྱི་ཡུམ་ཞེས་བུ་བའི་གཟུངས།

16.諸星母陀羅尼經　　　(30–27)

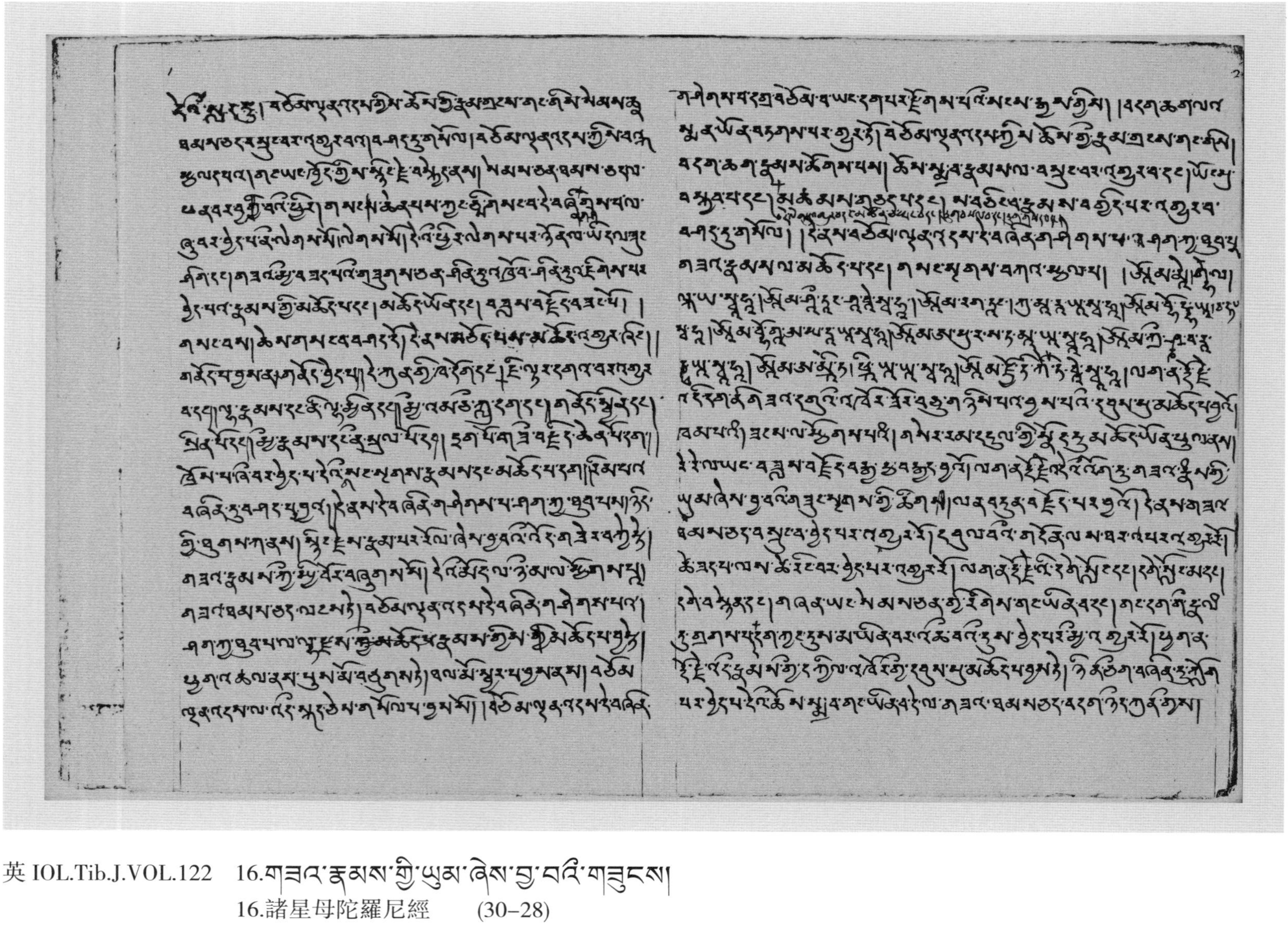

英 IOL.Tib.J.VOL.122　16.གཟའ་རྣམས་ཀྱི་ཡུམ་ཞེས་བུ་བའི་གཟུངས།

16.諸星母陀羅尼經　　　(30–28)

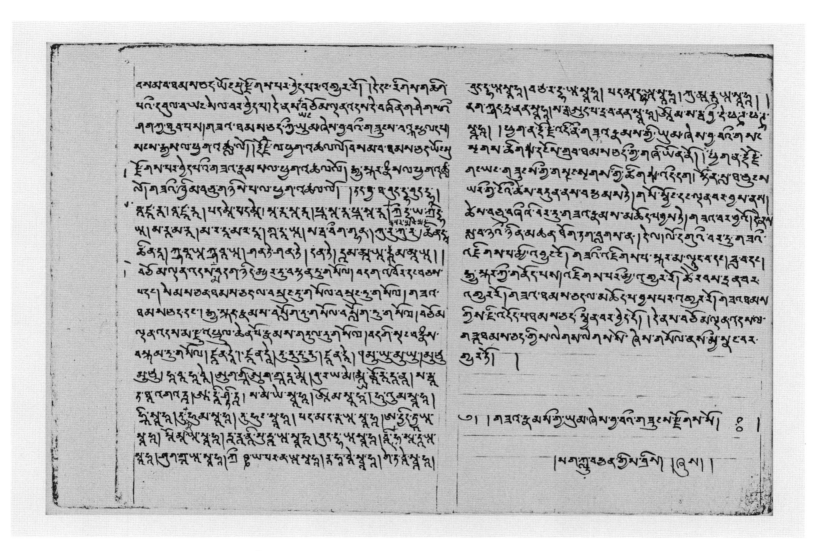

英 IOL.Tib.J.VOL.122　　16.གཟའ་རྣམས་ཀྱི་ཡུམ་ཞེས་བྱ་བའི་གཟུངས།　　17.བྲིས་ཞུས་བྱང་།

16.諸星母陀羅尼經　　17.抄寫校對題記　　(30-29)

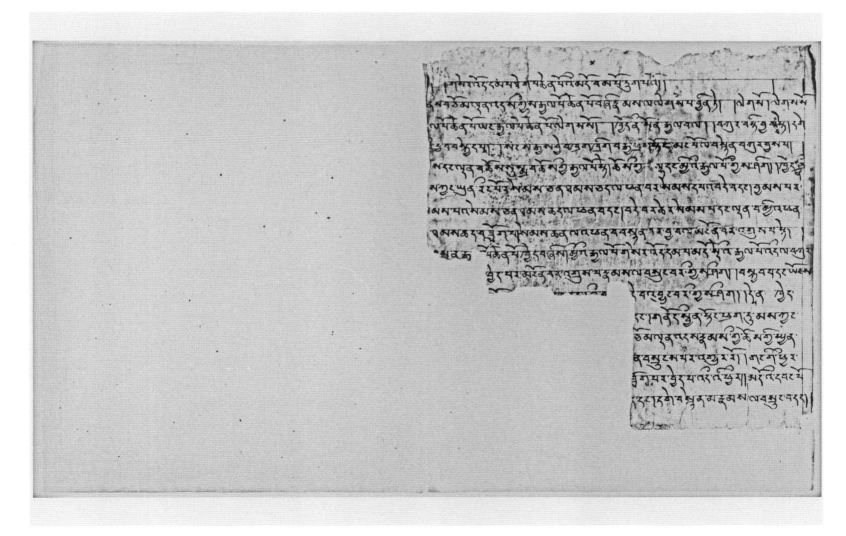

英 IOL.Tib.J.VOL.122　　18.གསེར་འོད་དམ་པ་ཞེག་པ་ཆེན་པོའི་མདོ་བམ་པོ་དྲུག་པ།

18.金光明經卷第六　　(30-30)

善男子，若有人三事，一者解擯捨外物，二者捨内外物，三者施内外已焦心眾生云何教化。若資家若先書語言，汝今歸依三寶，不受齋不受齋後別施戒。

復應語言，汝若不能受戒，不能淨戒，不能漸次受齋授齋語言，汝若不解說法，無戒無性不解說法，二事唯，生及諸眾生若男子若女子。

安樂眾如是教後，觀無性不解說名太主菩薩若有財物，寶時應言如是施，若餘施主先知此法不須教授，餘條有財物，往此助必若窮無物應部醫方，往此助必若窮無物應部醫方，桂康勞有販。

奇藥須合諸藥，若桂康勞勸有販，道行者病，若種湯既了醫方。

英 IOL.Tib.J.VOL.123　1.བསྐུལ་བ་པ་ལྷའི་ཡོན་ཏན་གྱི་མདོ། ཀྱུ་ཡིག
1.優婆塞戒經（漢文）　　(12-1)

無戒無性不解說諸語先性不解說法是無授應語言汝若不解說法。

施若餘施主先知此若般若種湯既了醫方。

安樂眾如是教後觀無性不解說名太主菩薩若有財物寶時應言如。

行布施如其無財復音轉教餘條有財物。

奇藥須合醫藥若般若種湯既了醫方。

往此助必若窮無物應部醫方桂康勞勸有販。

遍行者病若案成此近去此每而。

音和合醫藥須合諸藥若般若種湯既了醫方。

心病增知智預如是食藥時損護病者。

食藥便音須隨宜喘語無若言無音。

是往世不善因緣是菩薩令盡隨悔病。

食藥增苦劇若知定名亦不言又但言教令。

三寶令佛法供養為說病水。

若唱已令生瞋恚忿口寫罵嘿不教之亦不怡。

瞻復瞻養慎無貪時心應隨喜。

瞻復瞻養慎無貪時心應隨喜若病。

天已言為殘藥施人若有病若已事心施物便可愛之愛。

已轉施餘病客言若般如是瞻養治病若男。

食藥施人若有病若已事心施物便可愛之道善男。

是人是大施主真名无上菩提之道善男。

子有智之人來善提時設为財寶亦音讀朝。

如是醫方生瞻病合處高近。

英 IOL.Tib.J.VOL.123　1.བསྐུལ་བ་པ་ལྷའི་ཡོན་ཏན་གྱི་མདོ། ཀྱུ་ཡིག
1.優婆塞戒經（漢文）　　(12-2)

94

食藥施人若病差已當心施物便可受之受
已轉施餘家若眾如是瞻養治病苦知
是人是大施主真求无上善提之道善男
子有智之人來善提時歉為財寶亦當讀胡
如是醫方作瞻病舍具病瘥飲食湯藥資
俠給之道路曲坐平治令寬除去刺石惡物拔
喬崚惡飛須若板若梯若索宜志施之
噴塗作井種菓樹林蒲治泉滇无樹木處為
善惠柱復搆息憩為作地基造立客舍
諸飛須瓶瓮燈燭隨其所須悉為施之
權津清渡頭施橋船戒不鮏度者自往復之
老小羸瘦无膽力者自手捧持而令得渡路次
枯樹橦枝花菓為救庵此物善語
崎嶇捕音若見行業汲至崚惡此路次得渡得渡
過崚若見大王破壞之以隨宜路次善言啟辭
違淋坐以草為座洗銘竿臾毛毛施以林坐者
无郎耶幽嘴若隹熟時以屑衣袁作陰寒時者
火炙奧雉為佳堵人為販賣市喿音
教今依平夫貪小利共相中卹見行路者
道北道、者飛謂為餘水草无有益郎宜託北
道名諸客難見大人鞋屪衣裳銛惡衣服施
亦作札補浣染塵治有患瞞迦碎眠棄出眾
所造先施人如意橋水有月釣權治浣運桔提
為除違道施人如意橋水有月釣權治浣運桔提
若目造作衣服銛惡先奉上師师洪谷义母伟志等
上先一受用然後自服若以花香見贖毛
僮物謂坐臥具扇上安置淨水漆逼淨灰志等

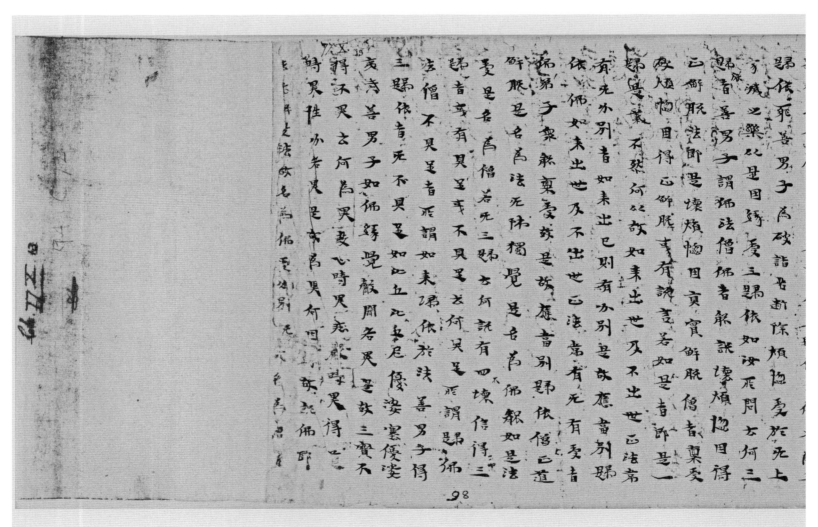

英 IOL.Tib.J.VOL.123　2.ཤེས་རབ་ཀྱི་ཕ་རོལ་དུ་ཕྱིན་པ་སྟོང་ཕྲག་བརྒྱ་པ།
　　　　　　2.十萬頌般若波羅蜜多經　　　(12-7)

英 IOL.Tib.J.VOL.123　2.ཤེས་རབ་ཀྱི་ཕ་རོལ་དུ་ཕྱིན་པ་སྟོང་ཕྲག་བརྒྱ་པ།
　　　　　　2.十萬頌般若波羅蜜多經　　　(12-8)

英 IOL.Tib.J.VOL.123　2.ཤེས་རབ་ཀྱི་ཕ་རོལ་ཏུ་ཕྱིན་པ་སྟོང་ཕྲག་བརྒྱ་པ།

2.十萬頌般若波羅蜜多經　　　(12-9)

英 IOL.Tib.J.VOL.123　2.ཤེས་རབ་ཀྱི་ཕ་རོལ་ཏུ་ཕྱིན་པ་སྟོང་ཕྲག་བརྒྱ་པ།

2.十萬頌般若波羅蜜多經　　　(12-10)

英 IOL.Tib.J.VOL.123　2.ཤེས་རབ་ཀྱི་ཕ་རོལ་དུ་ཕྱིན་པ་སྟོང་ཕྲག་བརྒྱ་པ།
　　　　　2.十萬頌般若波羅蜜多經　　　(12-11)

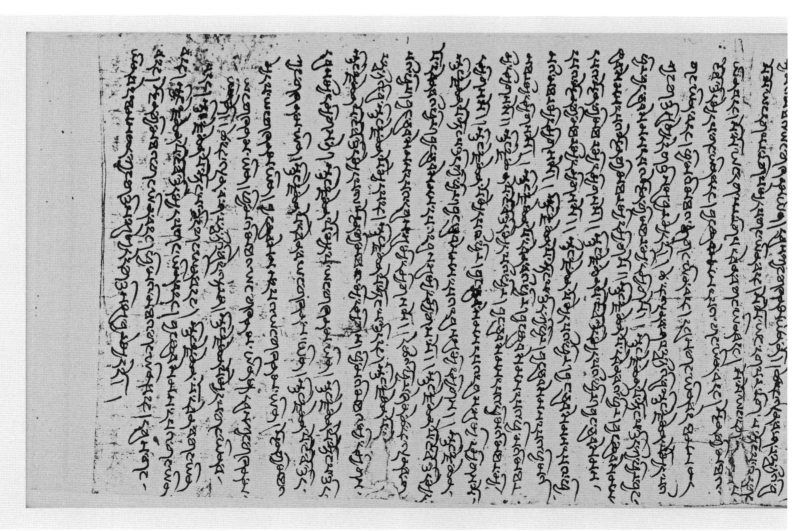

英 IOL.Tib.J.VOL.123　2.ཤེས་རབ་ཀྱི་ཕ་རོལ་དུ་ཕྱིན་པ་སྟོང་ཕྲག་བརྒྱ་པ།
　　　　　2.十萬頌般若波羅蜜多經　　　(12-12)

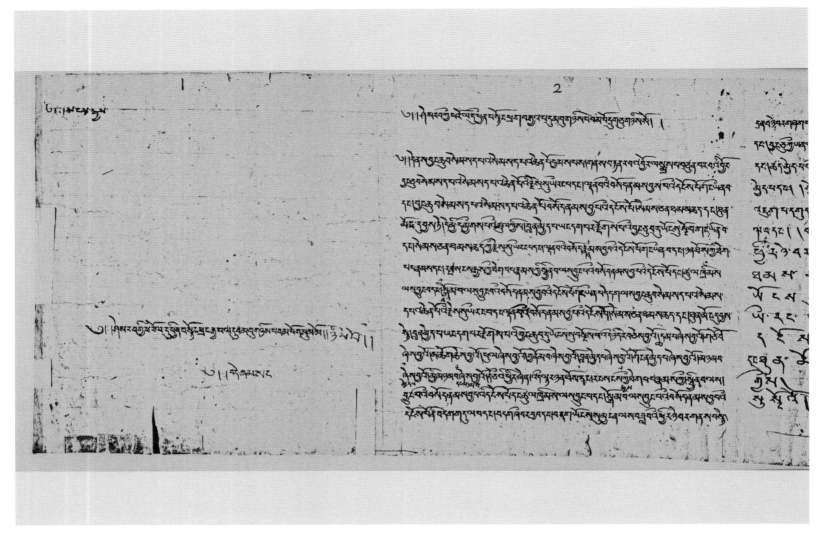

英 IOL.Tib.J.VOL.124　1.ཤེས་རབ་ཀྱི་ཕ་རོལ་དུ་ཕྱིན་པ་སྟོང་ཕྲག་བརྒྱ་པ་དུམ་བུ་གཉིས་པ་བམ་པོ་དྲུག་ཅུ་གཉིས་སོ།
　　　　　　1.十萬頌般若波羅蜜多經第二函第六十二卷　　(14–1)

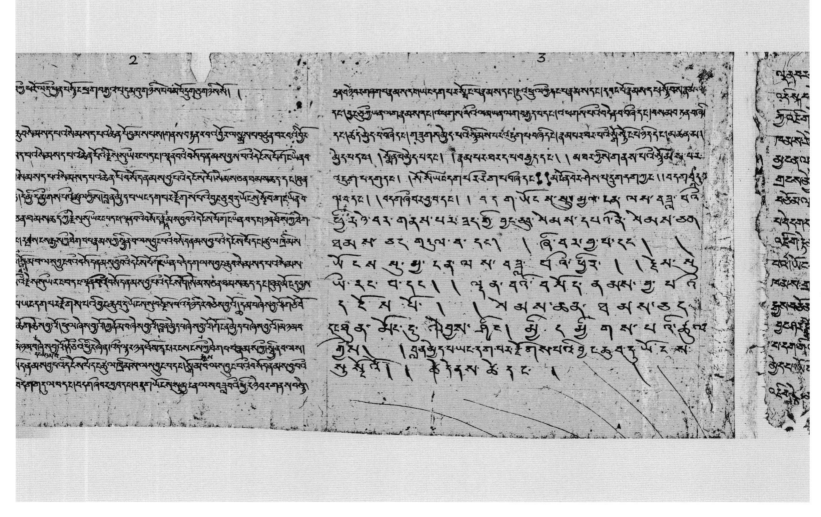

英 IOL.Tib.J.VOL.124　1.ཤེས་རབ་ཀྱི་ཕ་རོལ་དུ་ཕྱིན་པ་སྟོང་ཕྲག་བརྒྱ་པ་དུམ་བུ་གཉིས་པ་བམ་པོ་དྲུག་ཅུ་གཉིས་སོ།
　　　　　　1.十萬頌般若波羅蜜多經第二函第六十二卷　　(14–2)

英 IOL.Tib.J.VOL.124　1.ཤེས་རབ་ཀྱི་ཕ་རོལ་དུ་ཕྱིན་པ་སྟོང་ཕྲག་བརྒྱའ་པ་དུམ་བུ་གཉིས་པ་བམ་པོ་དྲུག་ཅུ་གཉིས་སོ།

1.十萬頌般若波羅蜜多經第二函第六十二卷　　(14-3)

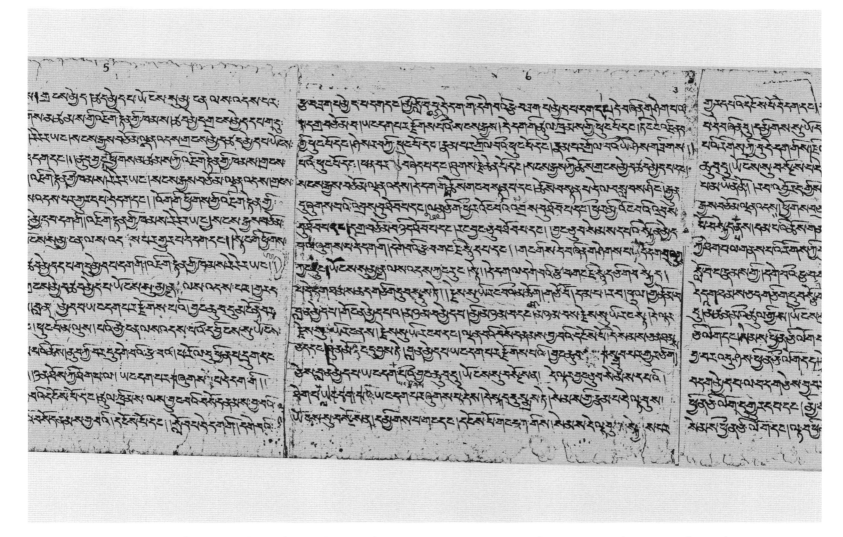

英 IOL.Tib.J.VOL.124　1.ཤེས་རབ་ཀྱི་ཕ་རོལ་དུ་ཕྱིན་པ་སྟོང་ཕྲག་བརྒྱའ་པ་དུམ་བུ་གཉིས་པ་བམ་པོ་དྲུག་ཅུ་གཉིས་སོ།

1.十萬頌般若波羅蜜多經第二函第六十二卷　　(14-4)

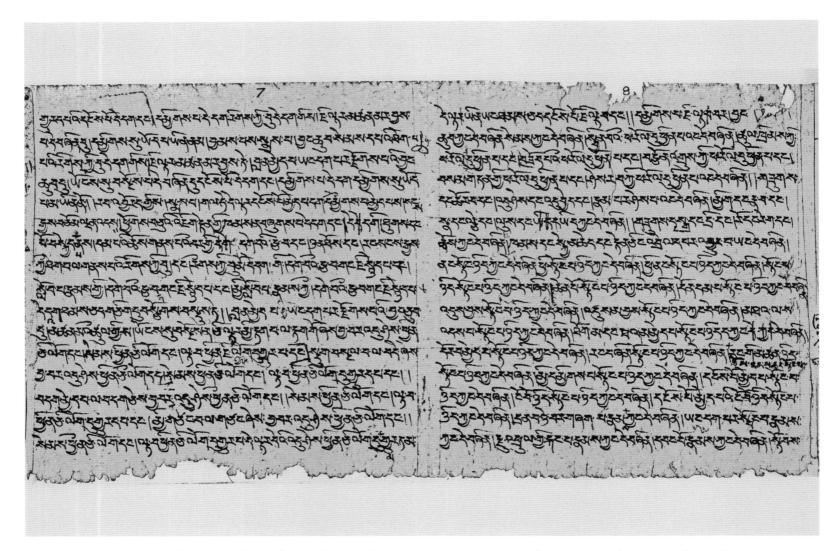

英 IOL.Tib.J.VOL.124　1.ཤེས་རབ་ཀྱི་ཕ་རོལ་དུ་ཕྱིན་པ་སྟོང་ཕྲག་བརྒྱ་བ་དུམ་བུ་གཉིས་པ་བམ་པོ་དྲུག་ཅུ་གཉིས་སོ།
　　　　　　　　1.十萬頌般若波羅蜜多經第二函第六十二卷　　(14–5)

英 IOL.Tib.J.VOL.124　1.ཤེས་རབ་ཀྱི་ཕ་རོལ་དུ་ཕྱིན་པ་སྟོང་ཕྲག་བརྒྱ་བ་དུམ་བུ་གཉིས་པ་བམ་པོ་དྲུག་ཅུ་གཉིས་སོ།
　　　　　　　　1.十萬頌般若波羅蜜多經第二函第六十二卷　　(14–6)

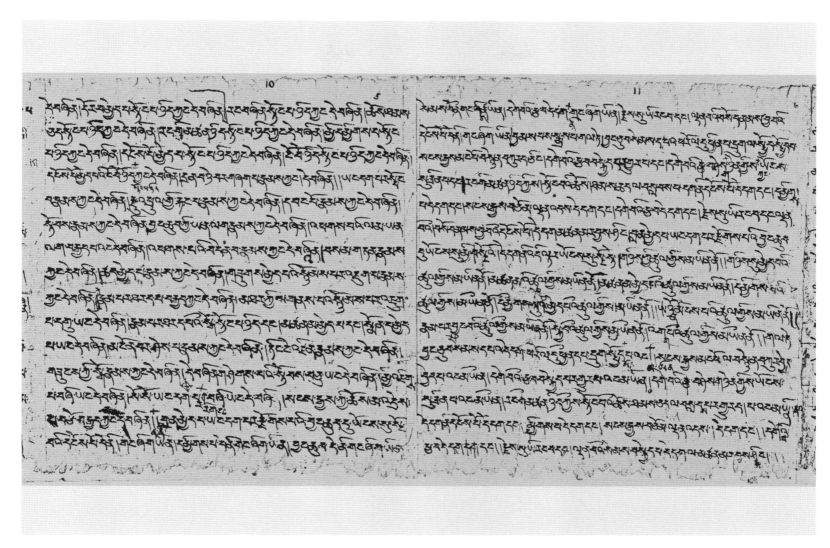

英 IOL.Tib.J.VOL.124　　1.ཤེས་རབ་ཀྱི་ཕ་རོལ་དུ་ཕྱིན་པ་སྟོང་ཕྲག་བརྒྱན་པ་དུམ་བུ་གཉིས་པ་བམ་པོ་དྲུག་ཅུ་གཉིས་སོ།

1.十萬頌般若波羅蜜多經第二函第六十二卷　　　(14-7)

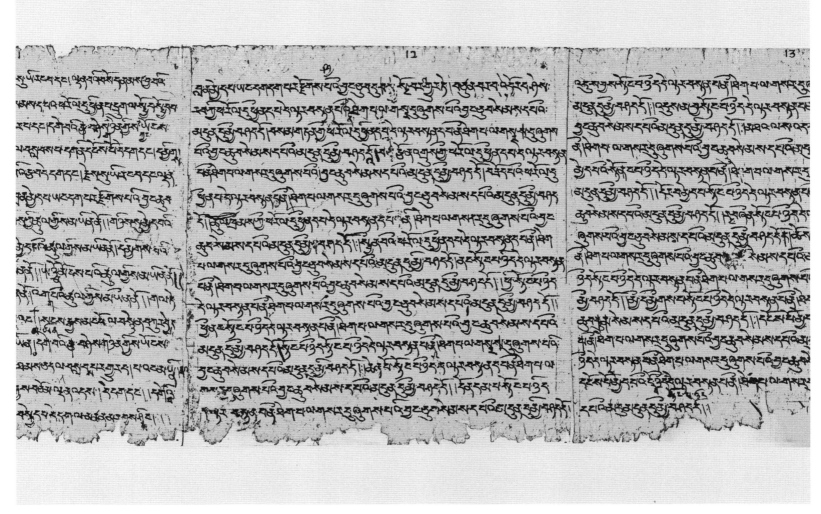

英 IOL.Tib.J.VOL.124　　1.ཤེས་རབ་ཀྱི་ཕ་རོལ་དུ་ཕྱིན་པ་སྟོང་ཕྲག་བརྒྱན་པ་དུམ་བུ་གཉིས་པ་བམ་པོ་དྲུག་ཅུ་གཉིས་སོ།

1.十萬頌般若波羅蜜多經第二函第六十二卷　　　(14-8)

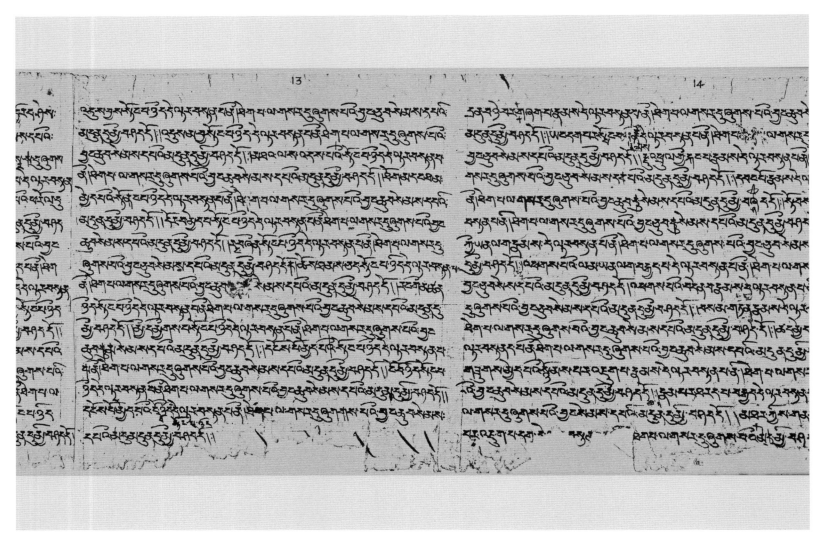

英 IOL.Tib.J.VOL.124 1.ཤེས་རབ་ཀྱི་ཕ་རོལ་དུ་ཕྱིན་པ་སྟོང་ཕྲག་བརྒྱའ་པ་དུམ་བུ་གཉིས་པ་བམ་པོ་དྲུག་ཅུ་གཉིས་སོ།
1.十萬頌般若波羅蜜多經第二函第六十二卷　　(14-9)

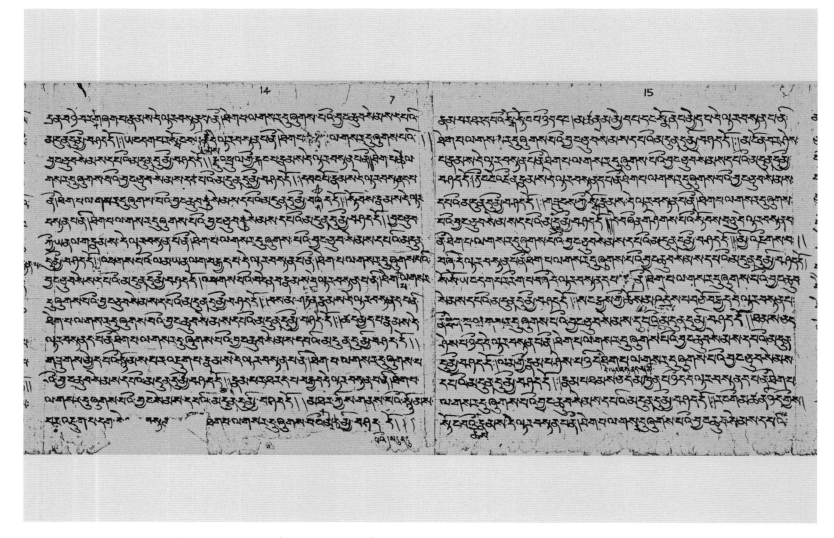

英 IOL.Tib.J.VOL.124 1.ཤེས་རབ་ཀྱི་ཕ་རོལ་དུ་ཕྱིན་པ་སྟོང་ཕྲག་བརྒྱའ་པ་དུམ་བུ་གཉིས་པ་བམ་པོ་དྲུག་ཅུ་གཉིས་སོ།
1.十萬頌般若波羅蜜多經第二函第六十二卷　　(14-10)

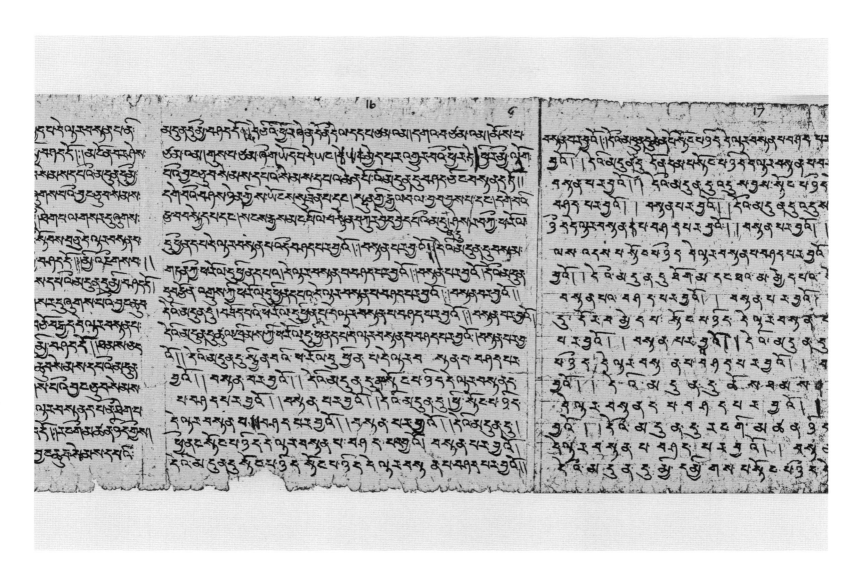

英 IOL.Tib.J.VOL.124　　1.ཤེས་རབ་ཀྱི་ཕ་རོལ་དུ་ཕྱིན་པ་སྟོང་ཕྲག་བརྒྱའ་པ་དུམ་བུ་གཉིས་པ་བམ་པོ་དྲུག་ཅུ་གཉིས་སོ།

1.十萬頌般若波羅蜜多經第二函第六十二卷　　　(14-11)

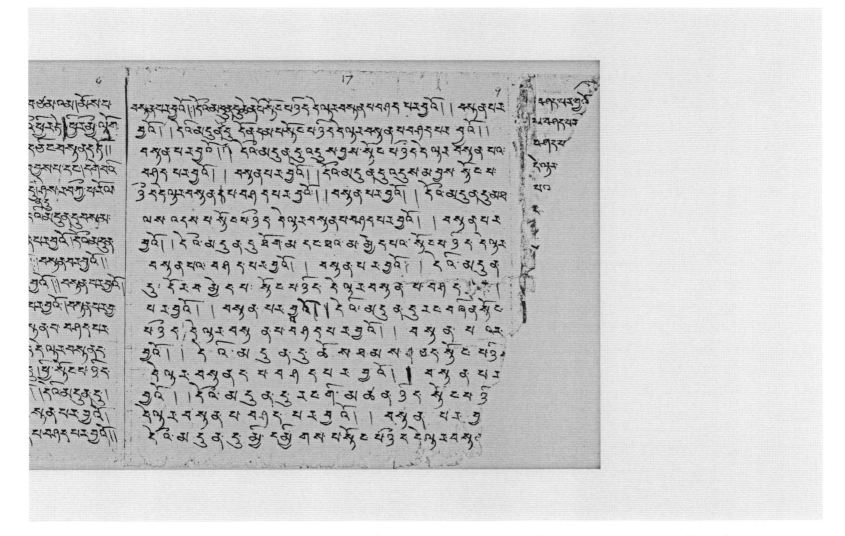

英 IOL.Tib.J.VOL.124　　1.ཤེས་རབ་ཀྱི་ཕ་རོལ་དུ་ཕྱིན་པ་སྟོང་ཕྲག་བརྒྱའ་པ་དུམ་བུ་གཉིས་པ་བམ་པོ་དྲུག་ཅུ་གཉིས་སོ།

1.十萬頌般若波羅蜜多經第二函第六十二卷　　　(14-12)

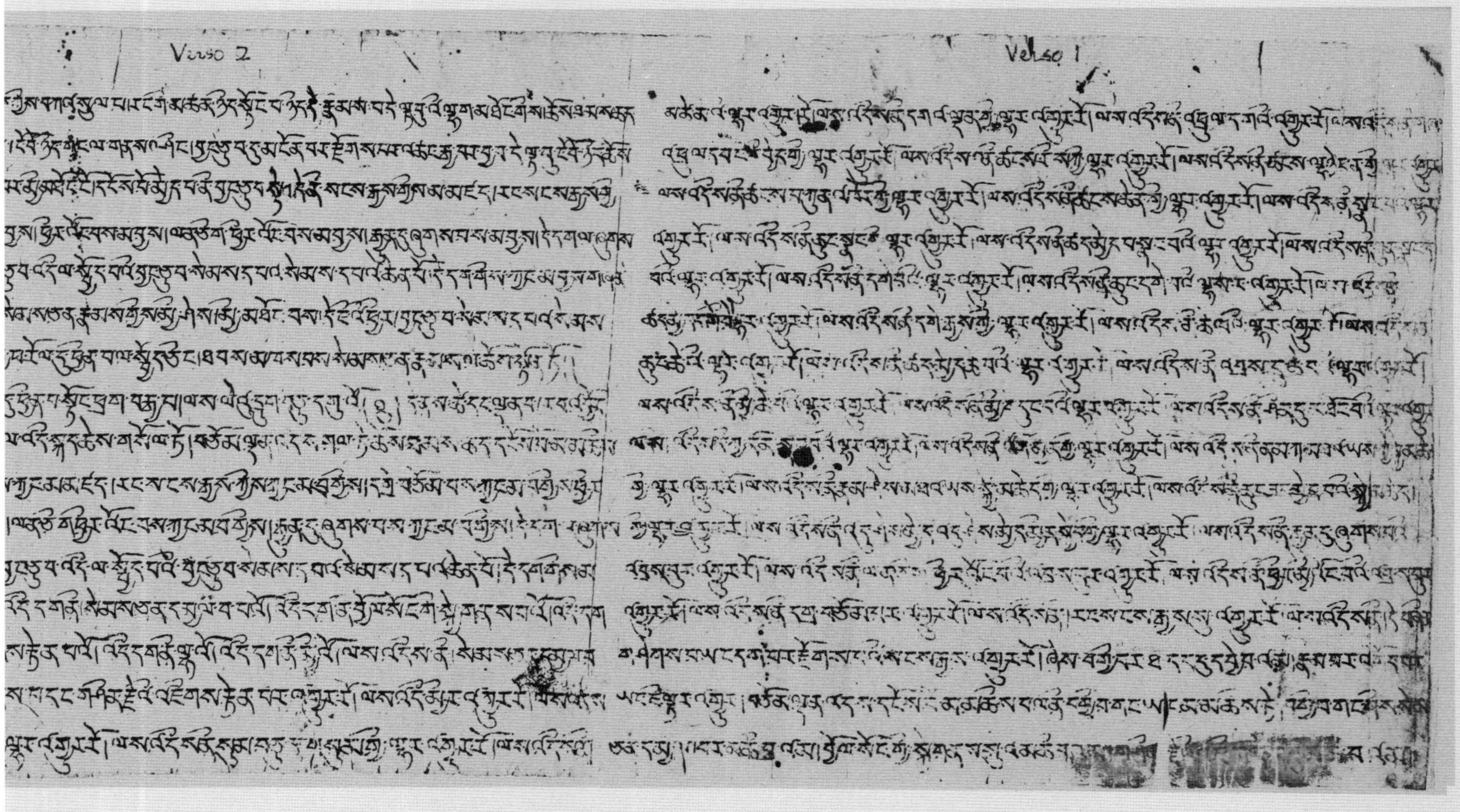

英 IOL.Tib.J.VOL.124　2.ཤེས་རབ་ཀྱི་ཕ་རོལ་དུ་ཕྱིན་པ་སྟོང་ཕྲག་བརྒྱ་པ།

2.十萬頌般若波羅蜜多經　　　(14–13)

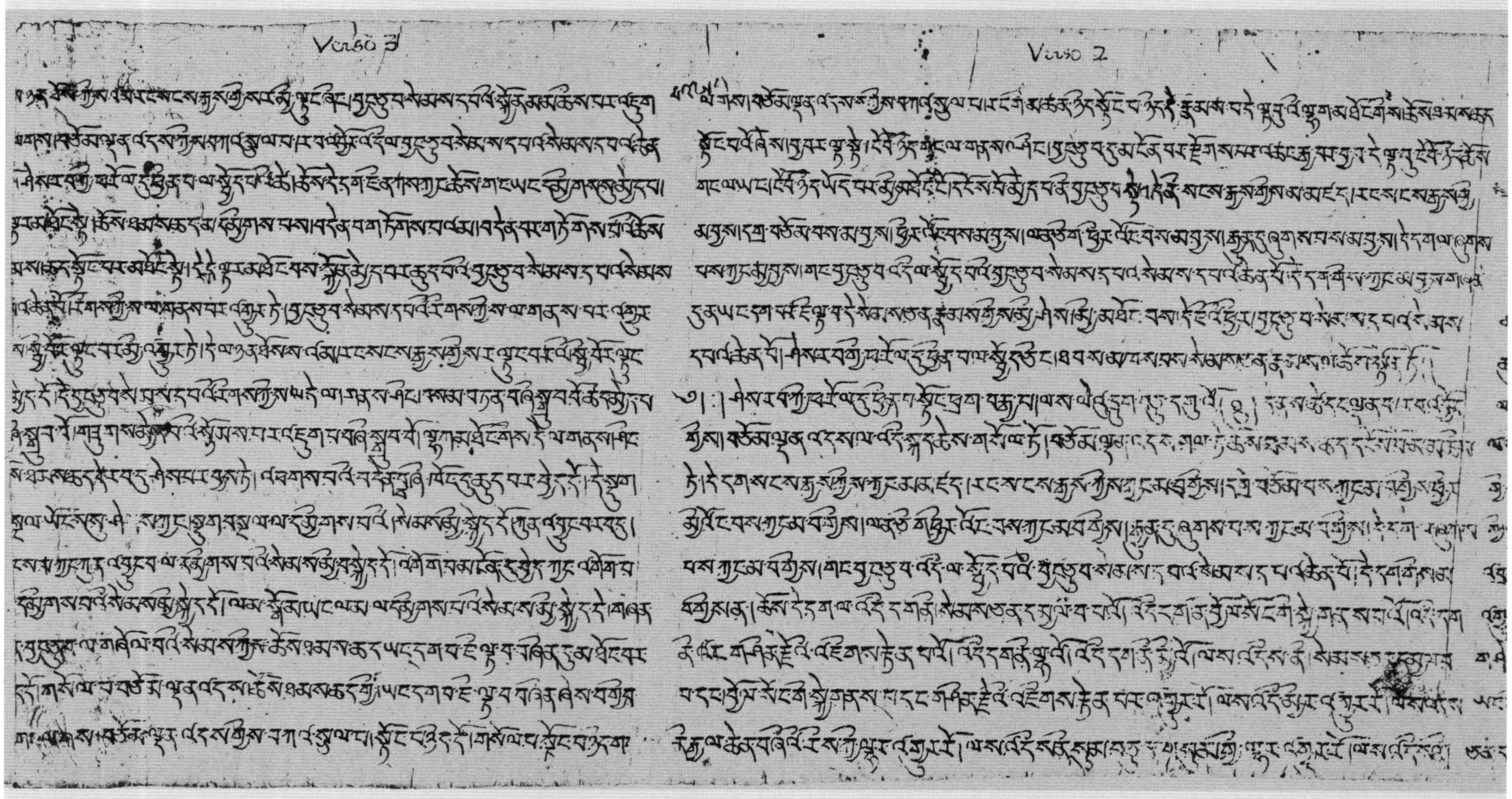

英 IOL.Tib.J.VOL.124　2.ཤེས་རབ་ཀྱི་ཕ་རོལ་དུ་ཕྱིན་པ་སྟོང་ཕྲག་བརྒྱ་པ།

2.十萬頌般若波羅蜜多經　　　(14–14)

名菩薩勤求十二部經所以者何念佛重恩為
破邪布諸佛正法故為令一切无量衆生
令世間信佛法故是故菩薩念十方諸衆生
故為報諸佛重恩故是故菩薩勤求佛法破
二部經菩薩何故勤求佛法破諸過罪故為破外
道恩邪論故為知方便調衆生故為破分別
如來語義世語義故是故菩薩求於因論菩
薩何故求於贊論花令言辭淨莊嚴故不淨
之言不能宣說明了義故為啟解知一切義故
不應迂語憍慢心故破於邪見為知方便調衆
生故是故菩薩求於贊論菩薩何以故求諸
醫方為令衆生離諸惡不善四百四病故為離患
憍隡一切衆生離諸惡不善心故阮得離患
心生歡喜故以得歡喜方菩薩常念諸佛大悲度
衆生故是故菩薩求諸醫方菩薩何以故求諸
世方術為易得財利衆生故為令衆生生信
心故為知世事破憍慢故調伏衆生破一切法
諸開郭故若有菩薩不能如是求五事者終
不能得阿耨多羅三藐三菩提成一切智者為
得无上菩提故求於五事菩薩知恩報恩者為

故為報諸佛重恩故是故菩薩所以勤求
二部經菩薩何故勤求佛法破諸過罪故為破外
道恩邪論故為知方便調衆生故為破分別
如來語義世語義故是故菩薩求於因論菩
薩何故求於贊論花令言辭淨莊嚴故不淨
之言不能宣說明了義故為啟解知一切義故
不應迂語憍慢心故破於邪見為知方便調衆
世方術為易得財利衆生故為令衆生生信
心故為知世事破憍慢故調伏衆生破一切法
諸開郭故若有菩薩不能如是求五事者終
不能得阿耨多羅三藐三菩提成一切智者為
得无上菩提故求於五事菩薩知恩報恩者為
云何說說就五事何事云何說說何事謂十二部經
者初說檀波羅蜜次說尸波羅蜜次第說
故說有二事一者次第說二者清淨次第說
波羅蜜為知恩報恩故思惟其義如法而住
是名次第說清淨說者聽者坐說者三不應
為說若聽者求於法遇求說者過不應為說

大方便佛報恩經卷第七（漢文）

者初說檀波羅蜜次說尸波羅蜜乃至般若
波羅蜜是知恩報恩故思惟其義如法而住
是名次第說清淨說者聽者坐說者過不應
為說者聽者求於法過求說者過不應為說若
聽者依字不依義不依法不依⋯乃至恭敬諸
佛菩薩清淨法故若說者尊重於法聽法
之人亦生恭敬至心聽受不生輕慢是名清
淨說次第說者一切說一切說者謂十二部
經乃至一句一偈若干偈若義若時或時直
法其法義示教利喜時或時阿噴或時
說或時階說隨門應說或淺近說或易入說
隨門樂聞是名菩薩知恩報恩次第說法清
淨說者菩薩摩訶薩於怨增中修習慈心得
慈心已於惡眾生及惡人以諸方便而為
說法乃至愛樂其心憍恣及貧窮人方便開
示而為說法不為譏已毀他飲食利養名譽
故是名菩薩知恩報恩清淨說法云何如法
任身口意業修習善法具足清淨知恩報恩
為莊嚴阿耨多羅三藐三菩提
復次菩薩摩訶薩知恩報恩思惟其義多
聞遠得撚燃法炬為眾說者不求法過及說者
當修施戒多聞供養說者不求法過人天樂
得道迴縣是名報恩菩薩復有四事漸作息

大方便佛報恩經卷第七（漢文）

當修施戒多聞供養說者不求法過及說者
過无有害心施眾无畏是名知恩受人天樂
得道迴縣是名報恩菩薩復有四事修於忍
辱破壞不忍正嚴菩薩復有四事修忍辱若
息恩若使他忍眷屬不壞不受苦惱厚若
因緣无有瞋心遠離瞋心以忍
恨捨是身已受人天樂得迴縣是名報恩
善男子菩薩精進復有四事勤修精進令
走嚴菩提攝取眾生為菩提道
安覽安離諸煩惱增長善法身受安樂
名自利利他菩薩摩訶薩
利他捨是身已受人天樂眾生行菩提道以身心寧
靜故不惱眾生是名報恩菩薩捨
禪定現受世樂身心寧靜是名知恩
壞亂心正嚴菩薩善菩提道
是名大果是
是身已受清淨身安隱使樂得大迴縣是名
菩薩禪定四事
復次菩薩知恩報恩成就智慧破壞无明莊
嚴菩提以四攝法攝取眾生為菩提破壞无
惱智慧報恩是名自利他能壞煩
衆生世間之事及出世事是名知恩報恩
菩薩智慧二鄣是名大果復次菩薩非宿命
智慧宿命世事為觀眾生善惡諸業同受善

英 IOL.Tib.J.VOL.125　1.ཐབས་མཁས་པ་ཆེན་པོ་སངས་རྒྱས་དྲིན་ལན་བསབ་པའི་མདོ། །རྒྱ་ཡིག
1.大方便佛報恩經卷第七（漢文）　　　　(18-3)

英 IOL.Tib.J.VOL.125　1.ཐབས་མཁས་པ་ཆེན་པོ་སངས་རྒྱས་དྲིན་ལན་བསབ་པའི་མདོ། །རྒྱ་ཡིག
1.大方便佛報恩經卷第七（漢文）　　　　(18-4)

智慧以知法界故受身安樂是名自利能發
眾生世間之事及出世事是名利他能破煩
惱智慧二郭是名大果是名知恩是名報恩
菩薩智慧四事不可思議復次菩薩非宿
智慧宿命世事為觀眾生善惡諸業同受善
者為欲利益一切眾生故菩薩摩訶薩以大
方便度兜率天成就壽命有三事勝一者壽
勝二者已勝三者名稱勝初下之時放大光
明遍照十方自知貼入母胎時住時出時
於十方面作七步時无人扶侍作如是言我
今此身是眾後邊諸天鬼神乾闥婆阿脩羅
如摸羅緊那羅摩睺羅伽以諸花香微妙伎樂
幡蓋供養世二相莊嚴其身无能勝者以慈
善根力壞魔兵眾一支節同那羅延所得
大力童子而得阿耨多羅三藐三菩提梵天勸
學自然而諸眾生轉正法輪正受三昧雷聲震乳不
能令動諸符覲附愛如父母富生轉正法輪正受三昧雷聲震乳不
心故驅雲神降雨洗浴其身樹菩薩臂
其驅既成氏道已六年之中魔常伺求不得其
恒常在禪定戒就念心善能了知覺觀起戒
是名菩薩共生如彼枉人緣見如來還得本心音
盖一切眾生倒產得順前者得聽貪瞋二瘂者如
者得眼耳倒產得順前者得聽貪瞋二瘂者志
得除滅是名不共生不可思議帝舌腸卧口師子王若草
来阿行不可思議帝舌腸卧口師子王若草

英 IOL.Tib.J.VOL.125　1.ཐབས་མཁས་པ་ཆེན་པོ་སངས་རྒྱས་དྲིན་ལན་བསབ་པའི་མདོ།་རྒྱ་ཡིག
1.大方便佛報恩經卷第七（漢文）　　　（18-5）

得除滅是名不共生不可思議帝又共生者如
来阿行不可思議帝右腸卧如師子王若草
若葉无有動亂挺藍猛風不動衣服是行
步如師子王白鵝王等若欲行時先發右足所
行之處高下皆平食无鳥過遺拉在口是
名共生不可思議復次共生不可思議一者
足下平滿二者足下千輻輪三者指纖長四者
跟腸腨滿五者指綱縵六者手足柔濡七者
臂瞄腸如伊尼延鹿王八者踝骨不現九者
平住手摩於膝十者藏相如馬王十一者身
圓滿足如屈拘陀樹十二者身真金色十五者常
光各一尋十六者皮膚細濡塵垢不著十七
者七處滿十八者上身如師子十九者肩相十二
者口四十齒二十一者齒白齊密二十二
者咼色白世二十三者頰車方如師子王二十四
者口世世味中得上味二十五者味二十六者
中得上味廿七者肉髻相廿八者廣長舌廿
九者梵音聲世七者目紺青色世一者眼如牛
王三十二者眉間白豪如是八十種不可思
議相好世一一相好復有无量百千種微妙相
好一一相好皆是菩薩從初發心堅固菩提知
恩報恩修是妙行是故令得无上菩提
佛言如來久於无量阿僧祇劫至心修持淨
戒故得足下平供養父母和上師長有得之
人以是因緣得足下輪相於諸眾生不生苦

英 IOL.Tib.J.VOL.125　1.ཐབས་མཁས་པ་ཆེན་པོ་སངས་རྒྱས་དྲིན་ལན་བསབ་པའི་མདོ།་རྒྱ་ཡིག
1.大方便佛報恩經卷第七（漢文）　　　（18-6）

英 IOL.Tib.J.VOL.125　1.ཐབས་མཁས་པ་ཆེན་པོ་སངས་རྒྱས་དྲིན་ལན་བསབ་པའི་མདོ། རྒྱ་ཡིག
1.大方便佛報恩經卷第七（漢文）　　(18-7)

議相好一一相復有無量百千種微妙相
好一一相好皆是菩薩從初發心堅固菩提知
恩報恩修是妙行是故今得無上菩提
佛言如來久於無量阿僧祇劫至心修持淨
心無劫益想若見父母和上師長有德之
人以是因緣得足下平供養父母和上師長有得之
遠出奉迎安施牀坐恭敬礼拜破除憍慢以
是因緣得纖長指具上三行得足跟腨滿以
四攝法攝取眾生以是因緣得指綱縵以好
蘓油摩洗文母和上師長有德之人以是因
緣得手足柔濡修集善法不知猒足以是因
緣得膊腸開法歡喜樂為人說以是因
以是因緣得踝骨不現相三業清淨亦教人
藥破除憍慢飲食知足以是因緣得馬藏相
慚愧相見心離惡音善言和合自淨三業亦教人
淨若有眾生四大不調能為療治以是因緣得
身毛上靡相聞法歡喜樂為人說以是因緣得
得身圓相惟諸善法甚深之義常修善
法供養父母和上師長有德之人若行道路佛
塔僧房除去博石荊棘不淨以是因緣得一
以是因緣得獼猴得二臂
何業緣得二牙　淨此業緣得身細濡塵以
坮不著常施牀坐　頭是因緣得七毫

英 IOL.Tib.J.VOL.125　1.ཐབས་མཁས་པ་ཆེན་པོ་སངས་རྒྱས་དྲིན་ལན་བསབ་པའི་མདོ། རྒྱ་ཡིག
1.大方便佛報恩經卷第七（漢文）　　(18-8)

塔僧房除去博石荊棘不淨以是因緣得一
何業緣得獼猴得二牙　淨此業緣得身細濡塵以
坮不著常施牀坐　頭是因緣得七毫
蒲相自破除憍慢調柔其性隨眾生心如法而
行為除不善教以善法以是因緣得上緣得
師子相得眉間相敵骨平滿相以何業緣得
纖指相即此業緣得四十齒相去遠密不踈相
闕靜以是因緣得四十齒相去遠密不踈得
齊平相修改界惡以是因緣得白毫相見有
求者散喜迎逯以是因緣得白毫相如車輪
王猶如一子以是因緣得上緣相常施牀
師子相得眉間相敵骨平滿相　見有忿者施其憶念自持
心能大法施以是因緣得
語法喜語法濡語非時
聲相修集法悲心視諸
梁　　以是因緣獼得二相一者目紺
青色　　　得白毫相世三相難測各說其
以是　　得因緣者持戒精進何以故得世三相
因緣真因緣者持戒精進不得人身況得世三相
能於精進為不得別渡次凡所住事定心不
悔以是因緣得足下平相若至心作以是因緣
得千輻輪相第二第三柏綱縵相七毫相
及皮ェ膚相等無差別渡次至心作事定心不
細濡眉圓敷滿身真廣長舌相若常作者以

110

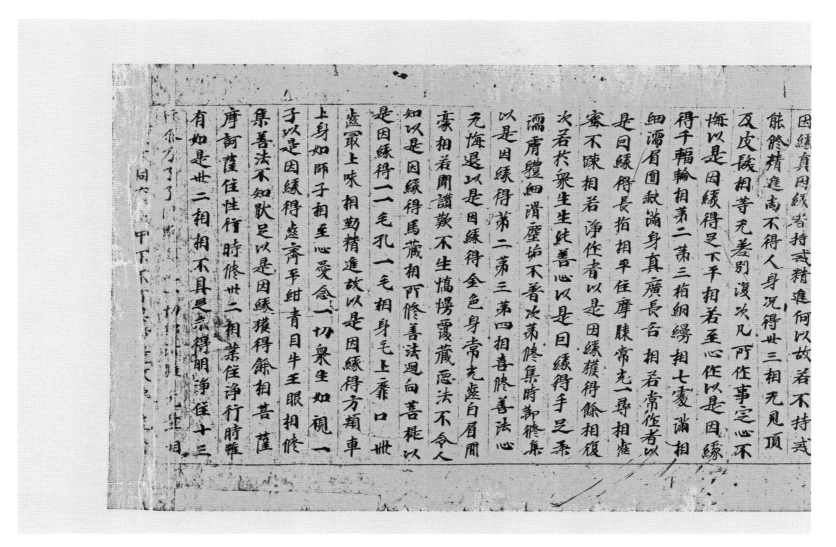

因緣真因緣者持戒精進何以故若不持戒

能於精進高不得人身況得世三相无見頂

及皮綾相等充善罰滇次凡阿佐事定心不

悔以是因緣得足下平相若至心佐以是因緣

得千輻輪相第二弟三第四相七處滿相

細濡冐圓缺滿身真廣長舌相若常佐者以

是曰緣得長指相平住摩胗常充一尋相復

蜜不味相若净住者以是因緣獲得餘相足柔

次若於衆相生生彼善心以是曰緣得手足柔

濡膚體細滑塵垢不著次茅修集時節修集

以是因緣得弟二茅三弟四相毒修善法心

无悔退是以是因緣得金色身常充遶白毫間

豪相若聞讚歎不生憍慢霞藏法迴向菩提以

知以是因緣得馬藏相所修善法迴向菩提以

是最上味相勤精進故以是因緣得方頰車

上身如師子相至心愛念一切衆生如視一

子以是因緣得遶齊平紺青目牛王眼相修

集善法不知猒足以是因緣獲得餘相菩薩

庠荷薩住性行時修世二相莱住净行時雖

有如是世二相相不具思親得朗净住十三

英 IOL.Tib.J.VOL.125　1.ཐབས་མཁས་པ་ཆེན་པོ་སངས་རྒྱས་དྲིན་ལན་བསབ་པའི་མདོ། རྒྱ་ཡིག
　　　　　　　　　1.大方便佛報恩經卷第七（漢文）　　（18-9）

英 IOL.Tib.J.VOL.125　2.ཤེས་རབ་ཀྱི་སྙིང་པོ་བཤད་པ།
　　　　　　　　　2.般若波羅蜜多心經疏　　（18-10）

英 IOL.Tib.J.VOL.125　2.ཤེས་རབ་ཀྱི་སྙིང་པོ་བཤད་པ།
2.般若波羅蜜多心經疏　　(18–11)

英 IOL.Tib.J.VOL.125　2.ཤེས་རབ་ཀྱི་སྙིང་པོ་བཤད་པ།
2.般若波羅蜜多心經疏　　(18–12)

英 IOL.Tib.J.VOL.125　2.ཤེས་རབ་ཀྱི་སྙིང་པོ་བཤད་པ།
2.般若波羅蜜多心經疏　　　(18–13)

英 IOL.Tib.J.VOL.125　2.ཤེས་རབ་ཀྱི་སྙིང་པོ་བཤད་པ།
2.般若波羅蜜多心經疏　　　(18–14)

英 IOL.Tib.J.VOL.125　2.ཤེས་རབ་ཀྱི་སྙིང་པོ་བཤད་པ།
　　　　　　　　　2.般若波羅蜜多心經疏　　　(18–15)

英 IOL.Tib.J.VOL.125　2.ཤེས་རབ་ཀྱི་སྙིང་པོ་བཤད་པ།
　　　　　　　　　2.般若波羅蜜多心經疏　　　(18–16)

英 IOL.Tib.J.VOL.125　2.ཤེས་རབ་ཀྱི་སྙིང་པོ་བཤད་པ།
2.般若波羅蜜多心經疏　　(18-17)

英 IOL.Tib.J.VOL.125　2.ཤེས་རབ་ཀྱི་སྙིང་པོ་བཤད་པ།
2.般若波羅蜜多心經疏　　(18-18)

英 IOL.Tib.J.VOL.126　ས་ལུ་ལྗང་པ་རྩེན་ཅིང་འབྱེལད་པར་འབྱུང་བའི་མདོར་བསྟན་པ།
稲秆經緣起略説　　　(5-1)

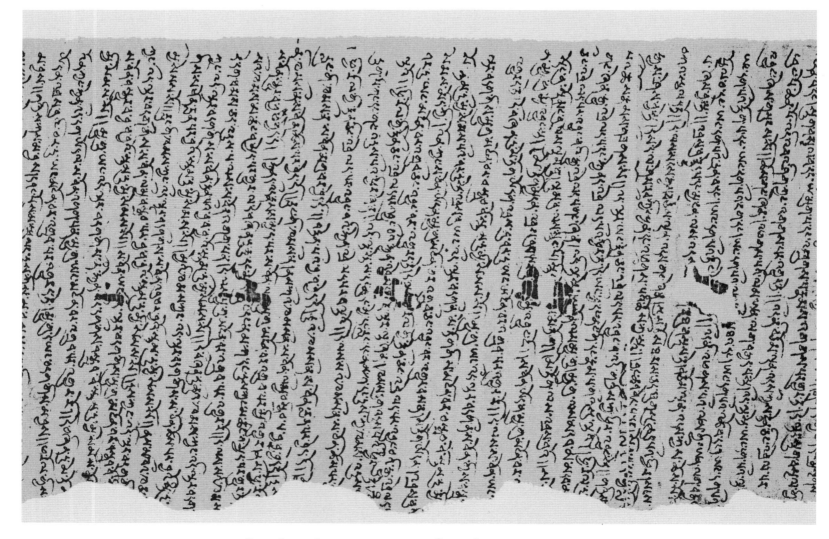

英 IOL.Tib.J.VOL.126　ས་ལུ་ལྗང་པ་རྩེན་ཅིང་འབྱེལད་པར་འབྱུང་བའི་མདོར་བསྟན་པ།
稲秆經緣起略説　　　(5-2)

英 IOL.Tib.J.VOL.126　ས་ལུ་ལྗང་པ་རྟེན་ཅིང་འབྲེལད་པར་འབྱུང་བའི་མདོར་བསྟན་པ།
稻秆經緣起略説　　　(5-3)

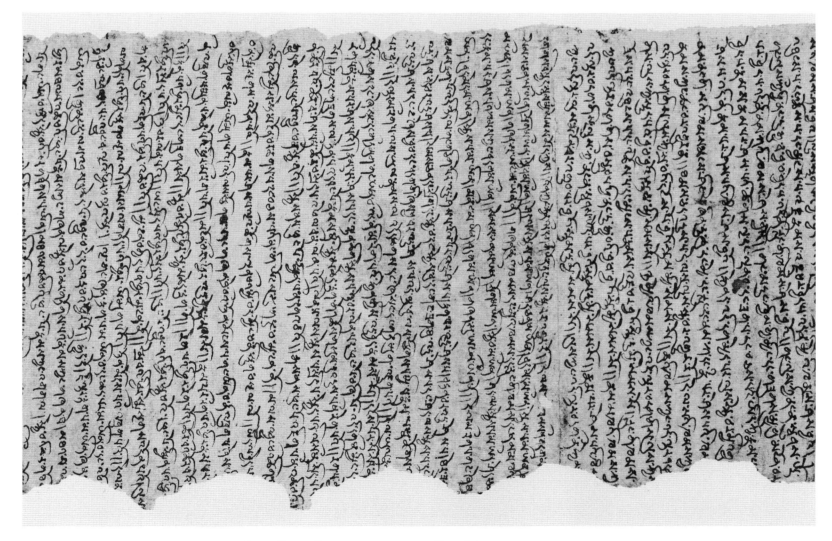

英 IOL.Tib.J.VOL.126　ས་ལུ་ལྗང་པ་རྟེན་ཅིང་འབྲེལད་པར་འབྱུང་བའི་མདོར་བསྟན་པ།
稻秆經緣起略説　　　(5-4)

英 IOL.Tib.J.VOL.126　ས་ལུ་ལྗང་པ་རྟེན་ཅིང་འབྲེལད་པར་འབྱུང་བའི་མདོར་བསྟན་པ།
稻秆經緣起略説　　　(5-5)

英 IOL.Tib.J.VOL.127　　1.པམ་ཀོང་བརྒྱ་པ།
　　　　　　　　　1.百拜懺悔經　　　(18-1)

英 IOL.Tib.J.VOL.127　　1.པམ་ཀོང་བརྒྱ་པ།
　　　　　　　　　1.百拜懺悔經　　　(18-2)

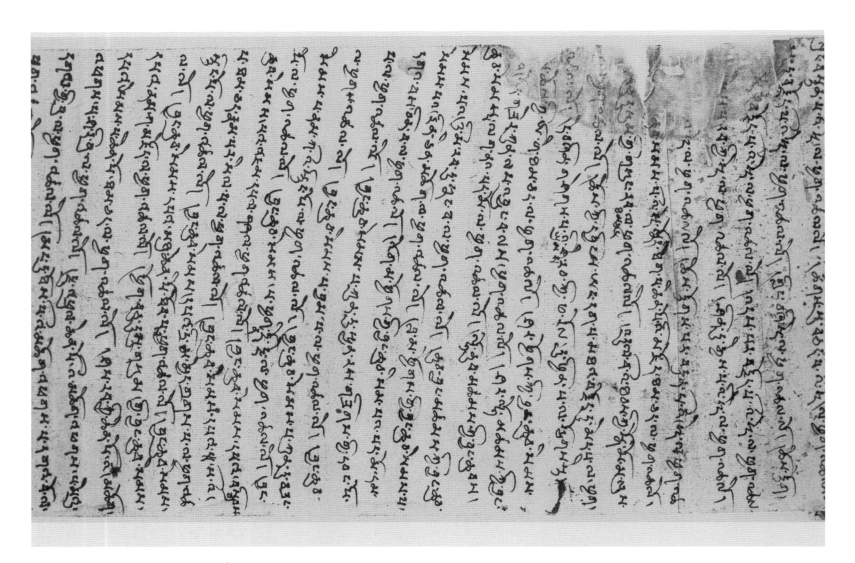

英 IOL.Tib.J.VOL.127　　1.པམ་གོང་བཀུ་པ།

1.百拜懺悔經　　　　(18–3)

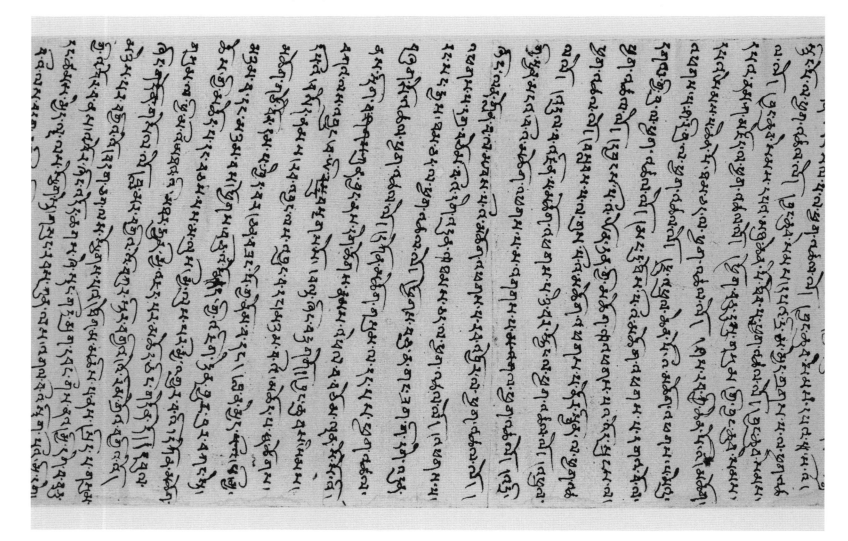

英 IOL.Tib.J.VOL.127　　1.པམ་གོང་བཀུ་པ།

1.百拜懺悔經　　　　(18–4)

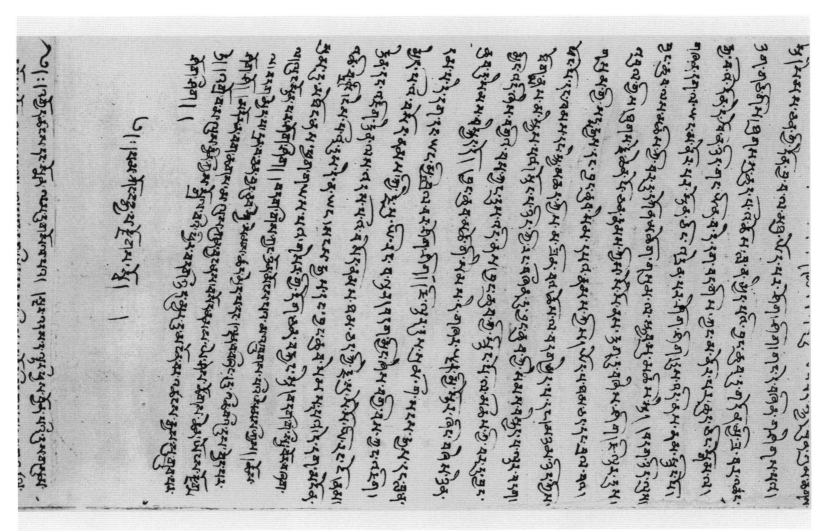

英 IOL.Tib.J.VOL.127　1.པམ་ཀོང་བརྒྱ་པ།
1.百拜懺悔經　　(18-5)

英 IOL.Tib.J.VOL.127　1.པམ་ཀོང་བརྒྱ་པ།
1.百拜懺悔經　　(18-6)

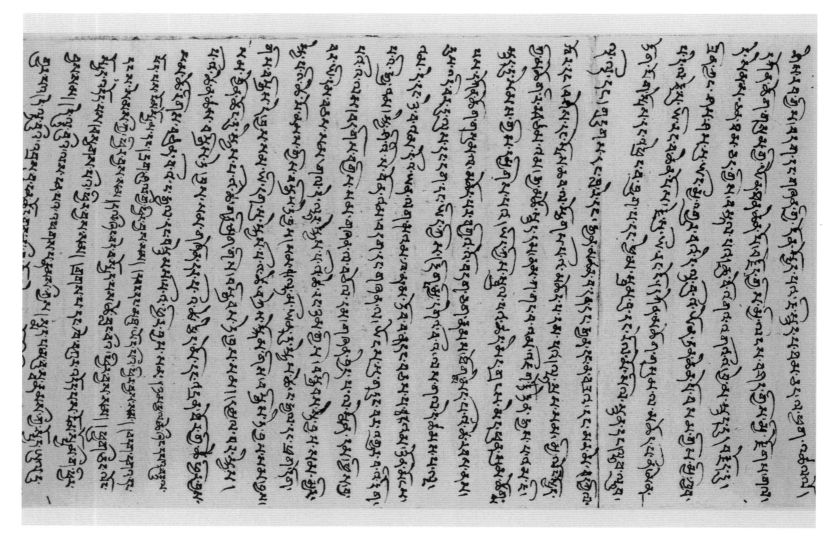

英 IOL.Tib.J.VOL.127　2.འགྱོད་ཚངས་དང་སྨོན་ལམ་དུ་གསོལ་པའ

2.懺悔祈願文　　　(18-7)

英 IOL.Tib.J.VOL.127　2.འགྱོད་ཚངས་དང་སྨོན་ལམ་དུ་གསོལ་པའ

2.懺悔祈願文　　　(18-8)

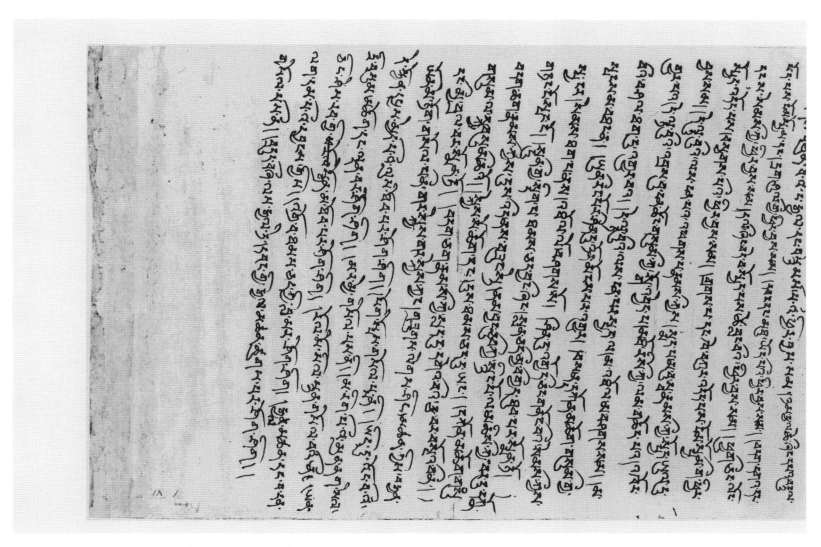

英 IOL.Tib.J.VOL.127　2.འགྱོད་ཚངས་དང་སྨོན་ལམ་དུ་གསོལ་པ་བ།
　　2.懺悔祈願文　　(18-9)

子白母我等當夏念汝父憍薩羅神變若得見
心必清淨或聽我等往至佛所於是二子念
其父故踴躍在虛空高七多羅樹現種種神變
下出水身上出火或現大身滿虛空中而復
現小小復現大於空中滅忽然在地入地如
水履水如地現如是等種種神變令其父王
心淨信解時父見子神力如是心大歡喜得
未曾有合掌向子言汝等師為是誰誰之弟
子二白言大王彼雲雷音宿王華智佛今
在七寶菩提樹下法座上坐於一切世間天
人眾中廣說法華經是我等師我是弟子父
語子言我今亦欲見汝等師可共俱往於是
二子從空中下到其母所合掌白母父王今
已信解堪任發阿耨多羅三藐三菩提心我
等為父已作佛事願母見聽於彼佛所出家
修道尒時二子欲重宣其意以偈白母
願母放我等出家作沙門諸佛甚難值我等隨佛學
如優曇鉢羅值佛復難是脫諸難亦難願聽我出家
母即告言聽汝出家所以者何佛難值故
是二子白父母言善哉父母願時往詣雲雷
音宿王華智佛所親近供養所以者何佛難

英 IOL.Tib.J.VOL.127　3.དམ་ཆོས་པདྨ་དཀར་པོ།（ཀྱི་ཡིག
　　3.妙法蓮華經卷第七（漢文）　(18-10)

是二子白父母言善哉父母願時往詣雲雷
音宿王華智佛所親近供養所以者何佛難
得值如優曇波羅華又如一眼之龜值浮木
孔而我等宿福深厚生值佛法是故父母當
聽我等令得出家所以者何諸佛難值時亦
難遇彼時妙莊嚴王後宮八萬四千人皆悉
堪任受持是法華經淨眼菩薩於法華三昧
久已通達淨德菩薩已於无量百千萬億劫
通達離諸惡趣三昧欲令一切眾生離諸惡
趣故其王夫人得諸佛習三昧能如諸佛秘
密之藏二子如是以方便力善化其父令心信
解好樂佛法於是妙莊嚴王興群臣眷屬
俱淨德夫人與後宮采女眷屬俱其王二子
興四萬二千人俱一時共詣佛所到已頭面
礼足繞佛三帀却住一面介時彼佛為王說
法示教利喜王大歡悅介時妙莊嚴王及其
夫人解頸真珠瓔珞價直百千以散佛上
於虛空中化成四柱寶臺臺中有大寶牀敷百
千萬天衣其上有佛結跏趺坐放大光明介
時妙莊嚴王作是念佛身希有端嚴殊特成
就第一微妙之色時雲雷音宿王華智佛告
四眾言汝等見是妙莊嚴王於我前合掌立
不此王於我法中作比丘精勤修習助佛道
法當得作佛号娑羅樹王國名大光劫名大
高王其娑羅樹王佛有无量菩薩眾及无量

法當得作佛号娑羅樹王國名大光劫名大
高王其娑羅樹王佛有无量菩薩眾及无量
聲聞其國平正功德如是其王即時以國付
弟與夫人二子并諸眷屬於佛法中出家修
道王出家已於八萬四千歲常勤精進修行
妙法華經過是已後得一切淨功德莊嚴三
昧即昇虛空高七多羅樹而白佛言世尊此
我二子已作佛事以神通變化轉我邪心令
得安住於佛法中得見世尊此二子者是我
善知識為欲發起宿世善根饒益我故來生
我家介時雲雷音宿王華智佛告妙莊嚴王
言如是如是如汝所言若善男子善女人種
善根故世世得善知識其善知識能作佛事
示教利喜令入阿耨多羅三藐三菩提大王
當知善知識者是大因緣所謂化導令得見
佛發阿耨多羅三藐三菩提心大王汝見此
二子不此二子已曾供養六十五百千萬億
那由他恒河沙諸佛親近恭敬於諸佛所受
持法華經愍念邪見眾生令住正見妙莊嚴
王即從虛空中下而白佛言世尊如來甚希
有以功德智慧故頂上肉髻光明顯照其眼
長廣而紺青色眉間毫相白如珂月齒白齊
密常有光明脣色赤好如頻婆菓介時妙莊
嚴王讚嘆佛如是等无量百千萬億功德已
於如來前一心合掌復白佛言世尊未曾有

長廣而紺青色眉間豪相白如珂月齒齊
容常有光明脣色赤好如頻婆菓尒時妙莊
嚴王讚嘆佛如是尊无量百千万億功德已
於如來前一心合掌復白佛言世尊未曾有
世如來之法具足成就不可思議微妙功德
教戒所行安隱快善我從今日不復自隨心
行不生耶見憍慢瞋恚諸惡之心說是語已
礼佛而出佛告大衆於意云何妙莊嚴王豈
異人乎今華德菩薩是其淨德夫人令佛前
光照莊嚴相菩薩是辰愍妙莊嚴王及諸眷
屬故於彼中生其二子者今藥王菩薩藥上
菩薩是是藥王藥上菩薩成就如此諸大功
德已於无量百千万億諸佛而殖衆德本成
就不可思議諸善功德若有人識是二菩薩
名字者一切世間諸天人民亦應礼拜佛說
是妙莊嚴王本事品時八万四千人遠塵離
垢於諸法中得法眼淨
妙法蓮華經普賢菩薩勸發品第二十八
尒時普賢菩薩以自在神通威德名聞與大
菩薩无量无邊不可稱數徒衆東方來所經諸
國普皆震動雨寶蓮華作无量百千万億種
種伎樂又與无數諸天龍夜叉乾闥婆阿倄
羅迦樓羅緊那羅摩睺羅伽人非人等大衆
圍繞各現威德神通之力到娑婆世界耆闍
崛山中頭面礼釋迦牟尼佛右繞七帀白佛

羅迦樓羅緊那羅摩睺羅伽人非人等大衆
圍繞各現威德神通之力到娑婆世界耆闍
崛山中頭面礼寶威德上王佛國遙聞此娑婆
言世尊我於寶威德上王佛國遙聞此娑婆
世界說法華經與无量无邊百千万億諸菩
薩衆共來聽受唯願世尊當為說之若善男
子善女人於如來滅後云何能得是法華經
佛告普賢菩薩若善男子善女人成就四法
於如來滅後當得是法華經一者為諸佛護
念二者殖衆德本三者入正定聚四者發救
一切衆生之心善男子善女人如是成就四
法於如來滅後必得是經佛言世尊於後五
百歲濁惡世中其有受持
是經典者我當守護除其衰患令得安隱使
无伺求得其便者若魔若魔子若魔女若魔
若毗舍闍若吉蔗若富單那若韋陀羅等諸
惱人者皆不得便是人若行若立讀誦此經
余時乗六牙白象王與大菩薩衆俱詣其所
而自現身供養守護安慰其心亦為供養法
華經故是人若坐思惟此經余時我復乗白
為王現其人前我當教之與共讀誦還令通利
一句一偈我當教之與共讀誦還令通利
時受持讀誦法華經者得見我身甚大歡

一句一偈我當教之與共讀誦還令通利今
時受持讀誦法華經者得見我身甚大歡
喜轉復精進以見我故即得三昧及陀羅尼
名為旋陀羅尼百千萬億旋陀羅尼法音方
便陀羅尼得如是等陀羅尼世尊若後世後
五百歲濁惡世中比丘比丘尼優婆塞優婆夷
求索者受持讀誦者書寫者欲修習是法
華經於三七日中應一心精進滿三七日已我
當乘六牙白象王無量菩薩而自圍繞以
一切眾生所憙見身現其人前而為說法
示教利憙亦復與其陀羅尼呪得是陀羅尼
故无有非人能破壞者亦不為女人之所惑
亂我身亦自常護是人唯願世尊聽我說此
陀羅尼即於佛前而說呪曰
阿檀地一檀陀婆地二檀陀婆帝三檀陀
鳩舍隸四檀陀修陀隸五修陀隸六修陀羅
婆底七佛馱波羶禰八薩婆陀羅尼阿婆多
尼九薩婆婆沙阿婆多尼十修阿婆多
尼十一僧伽婆履叉尼十二僧伽婆頗义尼三
十僧伽波伽地四十僧伽涅伽陀尼五十帝隸
阿惰僧伽兜略阿羅帝波羅帝六十薩婆
僧伽三摩地伽蘭地七十薩婆達磨修波利剎帝八
薩婆薩埵樓馱憍舍
略阿㝹伽地九十辛阿毗吉利地帝十二
尊若有菩薩得聞是陀羅尼者當知普賢

阿㝹伽地九章阿毗吉利地帝十二
尊若有菩薩得聞是陀羅尼者當知普賢
神通之力若法華經行閻浮提有受持者應
作是念皆是普賢威神之力若有受持讀誦
正憶念解其義趣如說修行當知是人行普
賢行於無量無邊諸佛所深種善根為諸如
來手摩其頭若但書寫是人命終當生忉利
天上是時八萬四千天女作眾伎樂而來迎
之其人即著七寶冠於采女中娛樂快樂何
況受持讀誦正憶念解其義趣如說修行若
有人受持讀誦解其義趣是人命終為千佛
授手令不恐怖不墮惡趣即往兜率天上彌
勒菩薩所彌勒菩薩有三十二相大菩薩眾
所共圍繞有百千萬億天女眷屬而於中生
有如是等功德利益是故智者應當一心自
書若使人書受持讀誦正憶念如說修行世
尊我今以神通力故守護是經於如來滅後
閻浮提內廣令流布使不斷絕爾時釋迦牟尼
佛讚言善哉善哉普賢汝能護助是經令多
所眾生安樂利益汝已成就不可思議功德
深大慈悲從久遠來發阿耨多羅三藐三菩
提意而能作是神通之願守護是經我當以
神通力守護能受持普賢菩薩名者普賢若
有受持讀誦正憶念修習書寫是法華經
當知是人則見釋迦牟尼佛如從佛口聞此

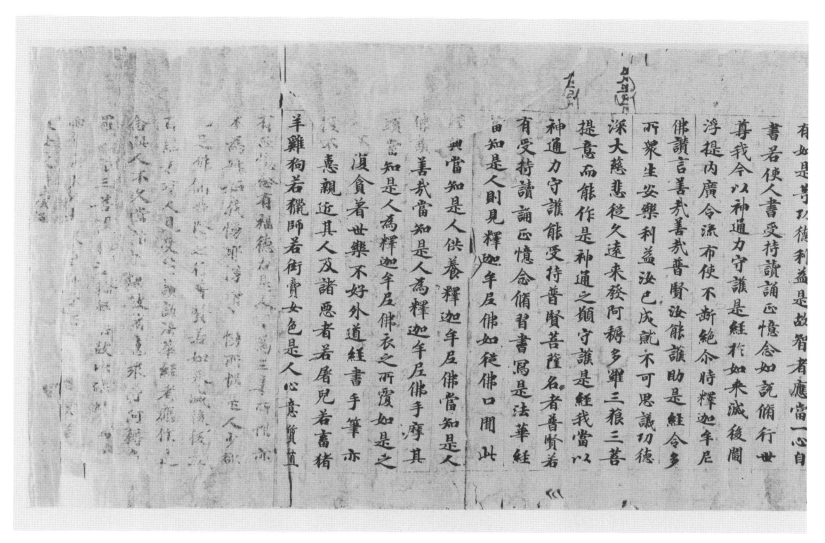

有如是等功德利益是故智者應當一心自
書若使人書受持讀誦正憶念如說脩行世
尊我今以神通力守護是經於如來滅後閻
浮提內廣令流布使不斷絕爾時釋迦牟尼
佛讚言善哉善哉普賢汝能護助是經令多
所眾生安樂利益汝已成就不可思議功德
深大慈悲從久遠來發阿耨多羅三藐三菩
提意而能作是神通之願守護是經我當以
神通力守護能受持普賢菩薩名者普賢若
有受持讀誦正憶念脩習書寫是法華經
田知是人則見釋迦牟尼佛如從佛口聞此

興當知是人供養釋迦牟尼佛當知是人
佛讚善哉當知是人為釋迦牟尼佛手摩其
頭當知是人為釋迦牟尼佛衣之所覆如是之
滇貪著世樂不好外道經書手筆亦
惠親近其人及諸惡者若屠兒若畜猪
羊雞狗若獵師若衒賣女色是人心意質直
有正憶念有福德力...
...

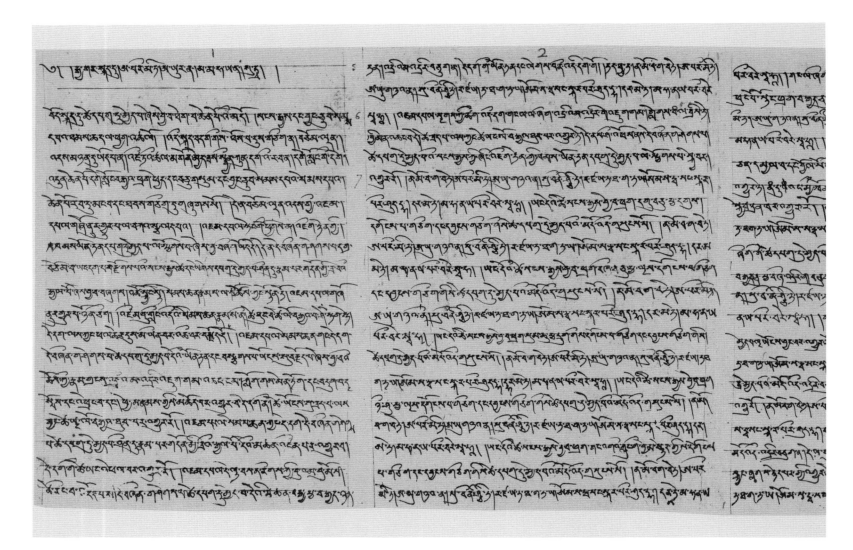

英 IOL.Tib.J.VOL.128　1.ཚེ་དཔག་དུ་མྱེད་པ་ཞེས་བྱི་བ་ཐེག་པ་ཆེན་པོའི་མདོ།

1.大乘無量壽宗要經　　　(5-1)

英 IOL.Tib.J.VOL.128　1.ཚེ་དཔག་དུ་མྱེད་པ་ཞེས་བྱི་བ་ཐེག་པ་ཆེན་པོའི་མདོ།

1.大乘無量壽宗要經　　　(5-2)

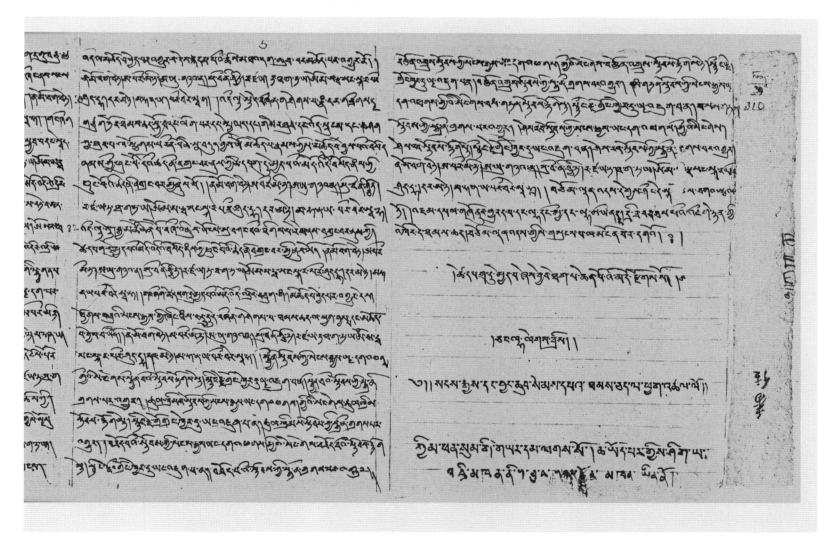

英 IOL.Tib.J.VOL.128　1.ཚེ་དཔག་དུ་མྱེད་པ་ཞེས་བྱེ་བ་ཐེག་པ་ཆེན་པོ་འི་མདོ།

1.大乘無量壽宗要經　　(5-3)

英 IOL.Tib.J.VOL.128　1.ཚེ་དཔག་དུ་མྱེད་པ་ཞེས་བྱེ་བ་ཐེག་པ་ཆེན་པོ་འི་མདོ།　2.བྲིས་བྱང་།

1.大乘無量壽宗要經　　2.抄寫題記　　(5-4)

129

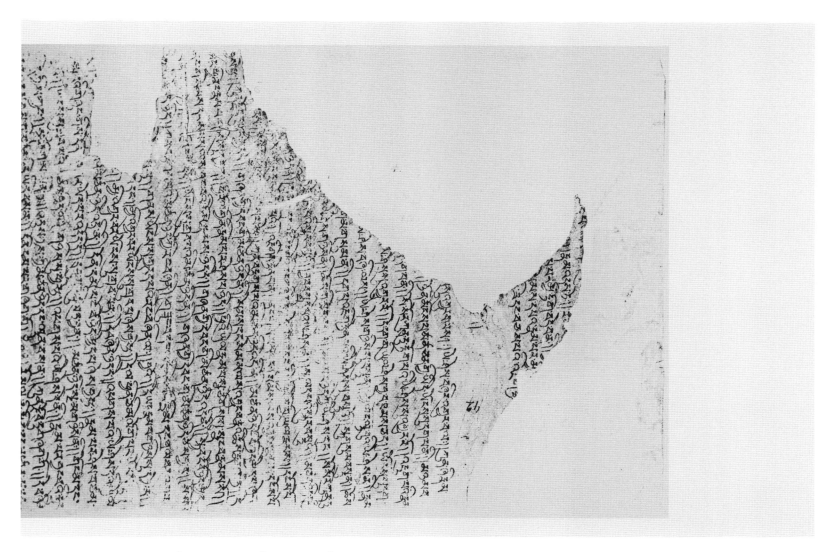

英 IOL.Tib.J.VOL.129　1.སེམས་ཙམ་པའི་གཞུང་འགྲེལ།
1.唯識論典　　(17–1)

英 IOL.Tib.J.VOL.129　1.སེམས་ཙམ་པའི་གཞུང་འགྲེལ།
1.唯識論典　　(17–2)

英 IOL.Tib.J.VOL.129　1.ཤེམས་ཙམ་པའི་གཞུང་འགྲེལ།　　2.འཕགས་པ་ལྷ་མོའི་མདོ།

1.唯識論典　　　2.天請問經　　　(17-3)

英 IOL.Tib.J.VOL.129　2.འཕགས་པ་ལྷ་མོའི་མདོ།　　3.ལྷས་གསོལད་པའི་མདོ།

2.天請問經　　　3.天請問經　　　(17-4)

英 IOL.Tib.J.VOL.129　3.ལྷས་གསོལད་པའི་མདོ།

3.天請問經　　(17-5)

英 IOL.Tib.J.VOL.129　4.འཕགས་པ་འཇམ་དཔལ་གྱི་མཆན་བརྒྱ་རྩ་བརྒྱད་པ།

4.聖文殊名號一百零八　　(17-6)

英 IOL.Tib.J.VOL.129　　5.གནམ་བབས་ཀྱི་དར་མ་བམ་པོ་གཅིག

5.天降佛經一卷　　　(17-7)

英 IOL.Tib.J.VOL.129　　6.ཤེས་རབ་ཀྱི་ཕ་རོལ་དུ་ཕྱིན་པ་རྡོ་རྗེ་གཅོད་པ། རྒྱ་ཡིག

6.金剛般若波羅蜜經（漢文）　　(17-8)

十二相須菩提若有善男子善女人以恒河
沙等身命布施若復有人於此經中乃至受
持四句偈等為他人說其福甚多
爾時須菩提聞說是經深解義趣涕淚悲泣
而白佛言希有世尊佛說如是甚深之經典我
從昔來所得慧眼未曾得聞如是之經世尊
若復有人得聞是經信心清淨則生實相當
知是人成就第一希有功德世尊是實相者
則是非相是故如來說名實相世尊我今得
聞如是經典信解受持不足為難若當來世
後五百歲其有眾生得聞是經信解受持是
人則為第一希有何以故此人無我相人
相眾生相壽者相即是非相何以故離一切
諸相則名諸佛
佛告須菩提如是如是若復有人得聞是經
不驚不怖不畏當知是人甚為希有何以故
須菩提如來說第一波羅蜜非第一波羅蜜
是名第一波羅蜜須菩提忍辱波羅蜜如來
說非忍辱波羅蜜何以故須菩提如我昔為
歌利王割截身體我於爾時無我相無人相
無眾生相無壽者相何以故我於往昔節節
支解時若有我相人相眾生相壽者相應生
瞋恨須菩提又念過去於五百世作忍辱仙
人於爾所世無我相無人相無眾生相無壽

英 IOL.Tib.J.VOL.129　6.ཤེས་རབ་ཀྱི་ཕ་རོལ་ཏུ་ཕྱིན་པ་རྡོ་རྗེ་གཅོད་པ། །རྒྱ་ཡིག
6.金剛般若波羅蜜經（漢文）　　　（17–9）

瞋恨須菩提又念過去於五百世作忍辱仙
人於爾所世無我相無人相無眾生相無壽
者相是故須菩提菩薩應離一切相發阿耨
多羅三藐三菩提心不應住色生心不應住
聲香味觸法生心應生無所住心若心有住
則為非住是故佛說菩薩心不應住色布施
須菩提菩薩為利益一切眾生故應如是布施
如來說一切諸相即是非相又說一切眾生
則非眾生須菩提如來是真語者實語者如
語者不誑語者不異語者須菩提如來所得
法此法無實無虛須菩提若菩薩心住於法
而行布施如人入闇則無所見若菩薩心不
住法而行布施如人有目日光明照見種種
色須菩提當來之世若有善男子善女人能
於此經受持讀誦則為如來以佛智慧悉知
是人悉見是人皆得成就無量無邊功德
須菩提若有善男子善女人初日分以恒河
沙等身布施中日分復以恒河沙等身布施
後日分亦以恒河沙等身布施如是無量百
千萬億劫以身布施若復有人聞此經典信
心不逆其福勝彼何況書寫受持讀誦為人
解說須菩提以要言之是經有不可思議不
可稱量無邊功德如來為發大乘者說為發
最上乘者說若有人能受持讀誦廣為人說
如來悉知是人悉見是人皆得成就不可量不

英 IOL.Tib.J.VOL.129　6.ཤེས་རབ་ཀྱི་ཕ་རོལ་ཏུ་ཕྱིན་པ་རྡོ་རྗེ་གཅོད་པ། །རྒྱ་ཡིག
6.金剛般若波羅蜜經（漢文）　　　（17–10）

最上乘者說若有人能受持讀誦廣為人說
如來悉知是人悉見是人皆得成就不可量
不可稱無有邊不可思議功德如是人等則
為荷擔如來阿耨多羅三藐三菩提何以故
須菩提若樂小法者著我見人見眾生見壽
者見則於此經不能聽受讀誦為人解說須
菩提在在處處若有此經一切世間天人阿
修羅所應供養當知此處則為是塔皆應恭
敬作禮圍繞以諸華香而散其處
復次須菩提善男子善女人受持讀誦此經
若為人輕賤是人先世罪業應墮惡道以今
世人輕賤故先世罪業則為消滅當得阿耨
多羅三藐三菩提須菩提我念過去無量阿
僧祇劫於然燈佛前得值八百四千萬億那
由他諸佛悉皆供養承事無空過者若復有
人於後末世能受持讀誦此經所得功德於
我所供養諸佛功德百分不及一千萬億
分乃至算數譬喻所不能及須菩提若善男
子善女人於後末世有受持讀誦此經所得
功德我若具說者或有人聞心則狂亂狐疑
不信須菩提當知是經義不可思議果報亦
不可思議
爾時須菩提白佛言世尊善男子善女人發
阿耨多羅三藐三菩提心云何應住云何降
伏其心佛告須菩提善男子善女人發阿耨

6.金剛般若波羅蜜經（漢文）　　　（17-11）

多羅三藐三菩提心者當生如是心我應滅度
一切眾生滅度一切眾生已而無有一眾生
實滅度者何以故須菩提若菩薩有我相人
相壽者相則非菩薩所以者何須菩提實無
有法發阿耨多羅三藐三菩提者
須菩提於意云何如來於然燈佛所有法得
阿耨多羅三藐三菩提不不也世尊如我解佛所說
義佛於然燈佛所無有法得阿耨多羅三藐
三菩提佛言如是如是須菩提實無有法如
來得阿耨多羅三藐三菩提須菩提若有法
如來得阿耨多羅三藐三菩提者然燈佛則不與
我受記汝於來世當得作佛號釋迦牟尼以
實無有法得阿耨多羅三藐三菩提是故然
燈佛與我受記作是言汝於來世當得作佛
號釋迦牟尼何以故如來者即諸法如義若
有人言如來得阿耨多羅三藐三菩提須菩
提實無有法佛得阿耨多羅三藐三菩提須
菩提如來所得阿耨多羅三藐三菩提於是
中無實無虛是故如來說一切法皆是佛法
須菩提所言一切法者即非一切法是故名
一切法須菩提譬如人身長大須菩提言世
尊如來說人身長大則為非大身是名大身
須菩提菩薩亦如是若作是言我當滅度無
量眾生則不名菩薩

6.金剛般若波羅蜜經（漢文）　　　（17-12）

尊如來說人身長大則為非大身是名大身
須菩提菩薩亦如是若作是言我當滅度无
量眾生則不名菩薩何以故須菩提實无有法
名為菩薩是故佛說一切法无我无人无眾
生无壽者須菩提若菩薩作是言我當莊嚴
佛土是不名菩薩何以故如來說莊嚴佛土
者即非莊嚴是名莊嚴須菩提若菩薩通達
无我法者如來說名真是菩薩
須菩提於意云何如來有肉眼不如是世尊
如來有肉眼須菩提於意云何如來有天眼
不如是世尊如來有天眼須菩提於意云何
如來有慧眼不如是世尊如來有慧眼須菩
提於意云何如來有法眼不如是世尊如來
有法眼須菩提於意云何如來有佛眼不如
是世尊如來有佛眼須菩提於意云何恒河
中所有沙佛說是沙不如是世尊如來說是
沙須菩提於意云何如一恒河中所有沙有
如是等恒河是諸恒河所有沙數佛世界如
是寧為多不甚多世尊佛告須菩提尒所國
土中所有眾生若干種心如來悉知何以故
如來說諸心皆為非心是名為心所以者何
須菩提過去心不可得現在心不可得未來
心不可得須菩提於意云何若有人滿三千
大千世界七寶以用布施是人以是因緣得
福多不如是世尊此人以是因緣得福甚多

英 IOL.Tib.J.VOL.129　6.ཤེས་རབ་ཀྱི་ཕ་རོལ་དུ་ཕྱིན་པ་རྡོ་རྗེ་གཅོད་པ། །རྒྱ་ཡིག
6.金剛般若波羅蜜經（漢文）　　　(17–13)

大千世界七寶以用布施是人以是因緣得
福多不如是世尊以此人以是因緣得福德多
須菩提若福德有實如來不說得福德多以
福德无故如來說得福德多
須菩提於意云何佛可以具足色身見不不
也世尊如來不應以具足色身見何以故如
來說具足色身即非具足色身是名具足色身
須菩提於意云何如來可以具足諸相見不
也世尊如來不應以具足諸相見何以故如
來說諸相具足即非具足是名諸相具足
須菩提汝勿謂如來作是念我當有所說法
莫作是念何以故若人言如來有所說法即
為謗佛不能解我所說故須菩提說法者无
法可說是名說法須菩提白佛言世尊佛得
阿耨多羅三藐三菩提為无所得耶如是如
是須菩提我於阿耨多羅三藐三菩提乃至
无有少法可得是名阿耨多羅三藐三菩提
復次須菩提是法平等无有高下是名阿耨
多羅三藐三菩提以无我无人无眾生无壽
者修一切善法則得阿耨多羅三藐三菩提
須菩提所言善法者如來說非善法是名善
法須菩提若三千大千世界中所有諸須彌
山王如是等七寶聚有人持用布施若人以
此般若波羅蜜經乃至四句偈等受持讀誦
為他人說於前福德百分不及一百千萬億

英 IOL.Tib.J.VOL.129　6.ཤེས་རབ་ཀྱི་ཕ་རོལ་དུ་ཕྱིན་པ་རྡོ་རྗེ་གཅོད་པ། །རྒྱ་ཡིག
6.金剛般若波羅蜜經（漢文）　　　(17–14)

此般若波羅蜜經乃至四句偈等受持讀誦
為他人說於前福德百分不及一百千萬億
分乃至算數譬喻所不能及
須菩提於意云何汝等勿謂如來作是念
我當度眾生須菩提莫作是念何以故實無有
眾生如來度者若有眾生如來度者如來則
有我人眾生壽者須菩提如來說有我者則
非有我而凡夫之人以為有我須菩提凡夫
者如來說則非凡夫須菩提於意云何可以
三十二相觀如來不須菩提言如是如是以
三十二相觀如來佛言須菩提若以三十二
相觀如來者轉輪聖王則是如來須菩提白
佛言世尊如我解佛所說義不應以三十二
相觀如來爾時世尊而說偈言
若以色見我以音聲求我是人行邪道不能見如來
須菩提汝若作是念如來不以具足相故得
阿耨多羅三藐三菩提須菩提莫作是念如
來不以具足相故得阿耨多羅三藐三菩
提須菩提汝若作是念發阿耨多羅三藐三菩
提者說諸法斷滅莫作是念何以故發阿耨
多羅三藐三菩提者於法不說斷滅相須菩
提若菩薩以滿恒河沙等世界七寶布施若
復有人知一切法無我得成於忍此菩薩勝
前菩薩所得功德須菩提以諸菩薩不受福

復有人知一切法無我得成於忍此菩薩勝
前菩薩所得功德須菩提以諸菩薩不受福
德故須菩提菩薩所作福德不應貪著是故說
不受福德須菩提若有人言如來若來若去
若坐若臥是人不解我所說義何以故如來
者無所從來亦無所去故名如來
須菩提若善男子善女人以三千大千世界
碎為微塵於意云何是微塵眾寧為多不甚
多世尊何以故若是微塵眾實有者佛則不
說是微塵眾所以者何佛說微塵眾則非微
塵眾是名微塵眾世尊如來所說三千大千
世界則非世界是名世界何以故若世界實
有者則是一合相如來說一合相則非一合相
是名一合相須菩提一合相者則是不可說
但凡夫之人貪著其事須菩提若人言佛說
我見人見眾生見壽者見須菩提於意云何
是人解我所說義不不也世尊是人不解如
來所說義何以故世尊說我見人見眾生見
壽者見即非我見人見眾生見壽者見是名
我見人見眾生見壽者見須菩提發阿耨多
羅三藐三菩提心者於一切法應如是知如是
見如是信解不生法相須菩提所言法相者
如來說即非法相是名法相
須菩提若有人以滿無量阿僧祇世界七寶
持用布施若有善男子善女人發菩薩心者
持於此經乃至

有者則是一合相如來說一合相則非一合相

是名一合相湏菩提一合相者則是不可說

但凡夫之人貪著其事湏菩提若人言佛說

我見人見眾生見壽者見湏菩提於意云何

是人解我所說義不不也世尊是人不解如來所

說義何以故世尊說我見人見眾生見壽者

見即非我見人見眾生見壽者是名我見

人見眾生見壽者湏菩提發阿耨多羅三

藐三菩提心者於一切法應如是知如是見

如是信解不生法相湏菩提所言法相者如

來說即非法相是名法相湏菩提若有人以

滿無量阿僧祇世界七寶持用布施若有善

男子善女人發菩薩心者持於此經乃至四

句偈等受持讀誦為人演說其福勝彼云何

為人演說不取於相如如不動何以故

一切有為法如夢幻泡影如露亦如電應作如是觀

佛說是經已長老湏菩提及諸比丘比丘尼

優婆塞優婆夷一切世間天人阿修羅聞佛

所說皆大歡喜信受奉行

金剛般若波羅蜜經

英 IOL.Tib.J.VOL.130 　ཀུན་དོན་ཐར་ག
密宗經典　　(10-1)

英 IOL.Tib.J.VOL.130 　ཀུན་དོན་ཐར་ག
密宗經典　　(10-2)

英 IOL.Tib.J.VOL.130 རྒྱུད་དོན་ཐེར་ག
密宗經典　　　(10-3)

英 IOL.Tib.J.VOL.130 རྒྱུད་དོན་ཐེར་ག
密宗經典　　　(10-4)

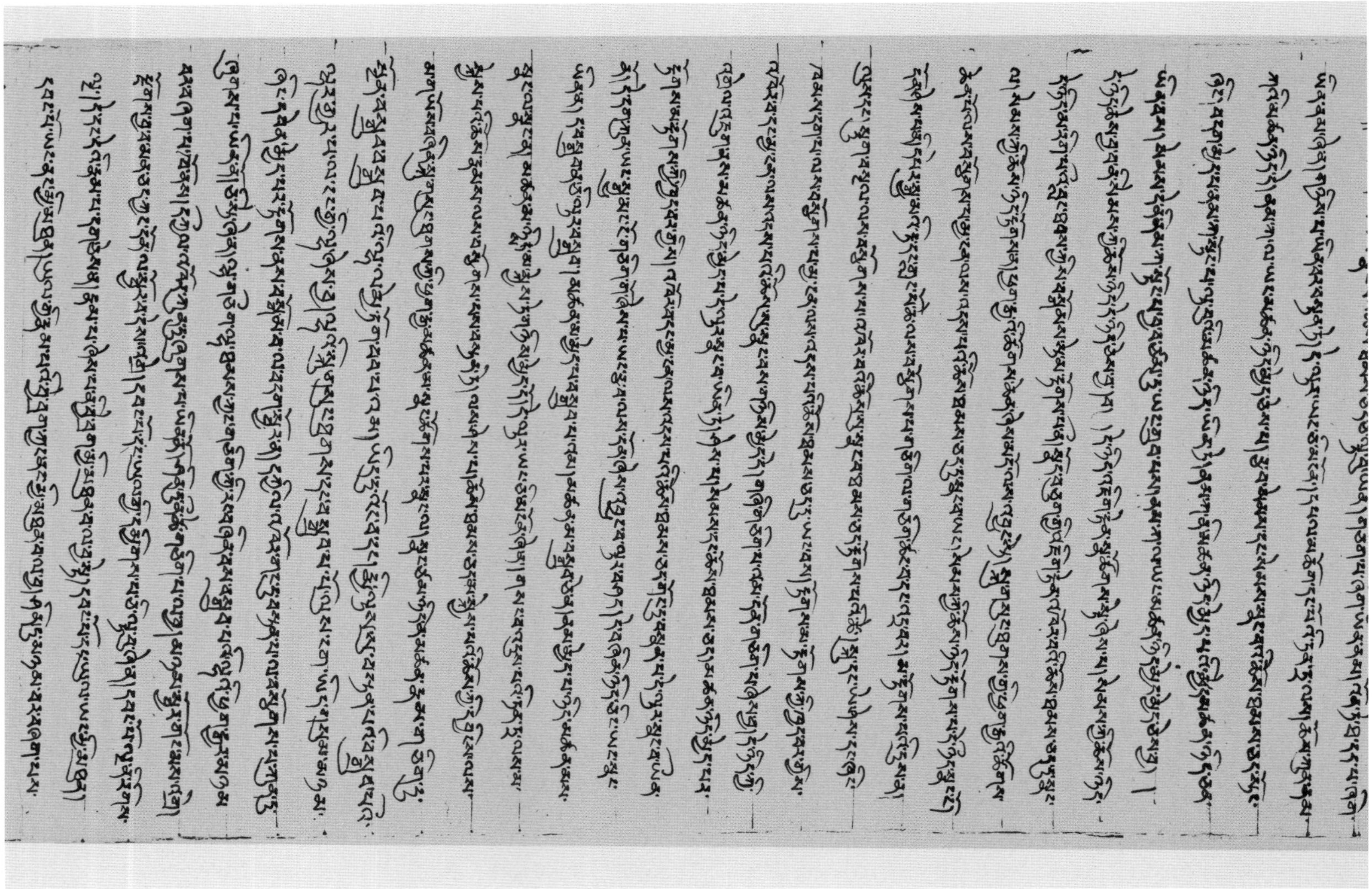

英 IOL.Tib.J.VOL.130 རྒྱུད་དོན་ཐོར་བུ།
密宗經典 (10–5)

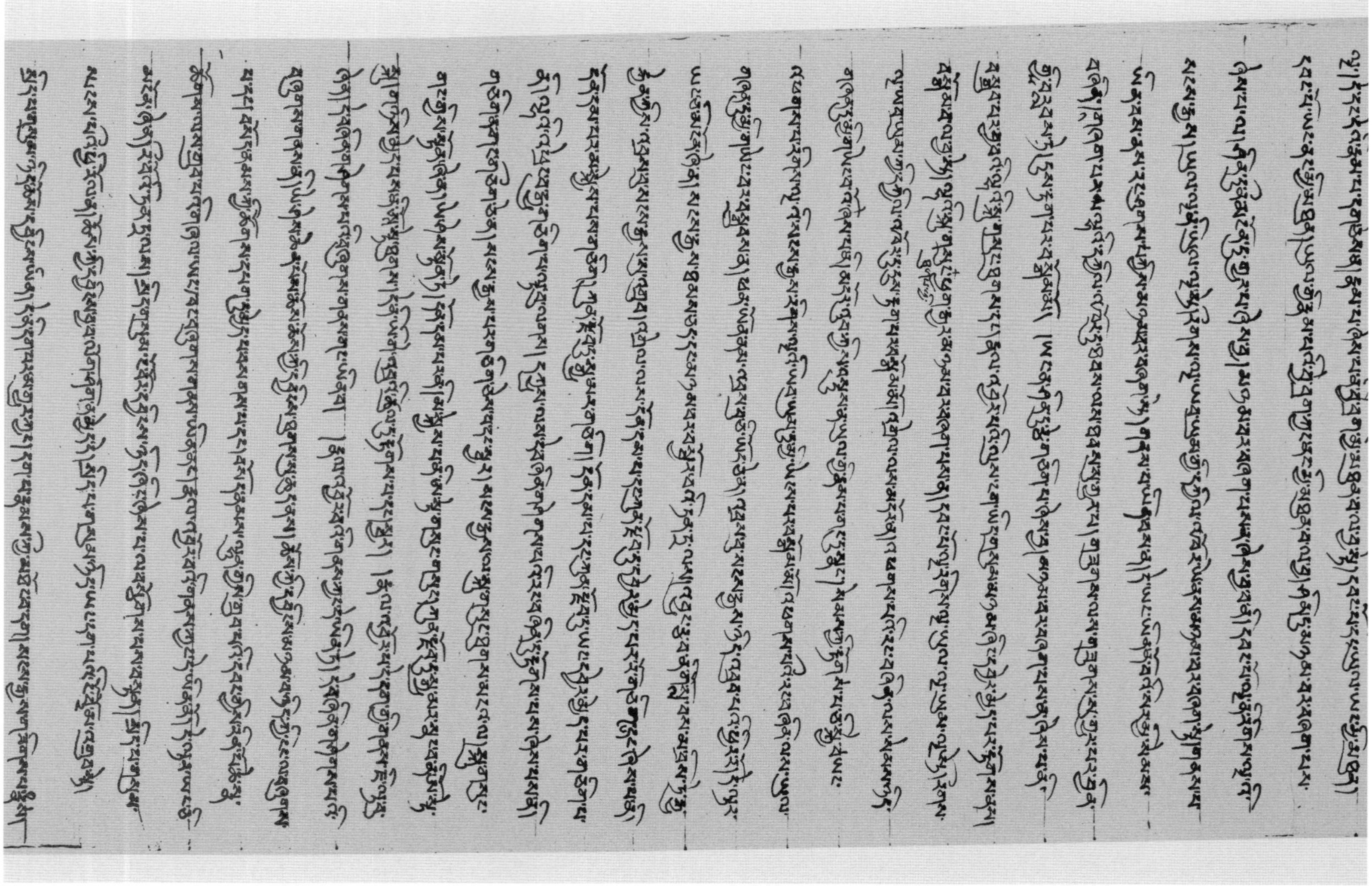

英 IOL.Tib.J.VOL.130 རྒྱུད་དོན་ཐོར་བུ།
密宗經典 (10–6)

英 IOL.Tib.J.VOL.130　ཚུད་དོན་ཐོར་བུ།
密宗經典　　　(10-7)

英 IOL.Tib.J.VOL.130　ཚུད་དོན་ཐོར་བུ།
密宗經典　　　(10-8)

英 IOL.Tib.J.VOL.130　རྒྱུད་དོན་ཐེར་བུ།
密宗經典　　(10−9)

英 IOL.Tib.J.VOL.130　རྒྱུད་དོན་ཐེར་བུ།
密宗經典　　(10−10)

英 IOL.Tib.J.VOL.131　1.སྨོན་ལམ།
1.祈願文　　(12-1)

英 IOL.Tib.J.VOL.131　1.སྨོན་ལམ།
1.祈願文　　(12-2)

英 IOL.Tib.J.VOL.131　1.སྨོན་ལམ།
1.祈願文　(12-3)

英 IOL.Tib.J.VOL.131　1.སྨོན་ལམ།
1.祈願文　(12-4)

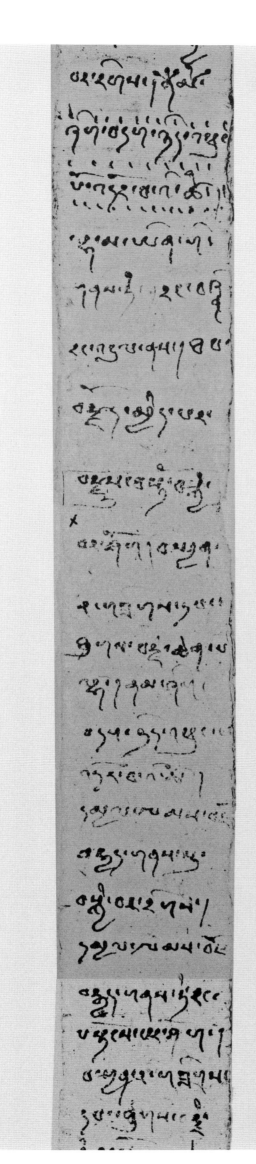

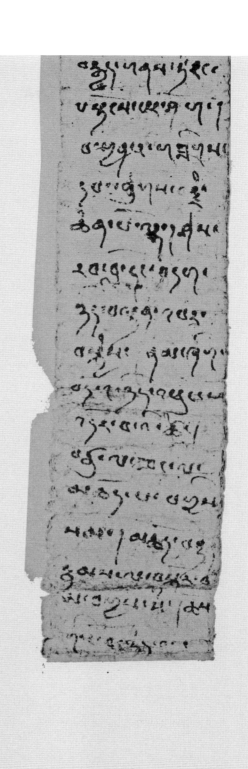

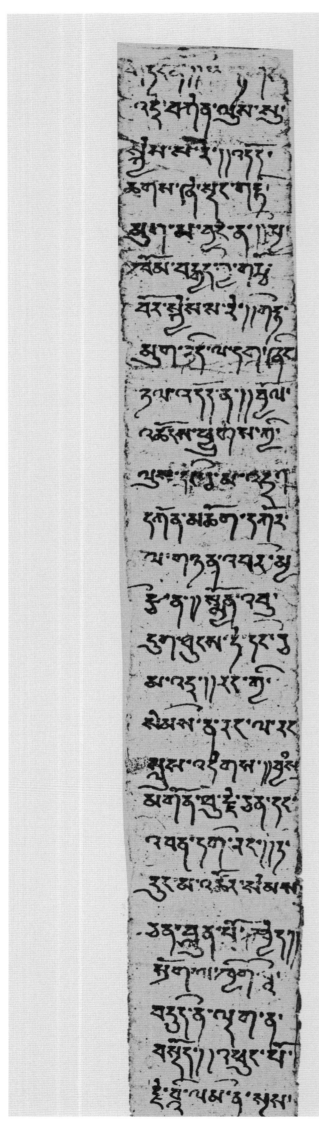

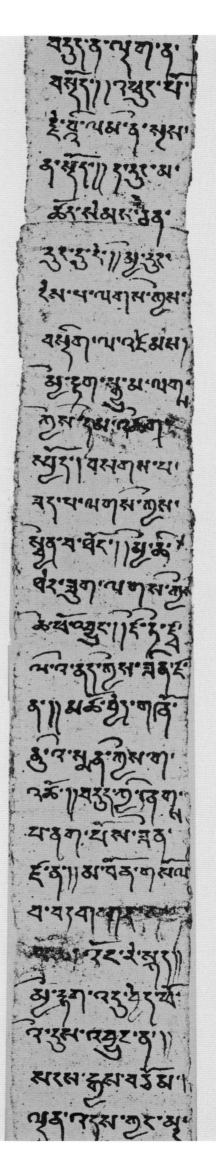

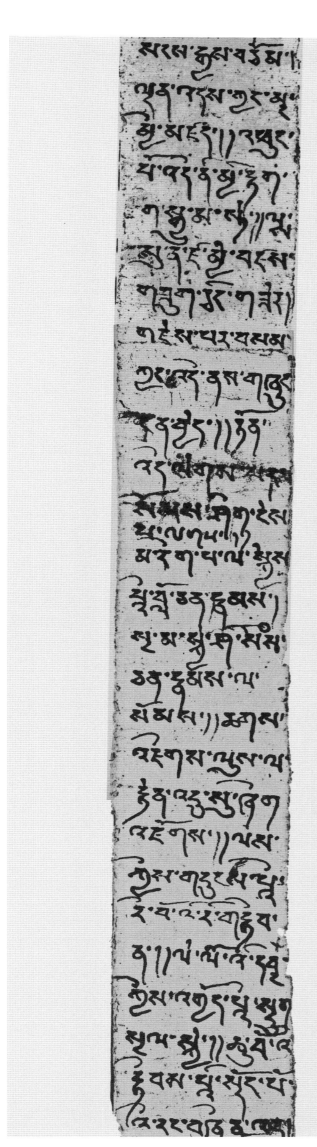

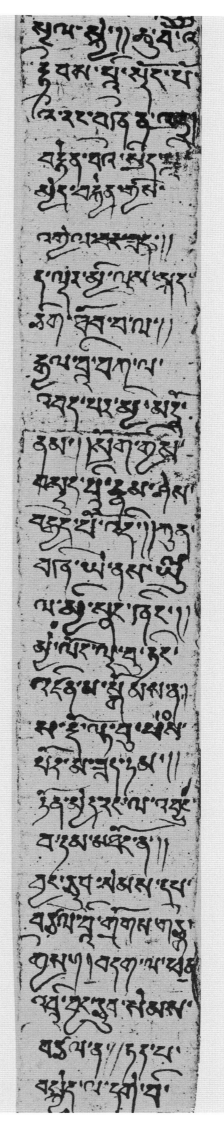

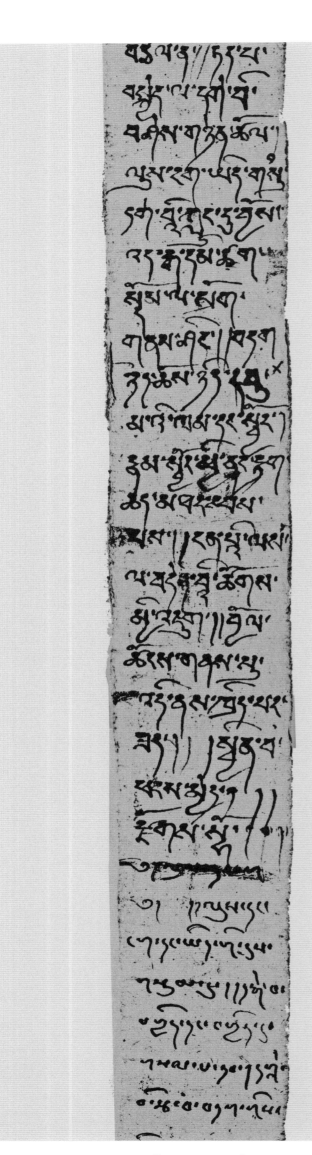

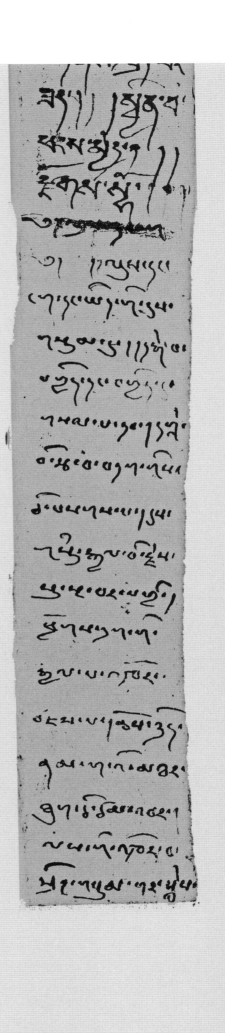

英 IOL.Tib.J.VOL.132　1.འཕགས་པའི་དགེའ་བྱའི་སྨོན་ལམ།
　　　　　　　　　1.聖善祈願文　　　(6-1)

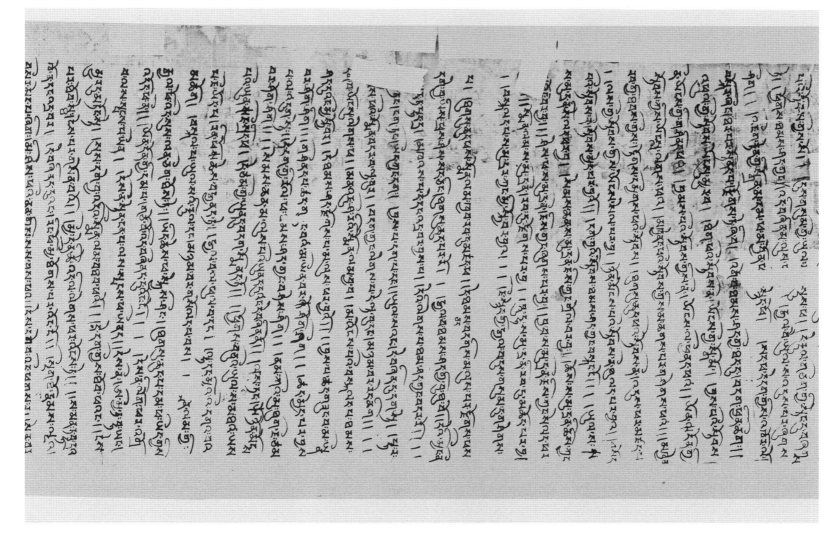

英 IOL.Tib.J.VOL.132　1.འཕགས་པའི་དགེའ་བྱའི་སྨོན་ལམ།
　　　　　　　　　1.聖善祈願文　　　(6-2)

英 IOL.Tib.J.VOL.132　1.འཕགས་པའི་དགོན་བྱའི་སྨོན་ལམ།

1.聖善祈願文　　　　(6-3)

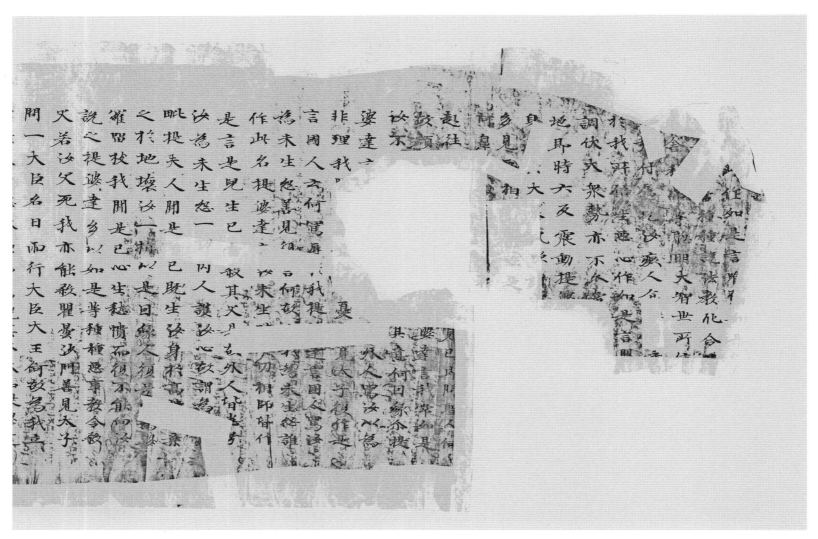

英 IOL.Tib.J.VOL.132　2.འཕགས་པ་ཡོངས་སུ་མྱ་ངན་ལས་འདས་པ་ཆེན་པོའི་མདོ།རྒྱ་ཡིག

2.大般涅槃經卷第四十（漢文）　(6-4)

父若沒父死我亦能教瞿婆汰門善見太子
閒一大臣名曰而行大王大王何故為我立
字作未生怨大臣耶作提婆達
所說无異善見聞已尋與大臣為說其本未如
之城外以四種兵而守衛之毘提夫人閒是事
事已尋至王所而守王所不審聽不善見夫
人生瞋恚心便叫喚父時諸守人耳不時夫
大王夫人欲得往見父王不審聽即以種種惡
巳復生瞋恚心其往母所前宰母敎拔刀欲
人况所生善見太子聞是說已尋父王不順卧具飲湯
及女人況所生瞋恚而行大王復言以種種惡邪之法而
方生悔心者善知如是業行都无有罪何故今罪
為說之大王一切業行都无有罪何故今者
藥過七日巳王令終善見太子聞是父王巳
波旬故即便放拾庭断父王不服卧具飲湯
及女人况所生瞋恚而行大王復言以種種惡

英 IOL.Tib.J.VOL.132　2.འཕགས་པ་ཡོངས་སུ་མྱ་ངན་ལས་འདས་པ་ཆེན་པོའི་མདོ། ཀྱི་ཡིག
2.大般涅槃經卷第四十（漢文）　　　（6-5）

英 IOL.Tib.J.VOL.132　2.འཕགས་པ་ཡོངས་སུ་མྱ་ངན་ལས་འདས་པ་ཆེན་པོའི་མདོ། ཀྱི་ཡིག
2.大般涅槃經卷第四十（漢文）　　　（6-6）

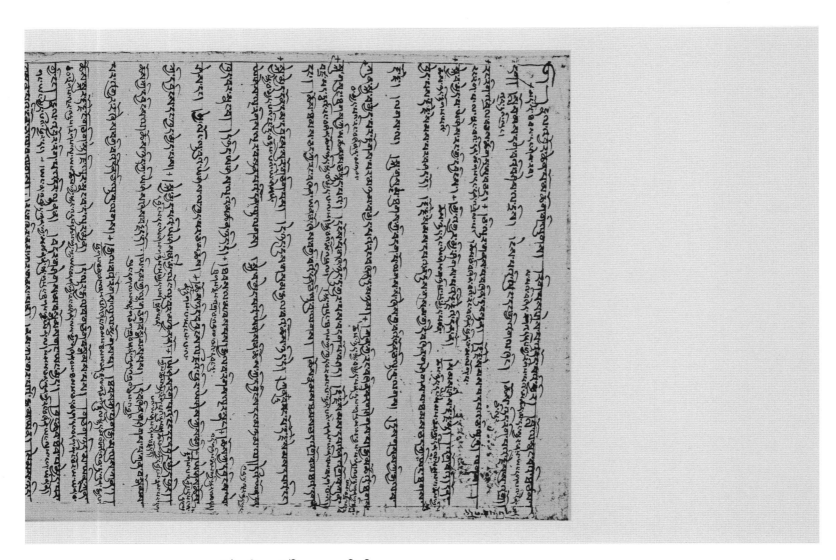

英 IOL.Tib.J.VOL.133　1.རྣལ་འབྱོར་ཆེན་མོའི་ལུགས་ཀྱི་དྲིས་ལན་མཆན་ཅན།
1.大瑜伽問答錄及夾注　　(9-1)

英 IOL.Tib.J.VOL.133　1.རྣལ་འབྱོར་ཆེན་མོའི་ལུགས་ཀྱི་དྲིས་ལན་མཆན་ཅན།
1.大瑜伽問答錄及夾注　　(9-2)

英 IOL.Tib.J.VOL.133　1.རྣལ་འབྱོར་ཆེན་མོའི་ལུགས་ཀྱི་དྲིས་ལན་མཆན་ཅན།
1.大瑜伽問答録及夾注　　　(9–3)

英 IOL.Tib.J.VOL.133　1.རྣལ་འབྱོར་ཆེན་མོའི་ལུགས་ཀྱི་དྲིས་ལན་མཆན་ཅན།
1.大瑜伽問答録及夾注　　　(9–4)

英 IOL.Tib.J.VOL.133　1. རྣལ་འབྱོར་ཆེན་མོའི་ལུགས་ཀྱི་དྲིས་ལན་མཆན་ཅན།
1.大瑜伽問答録及夾注　　(9-5)

英 IOL.Tib.J.VOL.133　1.རྣལ་འབྱོར་ཆེན་མོའི་ལུགས་ཀྱི་དྲིས་ལན་མཆན་ཅན།
1.大瑜伽問答録及夾注　　(9-6)

156

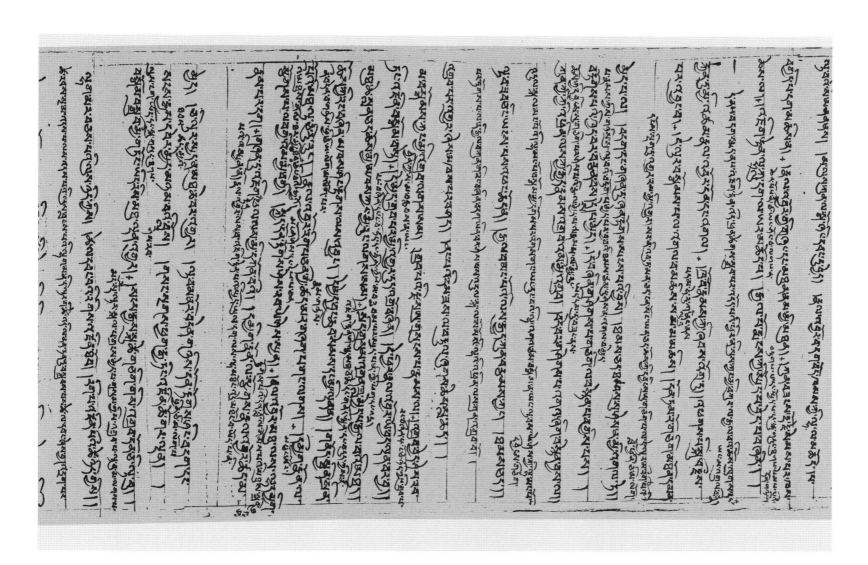

英 IOL.Tib.J.VOL.133　　1.རྣལ་འབྱོར་ཆེན་མོའི་ལུགས་ཀྱི་དྲིས་ལན་མཆན་ཅན།
1.大瑜伽問答録及夾注　　　(9-7)

英 IOL.Tib.J.VOL.133　　1.རྣལ་འབྱོར་ཆེན་མོའི་ལུགས་ཀྱི་དྲིས་ལན་མཆན་ཅན།
1.大瑜伽問答録及夾注　　　(9-8)

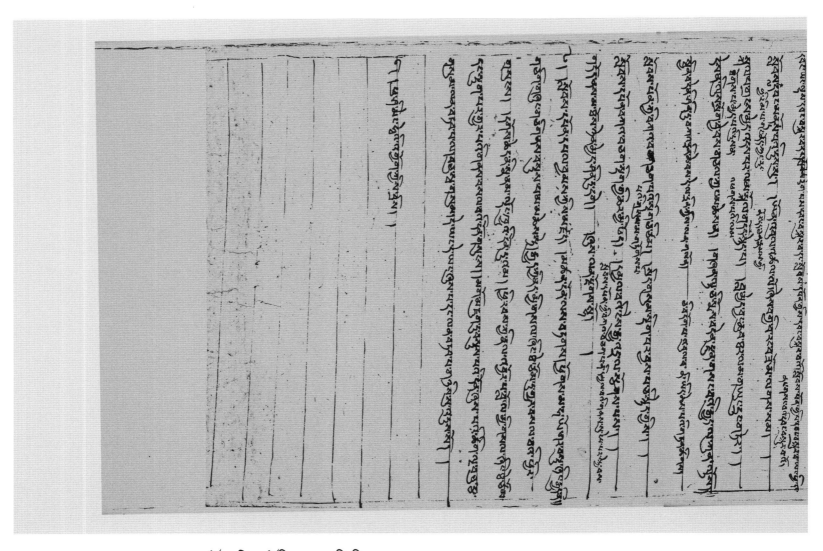

英 IOL.Tib.J.VOL.133　1.རྣལ་འབྱོར་ཆེན་མོའི་ལུགས་ཀྱི་དྲིས་ལན་མཆན་ཅན།　　2.སྦྱར་བྱུང་།

1.大瑜伽問答録及夾注　　2.題記　　(9-9)

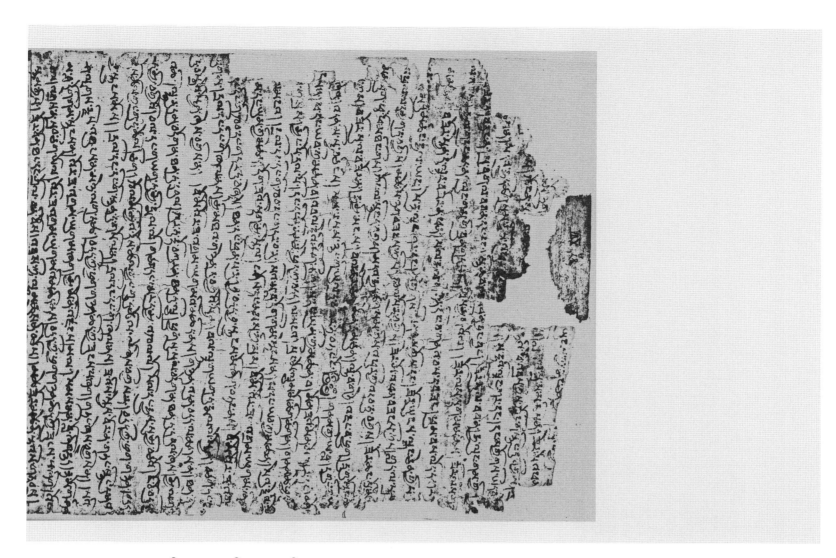

英 IOL.Tib.J.VOL.134　　ཁྱི་མ་དུ་མཆིང་རྒྱལ་གྱི་གཏམ་རྒྱུད།
尼玛布清杰的故事　　　(5-1)

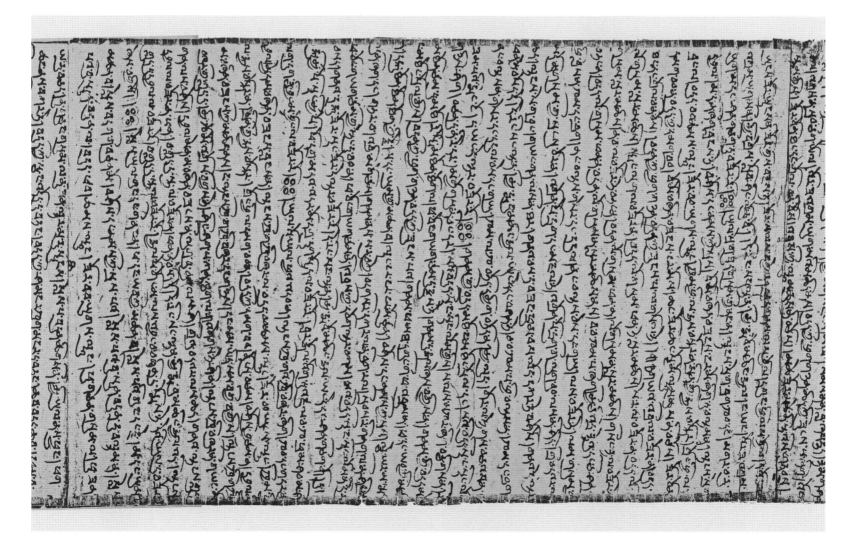

英 IOL.Tib.J.VOL.134　　ཁྱི་མ་དུ་མཆིང་རྒྱལ་གྱི་གཏམ་རྒྱུད།
尼玛布清杰的故事　　　(5-2)

英 IOL.Tib.J.VOL.134　ཉི་མ་བུ་མཆེད་རྒྱལ་གྱི་གཏམ་རྒྱུད།
尼玛布清杰的故事　　　(5-3)

英 IOL.Tib.J.VOL.134　ཉི་མ་བུ་མཆེད་རྒྱལ་གྱི་གཏམ་རྒྱུད།
尼玛布清杰的故事　　　(5-4)

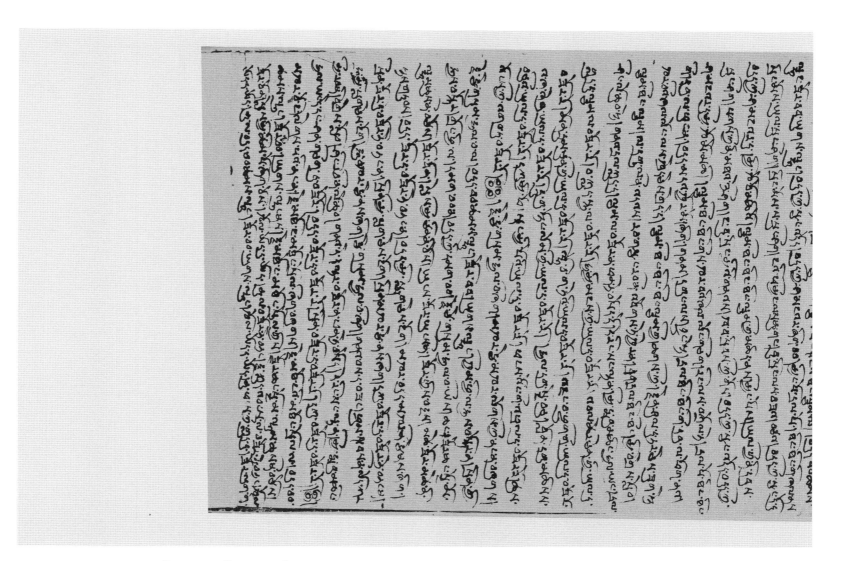

英 IOL.Tib.J.VOL.134 ཉི་མ་བུ་མཆིང་རྒྱལ་གྱི་གཏམ་རྒྱུད།
尼瑪布清杰的故事 (5-5)

英 IOL.Tib.J.VOL.135　སྒྲུབ་ཐབས།
密宗修習儀軌　　(4-1)

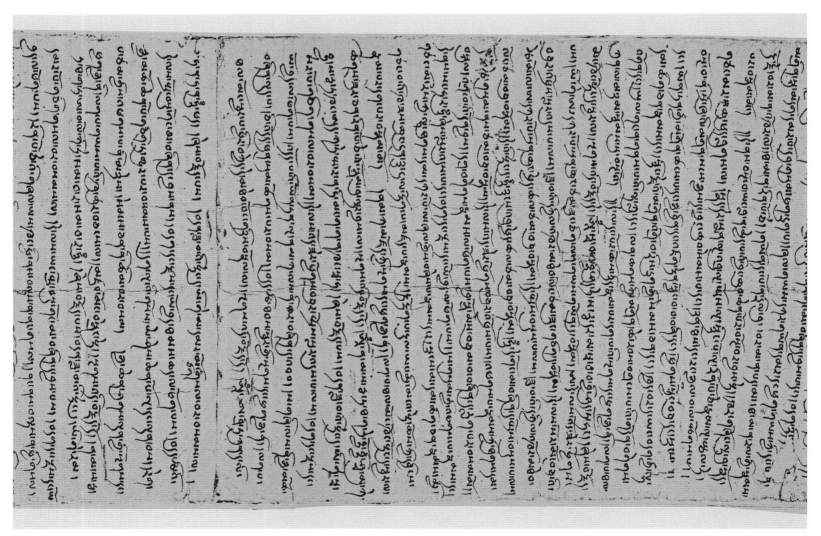

英 IOL.Tib.J.VOL.135　སྒྲུབ་ཐབས།
密宗修習儀軌　　(4-2)

英 IOL.Tib.J.VOL.135 སློབ་ཐབས།
密宗修習儀軌 (4-3)

英 IOL.Tib.J.VOL.135 སློབ་ཐབས།
密宗修習儀軌 (4-4)

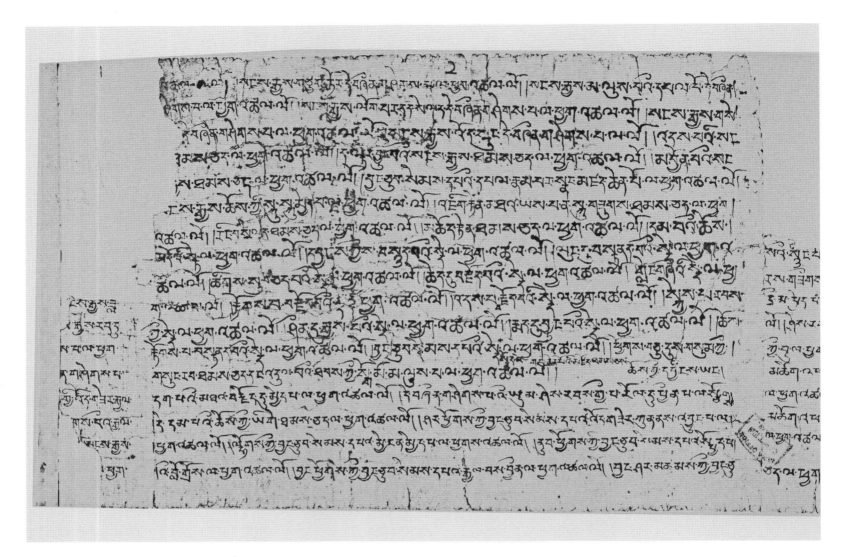

英 IOL.Tib.J.VOL.136　1.དཔང་སྐོང་ཕྱག་བརྒྱ་པ།
1.百拜懺悔經　　(4-1)

英 IOL.Tib.J.VOL.136　1.དཔང་སྐོང་ཕྱག་བརྒྱ་པ།
1.百拜懺悔經　　(4-2)

英 IOL.Tib.J.VOL.136　1.དཔང་སྐོང་ཕྱག་བརྒྱ་པ།

1.百拜懺悔經　　(4-3)

英 IOL.Tib.J.VOL.136　2.བསླབ་བྱ།

2.教言　　(4-4)

英 IOL.Tib.J.VOL.137　སྔགས་ཐབས།
密宗修習儀軌　　　(10-1)

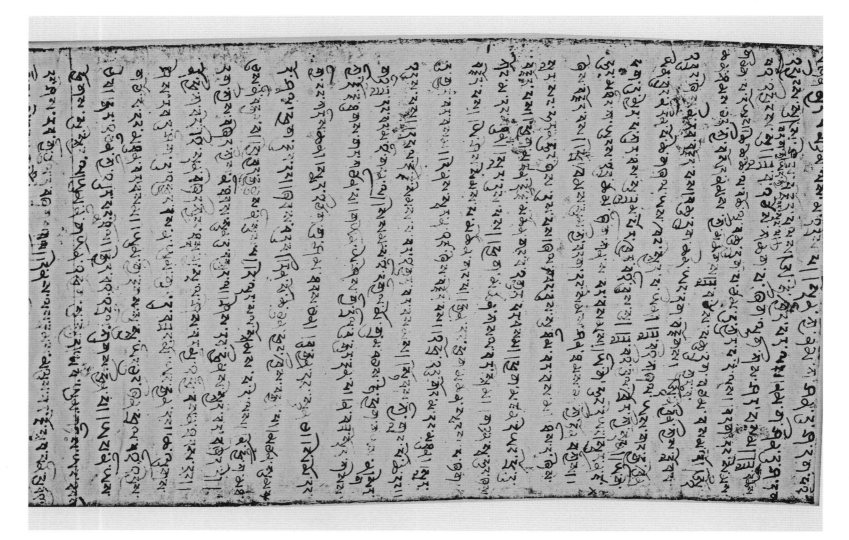

英 IOL.Tib.J.VOL.137　སྔགས་ཐབས།
密宗修習儀軌　　　(10-2)

英 IOL.Tib.J.VOL.137　སྒྲུབ་ཐབས།
密宗修習儀軌　　　(10-3)

英 IOL.Tib.J.VOL.137　སྒྲུབ་ཐབས།
密宗修習儀軌　　　(10-4)

英 IOL.Tib.J.VOL.137 སློབ་ཐབས།
密宗修習儀軌　　　(10-5)

英 IOL.Tib.J.VOL.137 སློབ་ཐབས།
密宗修習儀軌　　　(10-6)

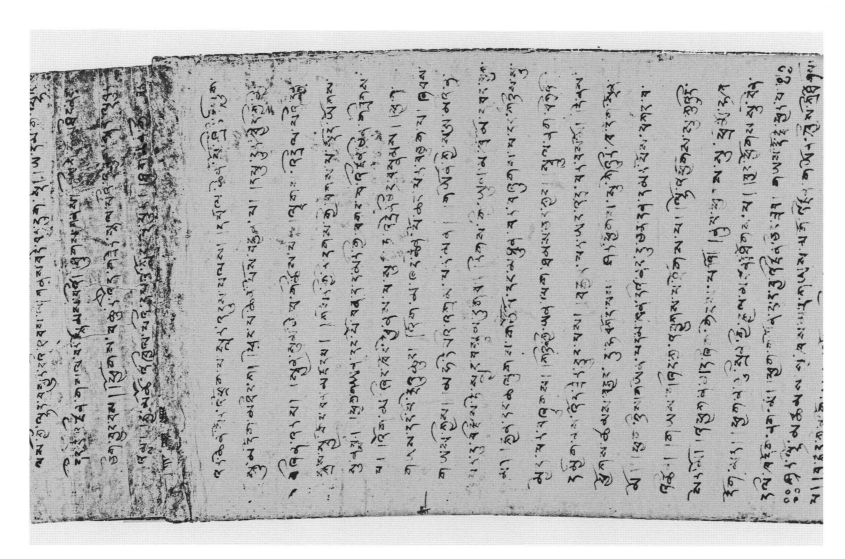

英 IOL.Tib.J.VOL.137　སློབ་ཐབས།
密宗修習儀軌　　(10-7)

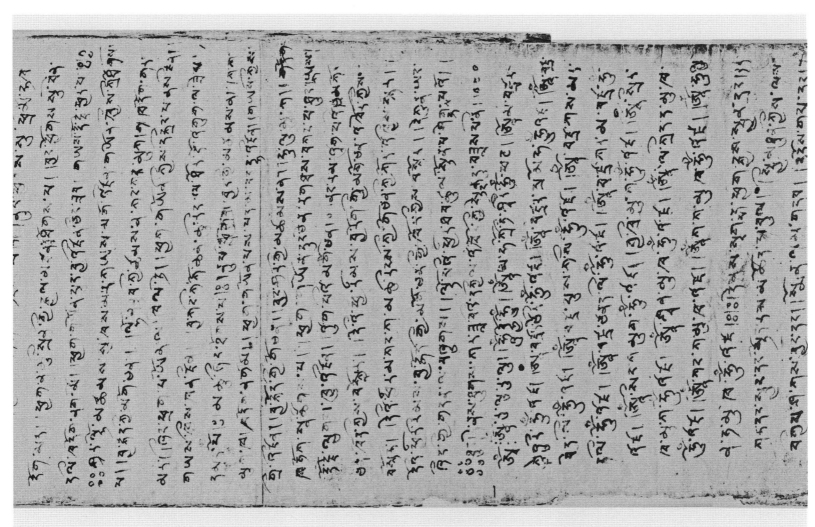

英 IOL.Tib.J.VOL.137　སློབ་ཐབས།
密宗修習儀軌　　(10-8)

英 IOL.Tib.J.VOL.137　སློབ་ཐབས།
密宗修習儀軌　　　(10-9)

英 IOL.Tib.J.VOL.137　སློབ་ཐབས།
密宗修習儀軌　　　(10-10)

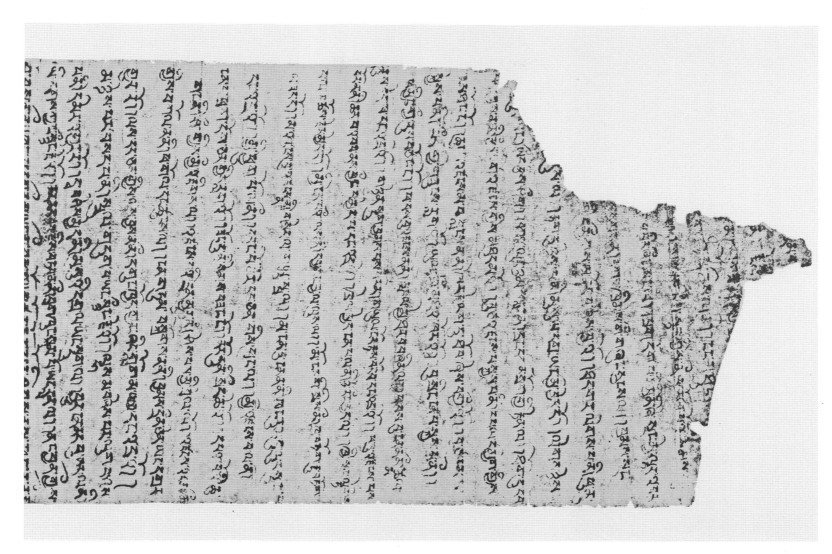

英 IOL.Tib.J.VOL.138　　1.སུམ་པ་མ་ཤགས་ཆེན་པོ།
　　　　　　　　　　　1.松巴諺語　　　(7-1)

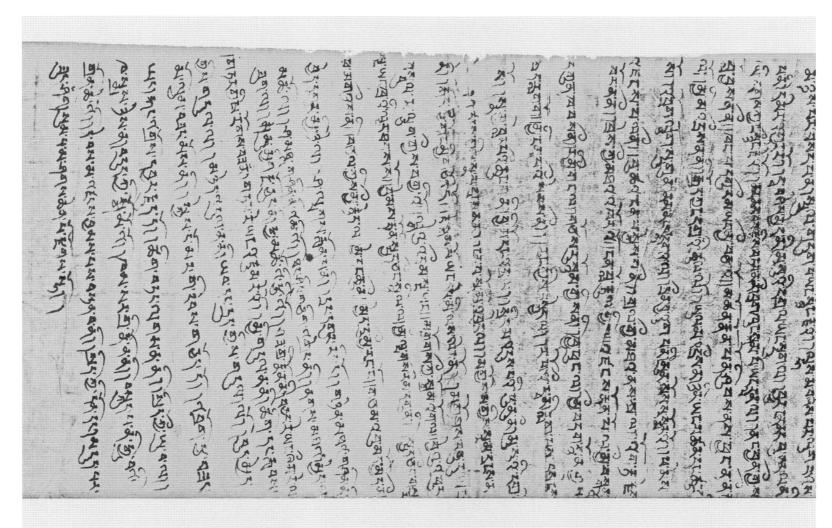

英 IOL.Tib.J.VOL.138　　1.སུམ་པ་མ་ཤགས་ཆེན་པོ།
　　　　　　　　　　　1.松巴諺語　　　(7-2)

英 IOL.Tib.J.VOL.138　1.སུམ་པ་མ་ཤགས་ཆེན་པོ།
1.松巴諺語　　　(7–3)

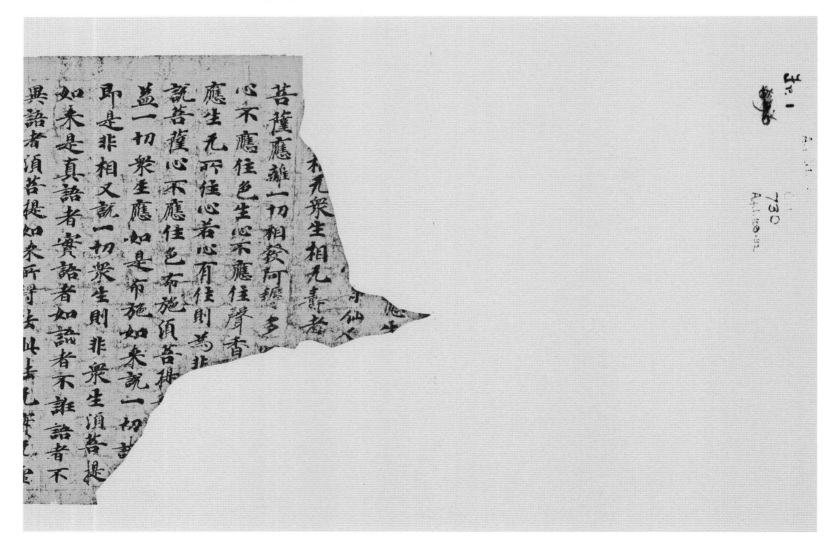

英 IOL.Tib.J.VOL.138　2.ཤེས་རབ་ཀྱི་ཕ་རོལ་དུ་ཕྱིན་པ་རྡོ་རྗེ་གཅོད་པ།(ཪྒྱ་ཡིག)
2.金剛般若波羅蜜經（漢文）　　(7–4)

說菩薩心不應住色布施須菩提菩...
益一切眾生則為布施須菩提菩...
即是非相又說一切眾生則非眾生
如來是真語者實語者如語者不誑語者
興語者須菩提如來所得法此法無實無虛
須菩提若菩薩心住於法而行布施如人入
闇則無所見若菩薩心不住法而行布施如
人有目日光明照見種種色須菩提當來之
世若有善男子善女人能於此經受持讀誦
則為如來以佛智慧悉知是人悉見是人皆
得成就無量無邊功德
須菩提若有善男子善女人初日分以恒河
沙等身布施中日分復以恒河沙等身布
施後日分亦以恒河沙等身布施如是無量
千萬億劫以身布施若復有人聞此經典信
心不逆其福勝彼何況書寫受持讀誦為
人解說須菩提以要言之是經有不可思議不
可稱量無邊功德如來為發大乘者說為發
如來悉知是人悉見是人皆得成就不可量
不可稱無有邊不可思議功德如是人等則
為荷擔如來阿耨多羅三藐三菩提何以故

英 IOL.Tib.J.VOL.138　2.ཤེས་རབ་ཀྱི་པ་རོལ་ཏུ་ཕྱིན་པ་རྡོ་རྗེ་གཅོད་པ། ཆུ།ཡིག
2.金剛般若波羅蜜經（漢文）　　　(7-5)

不可稱無有邊不可思議功德如是人等則
為荷擔如來阿耨多羅三藐三菩提何以故
須菩提若樂小法者著我見人見眾生見壽
者見則於此經不能聽受讀誦為人解說須
菩提在在處處若有此經一切世間天人阿
修羅所應供養當知此處則為是塔皆應恭
敬作禮圍繞以諸華香而散其處
復次須菩提善男子善女人受持讀誦此經
若為人輕賤是人先世罪業應墮惡道以今
世人輕賤故先世罪業則為消滅當得阿耨
多羅三藐三菩提須菩提我念過去無量
阿僧祇劫於然燈佛前得值八百四千萬億
那由他諸佛悉皆供養承事無空過者若復
有人於後末世能受持讀誦此經所得功德
我所供養諸佛功德百分不及一千萬億
分乃至算數譬喻所不能及須菩提若善男子
善女人於後末世有受持讀誦此經所得功
德我若具說者或有人聞心則狂亂狐疑不
信須菩提當知是經義不可思議果報亦不
可思議
爾時須菩提白佛言世尊善男子善女人發
阿耨多羅三藐三菩提心云何應住云何降

英 IOL.Tib.J.VOL.138　2.ཤེས་རབ་ཀྱི་པ་རོལ་ཏུ་ཕྱིན་པ་རྡོ་རྗེ་གཅོད་པ། ཆུ།ཡིག
2.金剛般若波羅蜜經（漢文）　　　(7-6)

可思議

爾時須菩提白佛言世尊善男子善女人發
阿耨多羅三藐三菩提心云何應住云何降
伏其心佛告須菩提善男子善女人發阿耨
多羅三藐三菩提者當生如是心我應滅度
一切眾生滅度一切眾生已而无有一眾生
實滅度者何以故若菩薩有我相人相眾生
相壽者相則非菩薩所以者何須菩提實无
有法發阿耨多羅三藐三菩提者須菩提於
意云何如來於然燈佛所有法得阿耨多羅
三藐三菩提不不也世尊如我解佛所說義
佛於然燈佛所无有法得阿耨多羅三藐三
菩提佛言如是如是須菩提實无有法如來

英 IOL.Tib.J.VOL.138　2.ཤེས་རབ་ཀྱི་ཕ་རོལ་ཏུ་ཕྱིན་པ་རྡོ་རྗེ་གཅོད་པ།(རྒྱ་ཡིག)

2.金剛般若波羅蜜經（漢文）　　　(7-7)

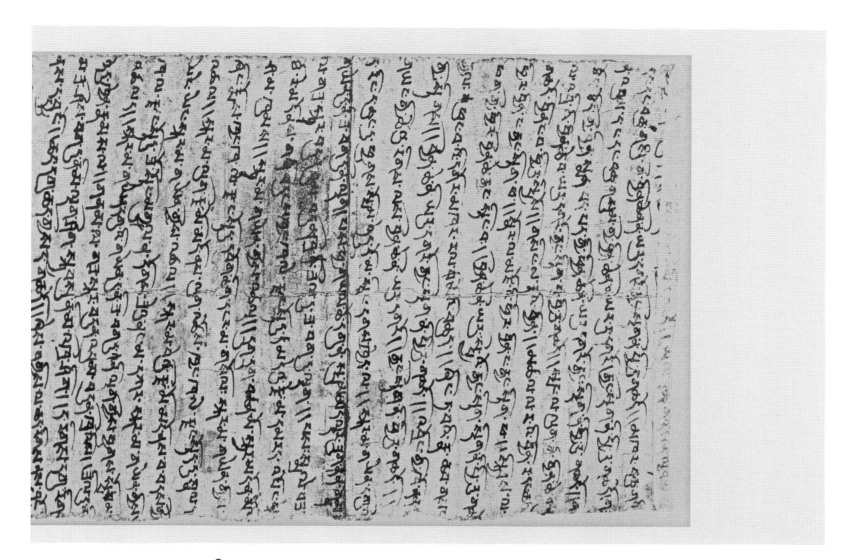

英 IOL.Tib.J.VOL.139　　1.ཆད་རིགས་ལས་དབྱུང་པ།
　　　　　　　　　　　　　1.起源神話　　　(10–1)

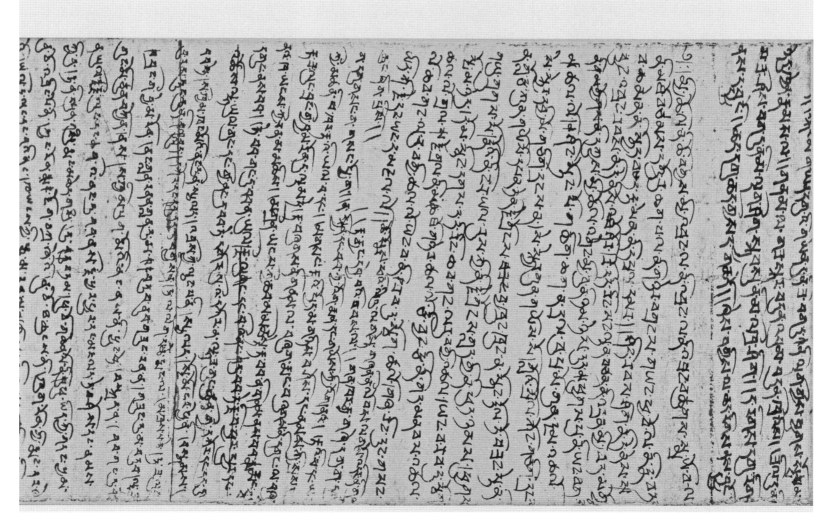

英 IOL.Tib.J.VOL.139　　1.ཆད་རིགས་ལས་དབྱུང་པ།　　2.ཚ་སྐྱེས་པའི་ཞིད།　　3.རྟ་ཀྱུང་དཀྱི་བའི་རབས།
　　　　　　　　　　　　　1.起源神話　　2.起源神話　　3.馬與野馬分開的故事　　(10–2)

175

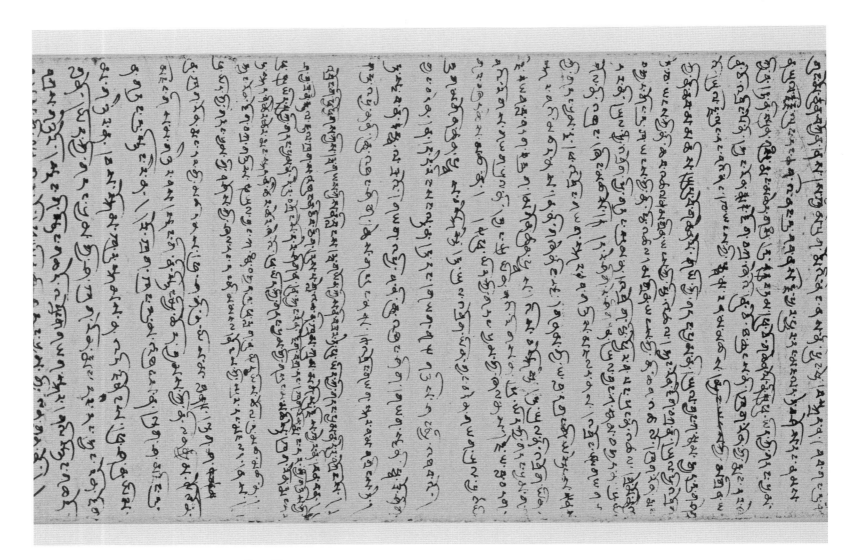

英 IOL.Tib.J.VOL.139　3.ㄒ·ㄒㄷ·ㄉㄅㄟ·ㄅㄞ·ㄊㄅㄢ
　　　　　3.馬與野馬分開的故事　　（10-3）

英 IOL.Tib.J.VOL.139　3.ㄒ·ㄒㄷ·ㄉㄅㄟ·ㄅㄞ·ㄊㄅㄢ
　　　　　3.馬與野馬分開的故事　　（10-4）

176

英 IOL.Tib.J.VOL.139　3.རྟ་རྐྱང་དབྱེ་བའི་རབས།
3.馬與野馬分開的故事　　　(10–5)

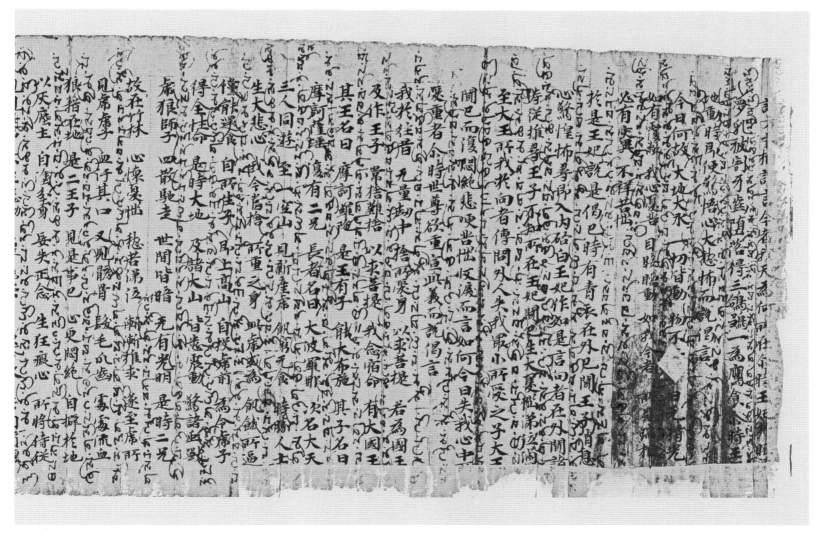

英 IOL.Tib.J.VOL.139　4.འཕགས་པ་གསེར་འོད་དམ་པའི་མདོ། རྒྱ་ཡིག　5.ཀྱིམ་པོ་ཚག་གཅིག་དང་ཚེང་གེ་བྲེག་ཞིག།
4.金光明經卷第四（漢文）　5.金波聶吉和增格巴辛的故事　　　(10–6)

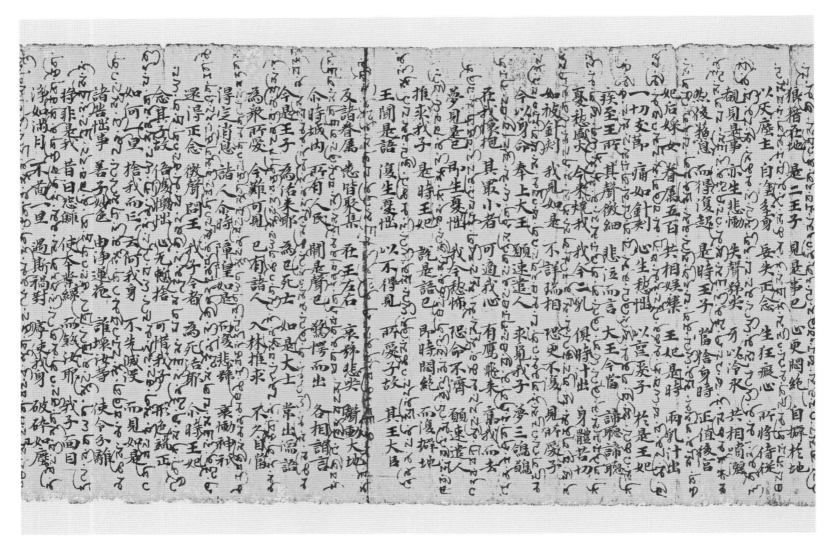

英 IOL.Tib.J.VOL.139　　4.འཕགས་པ་གསེར་འོད་དམ་པའི་མདོ། རྒྱ་ཡིག　　　5.ཀྲིམ་པོ་ཞག་གཅིག་དང་ཚོང་གི་ཉེག་ཞིན།

4.金光明經卷第四（漢文）　　5.金波聶吉和增格巴辛的故事　　（10-7）

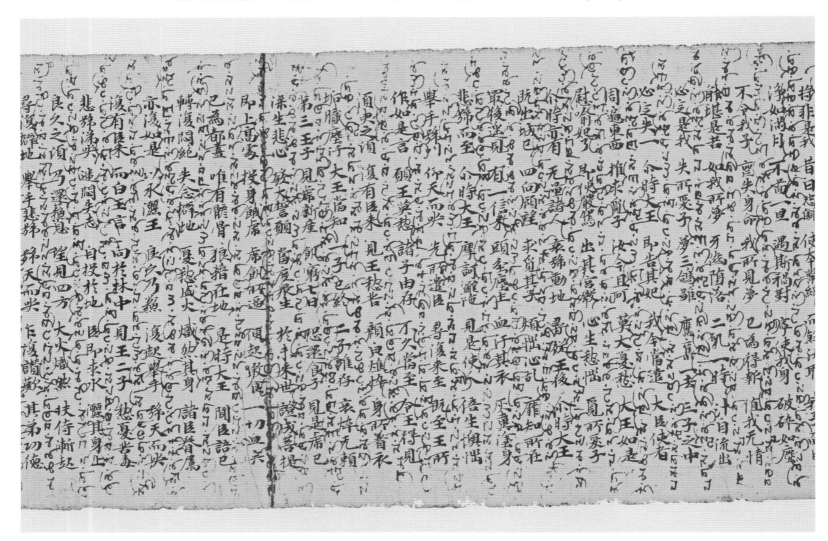

英 IOL.Tib.J.VOL.139　　4.འཕགས་པ་གསེར་འོད་དམ་པའི་མདོ། རྒྱ་ཡིག　　　5.ཀྲིམ་པོ་ཞག་གཅིག་དང་ཚོང་གི་ཉེག་ཞིན།

4.金光明經卷第四（漢文）　　5.金波聶吉和增格巴辛的故事　　（10-8）

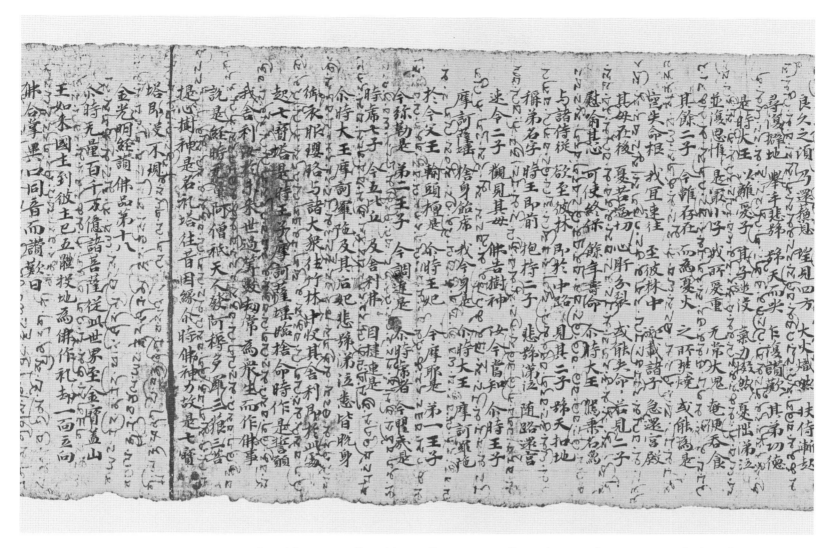

英 IOL.Tib.J.VOL.139　4.འཕགས་པ་གསེར་འོད་དམ་པའི་མདོ། རྒྱ་ཡིག　5.ཀྱིམ་པོ་ཉག་གཅིག་དང་ཚེང་གི་རྗེག་ཞིག

4.金光明經卷第四（漢文）　　5.金波矗吉和增格巴辛的故事　　　（10-9）

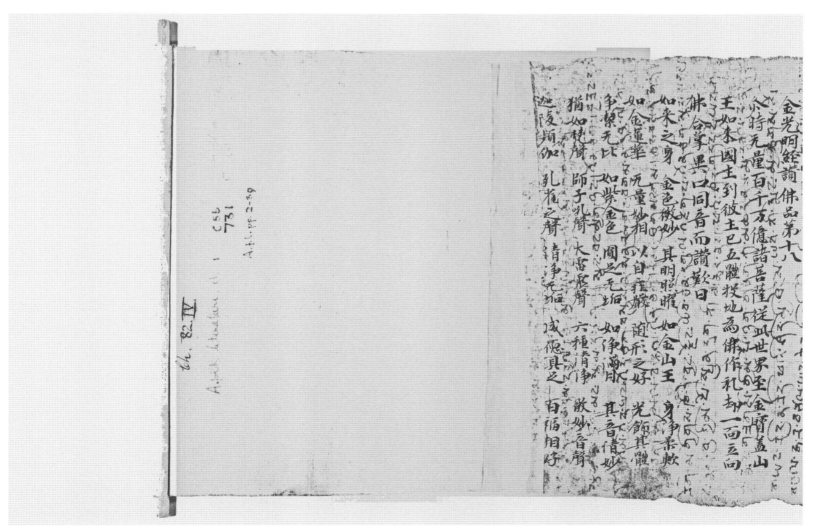

英 IOL.Tib.J.VOL.139　4.འཕགས་པ་གསེར་འོད་དམ་པའི་མདོ། རྒྱ་ཡིག　5.ཀྱིམ་པོ་ཉག་གཅིག་དང་ཚེང་གི་རྗེག་ཞིག

4.金光明經卷第四（漢文）　　5.金波矗吉和增格巴辛的故事　　　（10-10）

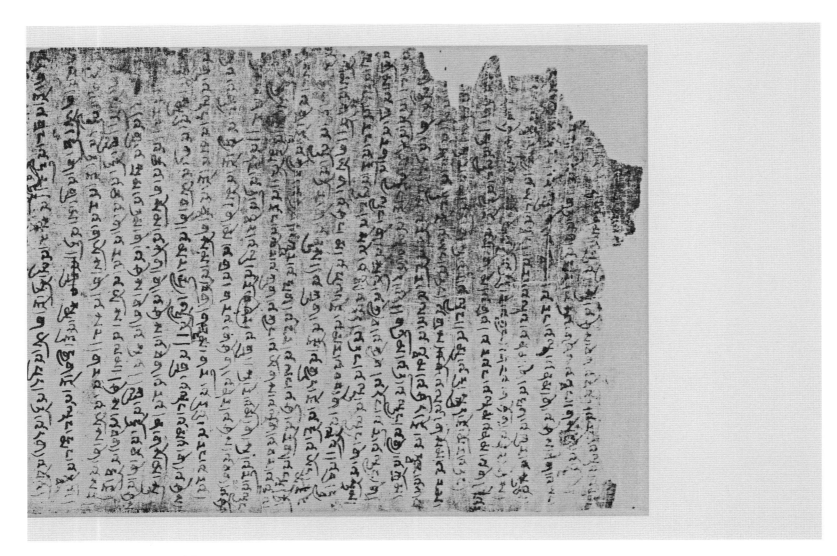

英 IOL.Tib.J.VOL.140　　1.བོད་སྐད་དུ་སྒྲ་བསྒྱུར་བྱས་པ།
1.藏文音譯文獻　　　（28-1）

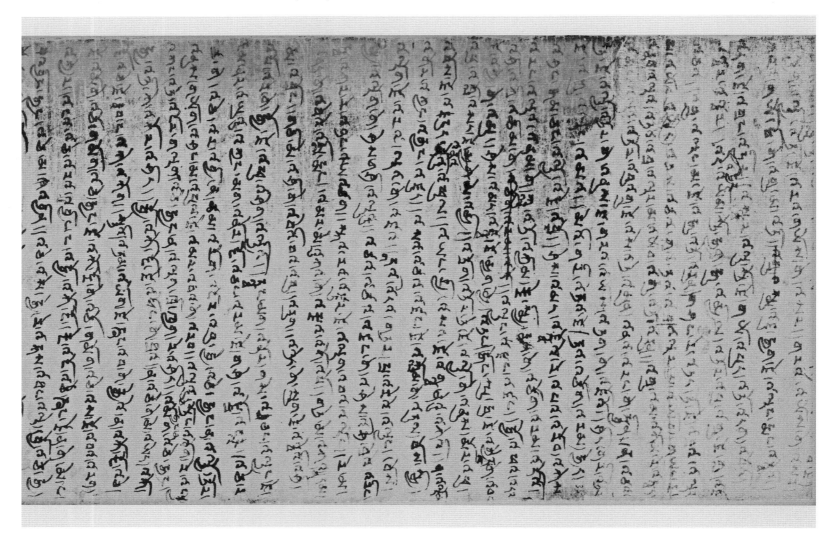

英 IOL.Tib.J.VOL.140　　1.བོད་སྐད་དུ་སྒྲ་བསྒྱུར་བྱས་པ།
1.藏文音譯文獻　　　（28-2）

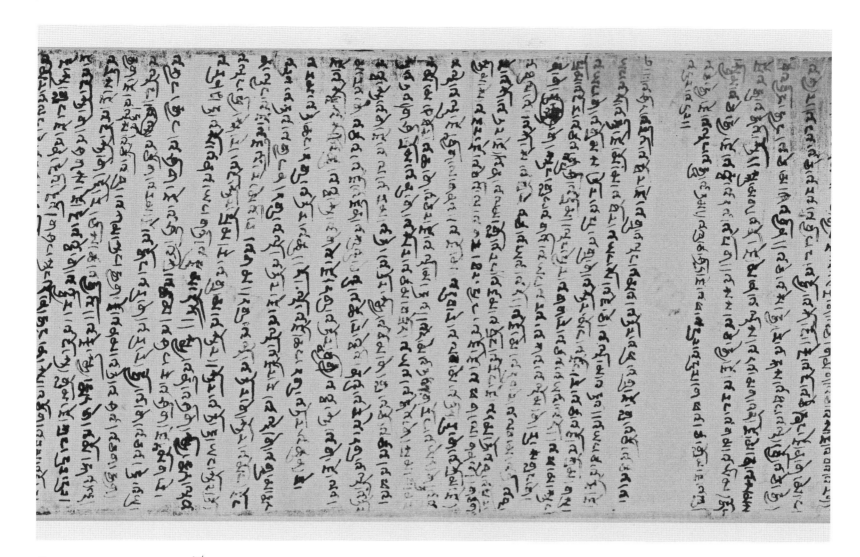

英 IOL.Tib.J.VOL.140　1.བོད་སྐད་དུ་ཁྲི་བཤེར་བྱས་པ།
1.藏文音譯文獻　　　(28-3)

英 IOL.Tib.J.VOL.140　1.བོད་སྐད་དུ་ཁྲི་བཤེར་བྱས་པ།
1.藏文音譯文獻　　　(28-4)

英 IOL.Tib.J.VOL.140　1.བོད་སྐད་དུ་ཁྲ་བསྒྱུར་བྱས་པ།

1.藏文音譯文獻　　　(28-5)

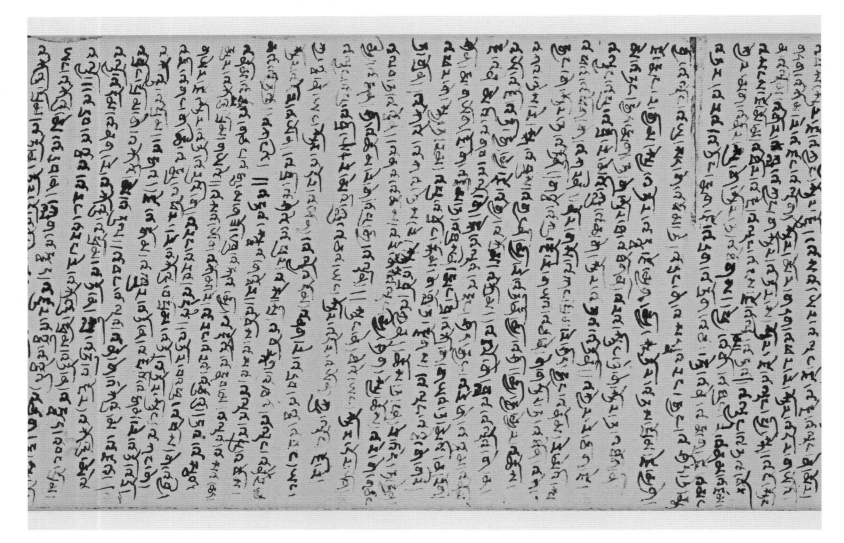

英 IOL.Tib.J.VOL.140　1.བོད་སྐད་དུ་ཁྲ་བསྒྱུར་བྱས་པ།

1.藏文音譯文獻　　　(28-6)

英 IOL.Tib.J.VOL.140　　1.བོད་སྐད་དུ་སྒྲ་བསྒྱུར་བྱས་པ།
　　　　　　　　　　1.藏文音譯文獻　　　(28-7)

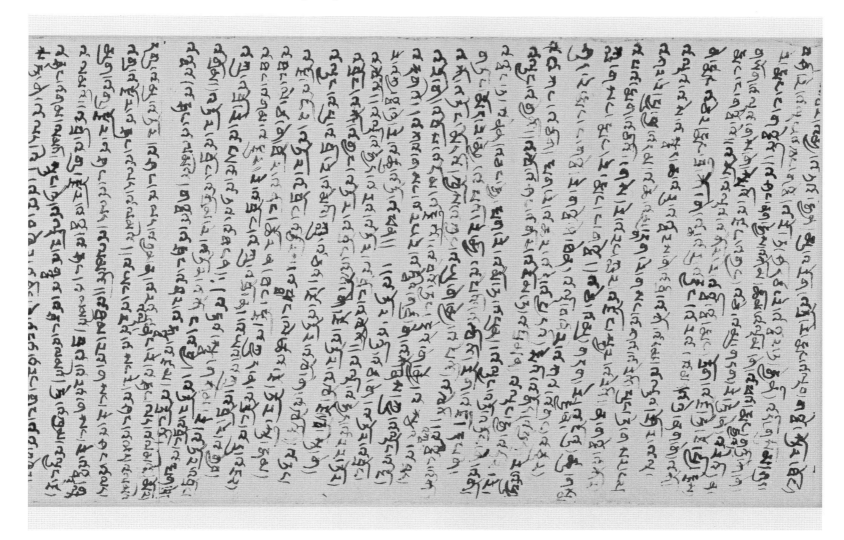

英 IOL.Tib.J.VOL.140　　1.བོད་སྐད་དུ་སྒྲ་བསྒྱུར་བྱས་པ།
　　　　　　　　　　1.藏文音譯文獻　　　(28-8)

英 IOL.Tib.J.VOL.140　　1.བོད་སྐད་དུ་སྒྲ་བསྒྱུར་བྱས་པ།

1.藏文音譯文獻　　　(28-9)

英 IOL.Tib.J.VOL.140　　1.བོད་སྐད་དུ་སྒྲ་བསྒྱུར་བྱས་པ།

1.藏文音譯文獻　　　(28-10)

英 IOL.Tib.J.VOL.140 1.བོད་སྐད་དུ་བཀྲ་བསྒྱུར་བྱས་པ།
1.藏文音譯文獻　　　　（28-11）

英 IOL.Tib.J.VOL.140 1.བོད་སྐད་དུ་བཀྲ་བསྒྱུར་བྱས་པ།
1.藏文音譯文獻　　　　（28-12）

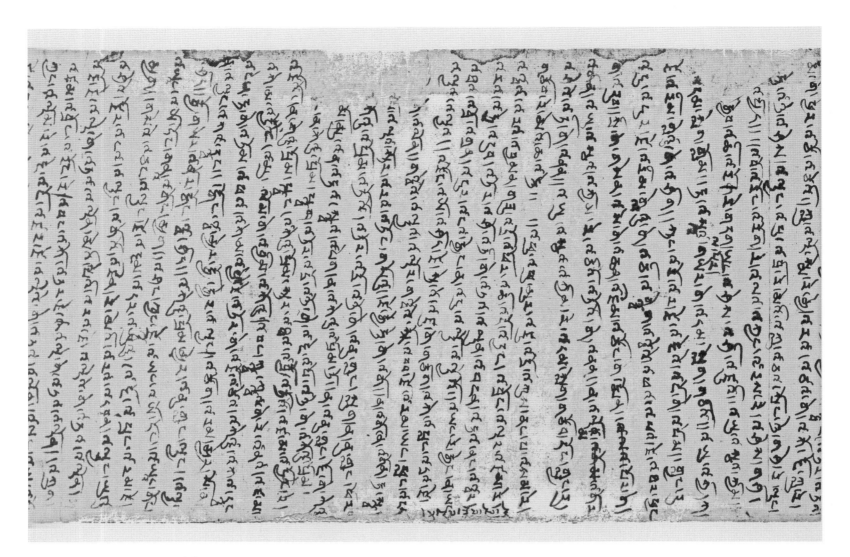

英 IOL.Tib.J.VOL.140　　1. བོད་སྐད་དུ་བསྒྱུར་བྱས་པ།
1.藏文音譯文獻　　　　　(28-13)

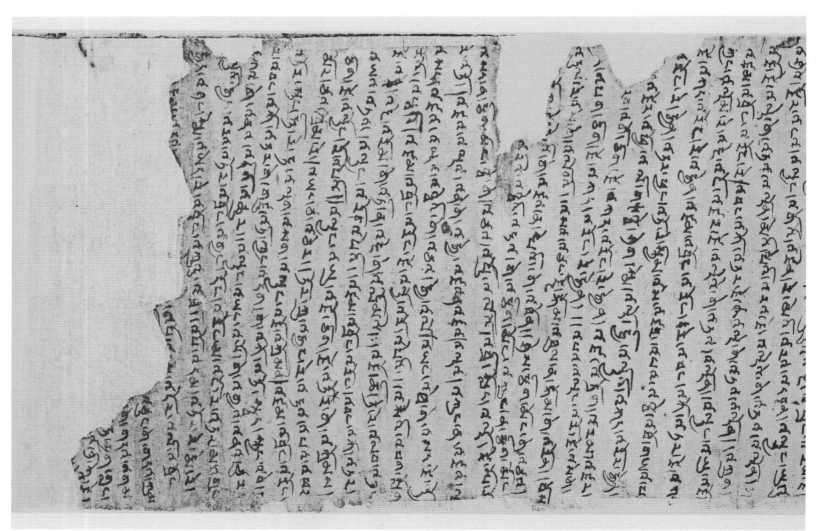

英 IOL.Tib.J.VOL.140　　1.བོད་སྐད་དུ་བསྒྱུར་བྱས་པ།
1.藏文音譯文獻　　　　　(28-14)

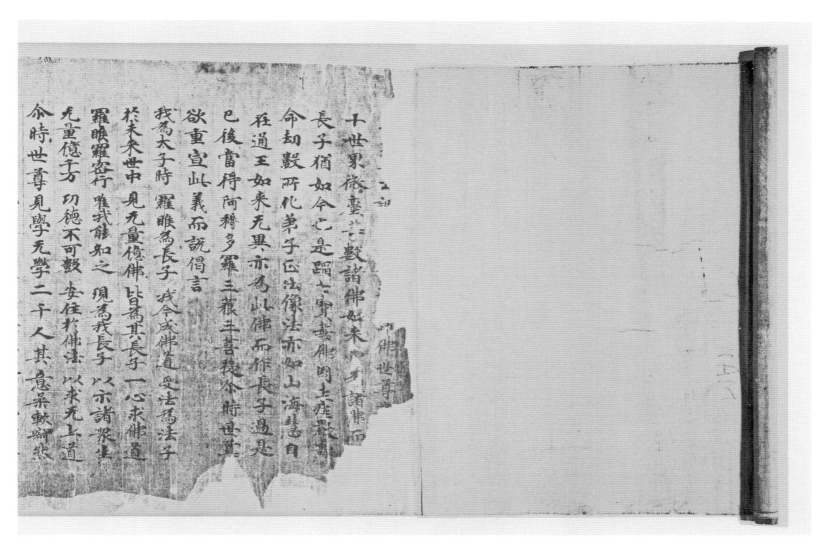

2.妙法蓮華經卷第四（漢文）　　　（28–15）

2.妙法蓮華經卷第四（漢文）　　　（28–16）

比丘比丘尼優婆塞優婆夷求聲聞者求辟支佛者求佛道者如是等類咸於佛前聞妙法華經一偈一句乃至一念隨喜者我皆與授記當得阿耨多羅三藐三菩提佛告藥王又如来滅度之後若有人聞妙法華經乃至一偈一句一念隨喜者我亦與授阿耨多羅三藐三菩提記若復有人受持讀誦解說書寫妙法華經乃至一偈於此經卷敬視如佛種種供養華香瓔珞末香塗香燒香繒蓋幢幡衣服伎樂乃至合掌恭敬藥王當知是諸人等已曾供養十萬億佛於諸佛所成就大願愍眾生故生此人間藥王若有人問何等眾生於未来世當得作佛應示是諸人等於未来世必得作佛何以故若善男子善女人受持讀誦解說書寫妙法華經乃至一句種種供養華香瓔珞末香塗香燒香繒蓋幢幡衣服伎樂合掌恭敬是人一切世間所應瞻奉應以如来供養而供養之當知此人是大菩薩成就阿耨多羅三藐三菩提哀愍眾生願生此間廣演分別妙法華經何況盡能受持種種供養者藥王當知是人自捨清淨業報於我滅度後愍眾生故生於惡世廣能受持是善男子善女人我滅度後能竊為一人說法華經乃至一句當知是人則如

淨業報於我滅度後愍眾生故生於惡世廣演此經若是善男子善女人我滅度後能竊為一人說法華經乃至一句當知是人則如来使如来所遣行如来事何況於大眾中廣為人說藥王若有惡人以不善心於一劫中現於佛前常毀罵佛其罪尚輕若人以一惡言毀呰在家出家讀誦法華經者其罪甚重藥王其有讀誦法華經者當知是人以佛莊嚴而自莊嚴則為如来肩所荷擔其所至方應隨向禮一心合掌恭敬供養尊重讚歎華香瓔珞末香塗香燒香繒蓋幢幡衣服餚饌作諸伎樂人中上供而供養之應持天寶而以散之天上寶聚應以奉獻所以者何是人歡喜說法須臾聞之即得究竟阿耨多羅三藐三菩提故爾時世尊欲重宣此義而說偈言

若欲住佛道　成就自然智　常當勤供養　受持法華者
其有欲疾得　一切種智慧　當受持是經　并供養持者
若有能受持　妙法華經者　當知佛所使　愍念諸眾生
諸有能受持　妙法華經者　捨於清淨土　愍眾故生此
當知如是人　自在所欲生　能於此惡世　廣說無上法
應以天華香　及天寶衣服　天上妙寶聚　供養說法者
吾滅後惡世　能持是經者　當合掌禮敬　如供養世尊
上饌眾甘美　及種種衣服　供養是佛子　冀得須臾聞

應以天華香 及天寶衣服 天上妙寶聚 供養說法者
吾滅後惡世 能持是經者 當令合掌禮敬 如供養世尊
上饌衆甘美 及種種衣服 供養是佛子 冀得須臾聞
若能於後世 受持是經者 我遣在人中 行於如來事
若於一劫中 常懷不善心 作色而罵佛 獲無量重罪
其有讀誦持 是法華經者 須臾加惡言 其罪復過彼
有人求佛道 而於一劫中 合掌在我前 以無數偈讚
由是讚佛故 得無量功德 歎美持經者 其福復過彼
於十八億劫 以衆妙名聲 及與香味觸 供養持經者
如是供養已 若得須臾聞 則應自欣慶 我今獲大利
藥王今告汝 我所說諸經 而於此經中 法華最第一
爾時佛復告藥王菩薩摩訶薩 我所說諸經典
無量千萬億 已說今說當說 而於其中 此法華
經最為難信難解 藥王 此經是諸佛秘要之
藏 不可分布妄授與人 諸佛世尊之所守護
從昔已來 未曾顯說 而此經者 如來現在 猶
多怨嫉 況滅度後 藥王 當知如來滅後 其能
書持讀誦 供養為他人說者 如來則為以衣
覆之 又為他方現在諸佛之所護念 是人有
大信力 及志願力 諸善根力 當知是人與如
來共宿 則為如來手摩其頭 藥王 在在處處
若說若讀 若誦若書 若經卷所住處 皆應起
七寶塔 極令高廣嚴飾 不須復安舍利 所以
者何 此中已有如來全身 此塔應以一切華

七寶塔極令高廣嚴飾不須復安舍利所以
者何 此中已有如來全身 此塔應以一切華
香瓔珞繪蓋幢幡伎樂歌頌 供養恭敬尊重
讚歎 若有人得見此塔 禮拜供養 當知是等
皆近阿耨多羅三藐三菩提 藥王 多有人在
家出家行菩薩道 若不能得見聞讀誦書持
供養是法華經者 當知是人未善行菩薩道
若有得聞是經典者 乃能善行菩薩之道 其
有衆生求佛道者 若見若聞是法華經 聞已
信解受持者 當知是人得近阿耨多羅三藐
三菩提 藥王 譬如有人渴乏須水 於彼高原
穿鑿求之 猶見乾土 知水尚遠 施功不已 轉
見濕土 遂漸至泥 其心決定 知水必近 菩薩
亦復如是 若未聞未解 未能修習是法華經
當知是人去阿耨多羅三藐三菩提尚遠 若
得聞解思惟修習 必知得近阿耨多羅三藐
三菩提 所以者何 一切菩薩阿耨多羅三藐
三菩提 皆屬此經 此經開方便門 示真實相
是法華經藏 深固幽遠 無人能到 今佛教化
成就菩薩而為開示 藥王 若有菩薩聞是法
華經 驚疑怖畏 當知是為新發意菩薩 若聲
聞人聞是經 驚疑怖畏 當知是為增上慢者
藥王 若有善男子善女人 如來滅後 欲為四

間人間是經驚疑怖畏當知是為增上慢者
藥王若有善男子善女人如來滅後欲為四
衆說是法華經者云何應說是善男子善女
人入如來室著如來衣坐如來座爾乃應為
四衆廣說斯經如來室者一切衆生中大慈
悲心是如來衣者柔和忍辱心是如來座者
一切法空是安住是中然後以不懈怠心為
諸菩薩及四衆廣說是法華經藥王我於餘
國遣化人為其集聽法衆亦遣化比丘比丘
尼優婆塞優婆夷聽其說法是諸化人聞法
信受隨順不逆若說法者在空閑處我時廣
遣天龍鬼神乾闥婆阿修羅等聽其說法我
雖在異國時時令說法者得見我身若於此
經忘失句逗我還為說令得具足爾時世尊
欲重宣此義而說偈言

欲捨諸懈怠　應當聽此經　是經難得聞　信受者亦難
如人渴須水　穿鑿於高原　猶見乾燥土　知去水尚遠
漸見濕生泥　決之知近水　藥王汝當知　如是諸人等
不聞法華經　去佛智慧遠　若聞是深經　決了聲聞法
是諸經之王　聞已諦思惟　當知此人等　近於佛智慧
若人說此經　應入如來室　著於如來衣　而坐如來座
家衆無所畏　廣為分別說　大慈悲為室　柔和忍辱衣
諸法空為座　處此為說法　若說此經時　有人惡口罵
加刀杖瓦石　念佛故應忍　我千萬億土　現淨堅固身

諸法空為座　處此為說法　若說此經時　有人惡口罵
加刀杖瓦石　念佛故應忍　我千萬億土　現淨堅固身
於無量億劫　為衆生說法　若我滅度後　能說此經者
我遣化四衆　比丘比丘尼　及清信士女　供養於法師
引導諸衆生　集之令聽法　若人欲加惡　刀杖及瓦石
則遣變化人　為之作衛護　若說法之人　獨在空閑處
寂漠無人聲　讀誦此經典　我爾時為現　清淨光明身
若忘失章句　為說令通利　若人具是德　或為四衆說
空處讀誦經　皆得見我身　若人在空閑　我遣天龍王
夜叉鬼神等　為作聽法衆　是人樂說法　分別無罣礙
諸佛護念故　能令大衆喜　若親近法師　速得菩薩道
隨順是師學　得見恒沙佛

妙法蓮華經見寶塔品第十一

爾時佛前有七寶塔　高五百由旬縱廣二百五
十由旬從地踊出住在空中種種寶物而莊
校之五千欄楯龕室千萬無數幢幡以為嚴
飾垂寶瓔珞寶鈴萬億而懸其上四面皆
出多摩羅跋栴檀之香充遍世界其諸幡蓋
以金銀琉璃車璩馬瑙真珠玫瑰七寶合成
高至四天王宮三十三天雨天曼陀羅華供養
寶塔餘諸天龍夜叉乾闥婆阿修羅迦樓羅
緊那羅摩睺羅伽人非人等千萬億衆以一
切華香瓔珞幡蓋伎樂供養寶塔恭敬尊重
讚歎爾時寶塔中出大音聲歎言善哉善

釋迦牟尼佛見寶塔品（妙法蓮華經）

切華香瓔珞幡蓋伎樂供養寶塔恭敬尊重
讚歎尒時寶塔中出大音聲歎言善哉善
哉釋迦牟尼世尊能以平等大慧教菩薩法
佛所護念妙法華經為大眾說如是如是釋
迦牟尼世尊如所說者皆是真實尒時四眾
見大寶塔住在空中又聞塔中所出音聲皆
得法喜怪未曾有從座而起恭敬合掌却住
一面尒時有菩薩摩訶薩名大樂說知一切
世間天人阿脩羅等心之所疑而白佛言世
尊以何因緣有此寶塔從地踊出又於其中
發是音聲尒時佛告大樂說菩薩此寶塔中
有如來全身乃往過去東方无量千万億阿
僧祇世界國名寶淨彼中有佛号曰多寶其
佛行菩薩道時作大誓願若我成佛滅度之
後於十方國土有說法華經處我之塔廟為
聽是經故踊現其前為作證明讚言善哉彼
佛成道已臨滅度時於天人大眾中告諸比
丘我滅度後欲供養我全身者應起一大塔
其佛神通願力十方世界在在處處若有說
法華經者彼之寶塔皆踊出其前全身在於
塔中讚言善哉善哉我大樂說今多寶如來
聞說法華經故從地踊出讚言善哉善哉

聞說法華經故從地踊出讚言善哉我善哉是
時大樂說菩薩以如來神力故白佛言世尊
我等願欲見此佛身佛告大樂說菩薩摩訶
薩是多寶佛有深重願若我寶塔為聽法華
經故出於諸佛前時其有欲以我身示四眾
者彼佛分身諸佛在於十方世界說法盡還
集一處然後我身乃出現耳大樂說我分身
諸佛在於十方世界說法者今應當集大樂
說白佛言世尊我等亦願欲見世尊分身諸
佛礼拜供養尒時佛放白豪一光即見東方
五百万億那由他恒河沙等國土諸佛彼諸
國主皆以頗梨為地寶樹寶衣以為莊嚴无
数千万億菩薩充滿其中遍張寶幔寶網羅
上彼國諸佛以大妙音而說諸法及見无量千
万億菩薩遍滿諸國為眾說法南西北方四
維上下白豪相光所照之處亦復如是尒時
十方諸佛各吉眾菩薩言善男子我今應往
娑婆世界釋迦牟尼佛所幷供養多寶如來
寶塔時娑婆世界即變清淨琉璃為地寶樹
莊嚴黃金為繩以界八道无諸聚落村營城
邑大海江河山川林藪燒大寶香曼陀羅華
遍布其地以寶網幔羅覆其上懸諸寶鈴唯
留此會眾移諸天人置於他土是時諸佛各
將一大菩薩以為侍者至娑婆世界各到寶

遍布其地以寶繩絯羅覆其上懸諸寶鈴唯
留此會眾移諸天人置於他土是時諸佛各
將一大菩薩以為侍者至娑婆世界各到寶
樹下一一寶樹高五百由旬枝葉華菓次弟
莊嚴諸寶樹下皆有師子之座高五由旬亦
以大寶而校飾之介時諸佛各於此座結跏
趺坐如是展轉遍滿三千大千世界而於釋
迦牟佛一方所分之身猶故未盡時釋迦
牟尼佛欲容受所不身諸佛故復八方各更變
二百万億那由他國皆令清淨无有地獄餓
鬼畜生及阿脩羅又移諸天人置於他土所
化之國亦以瑠璃為地寶樹莊嚴樹高五百
由旬枝葉華菓次弟莊飾樹下皆有寶師子
座高五由旬種種諸寶以為莊校亦无大海
江河及目真隣陀山摩訶目真隣陀山鐵圍山
大鐵圍山須弥山等諸山王通為一佛國土
寶地平正寶交露幙遍覆其上懸諸幡蓋
燒大寶香諸天寶華遍布其地釋迦牟尼佛
為諸佛當來坐故復於八方各變二百万億
那由他國皆令清淨无有地獄餓鬼畜生及
阿脩羅又移諸天人置於他土所化之國亦
以瑠璃為地寶樹莊嚴樹高五百由旬枝葉
華菓次弟莊嚴樹下皆有寶師子座高五由
旬亦以大寶而校飾之亦无大海江河及目

以瑠璃為地寶樹莊嚴樹高五百由旬枝葉
華菓次弟莊嚴樹下皆有寶師子座高五由
旬亦以大寶而校飾之亦无大海江河及目
真隣陀山摩訶目真隣陀山鐵圍山大鐵圍
山須弥山等諸山王通為一佛國土寶地平
正寶交露幙遍覆其上懸諸幡蓋燒大寶香
諸天寶華遍布其地介時東方釋迦牟尼佛
分之身百千万億那由他恒河沙等國土中
諸佛各各說法來集於此如是次弟十方諸
佛皆悉來集坐於八方介時一一方四百万
億那由他國土諸佛如來遍滿其中是時諸
佛各在寶樹下坐師子座皆遣侍者問訊釋
迦牟尼佛各賫寶華滿掬而告之言善男子
汝往詣耆闍崛山釋迦牟尼佛所如我辭曰
少病少惱氣力安樂及菩薩聲聞眾悉安隱
不以此寶華散佛供養而作是言彼某甲佛
與欲開此寶塔諸佛遣使亦復如是介時釋
迦牟尼佛見所分身佛悉已來集各各坐於
師子之座皆聞諸佛與欲同開寶塔即從座
起住虛空中一切四眾起立合掌一心觀佛
於是釋迦牟尼佛以右指開七寶塔戶出大
音聲如却關鑰開大城門即時一切眾會皆
見多寶如來於寶塔中坐師子座全身不散
如入禪定又聞其言善哉善哉釋迦牟尼佛

見多寶如來於寶塔中坐師子座全身不散
如入禪定又聞其言善哉善哉釋迦牟尼佛
快說是法華經我為聽是經故而來至此尒
時四眾等見過去无量千万億劫滅度佛說
如是言歎未曾有以天寶華聚散多寶佛及
釋迦牟尼佛上尒時多寶佛於寶塔中分半
座與釋迦牟尼佛而作是言釋迦牟尼佛可
就此座即時釋迦牟尼佛入其塔中坐其半
座結跏趺坐尒時大眾見二如來在七寶塔
中師子座上結跏趺坐各作是念佛座高遠
唯願如來以神通力令我等俱處虛空即
時釋迦牟尼佛以神通力接諸大眾皆在虛
空以大音聲普告四眾誰能於此娑婆國土
廣說妙法華經今正是時如來不久當入涅
槃佛欲以此妙法華經付囑有在尒時世尊
欲重宣此義而說偈言
聖主世尊　雖久滅度　在寶塔中　尚為法來
諸人云何　不勤為法　此佛滅度　无數劫
處處聽法　以難遇故　彼佛本願　我滅度後
在在所往　常為聽法　又我分身　无量諸佛
如恒沙等　來欲聽法　及見滅度　多寶如來
各捨妙土　及弟子眾　天人龍神　諸供養事
令法久住　故來至此　為坐諸佛　以神通力
移无量眾　令國清淨　諸佛各各　詣寶樹下

各捨妙主　及弟子眾　天人龍神　諸供養事
令法久住　故來至此　為坐諸佛　以神通力
移无量眾　令國清淨　諸佛各各　詣寶樹下
如清淨池　蓮華莊嚴　其寶樹下　諸師子座
佛坐其上　光明嚴飾　如夜暗中　燃大炬
身出妙香　遍十方國　眾生蒙薰　喜不自勝
譬如大風　吹小樹枝　以是方便　令法久住
告諸大眾　我滅度後　誰能護持　讀誦斯經
今於佛前　自說誓言　其多寶佛　雖久滅度
以大誓願　而師子吼　多寶如來　及與我身
兩集化佛　當知此意　諸佛子等　誰能護法
當發大願　令得久住　其有能護　此經法者
則為供養　我及多寶　此多寶佛　處於寶塔
常遊十方　為是經故　亦復供養　諸來化佛
莊嚴光飾　諸世界
多寶如

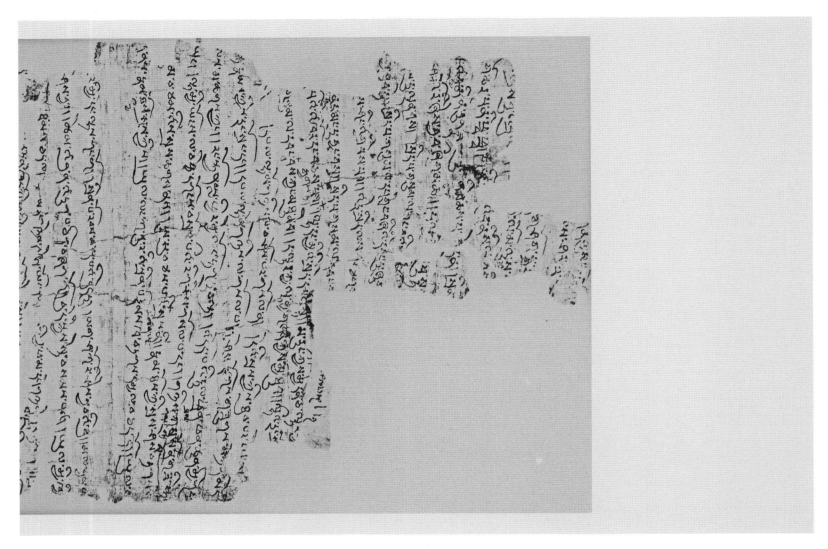

英 IOL.Tib.J.VOL.141　　1.རཱ་མ་ཎའི་གཏམ་རྒྱུད།
　　　　　　　　　　　1.羅摩衍那的故事　　　(11-1)

英 IOL.Tib.J.VOL.141　　1.རཱ་མ་ཎའི་གཏམ་རྒྱུད།
　　　　　　　　　　　1.羅摩衍那的故事　　　(11-2)

英 IOL.Tib.J.VOL.141　1.རཱ་མ་ཎའི་གཏམ་རྒྱུད།
1.羅摩衍那的故事　　(11–5)

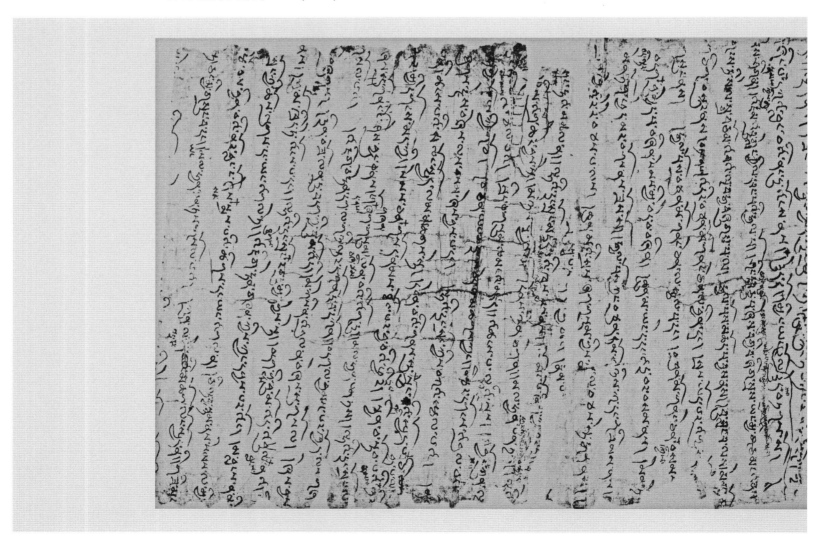

英 IOL.Tib.J.VOL.141　1.རཱ་མ་ཎའི་གཏམ་རྒྱུད།
1.羅摩衍那的故事　　(11–6)

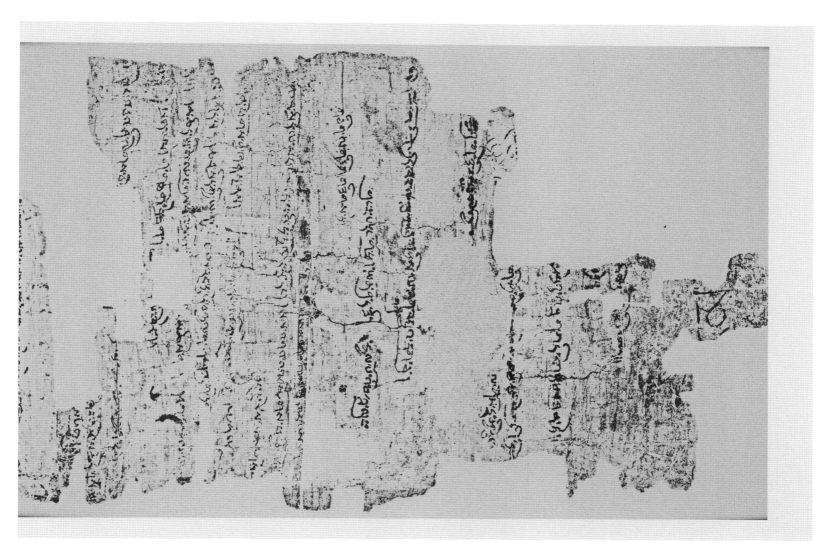

英 IOL.Tib.J.VOL.141　2.འཕྲིན་ཡིག
　　　　　　　2.書函　　　(11-7)

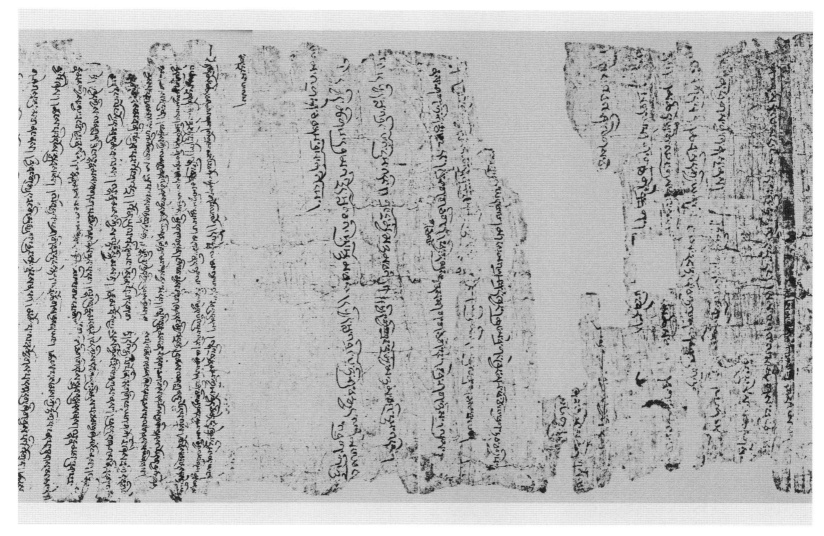

英 IOL.Tib.J.VOL.141　2.འཕྲིན་ཡིག　　3.རྡ་མ་ཎའི་གཏམ་རྒྱུད
　　　　　　　2.書函　　　3.羅摩衍那的故事　　(11-8)

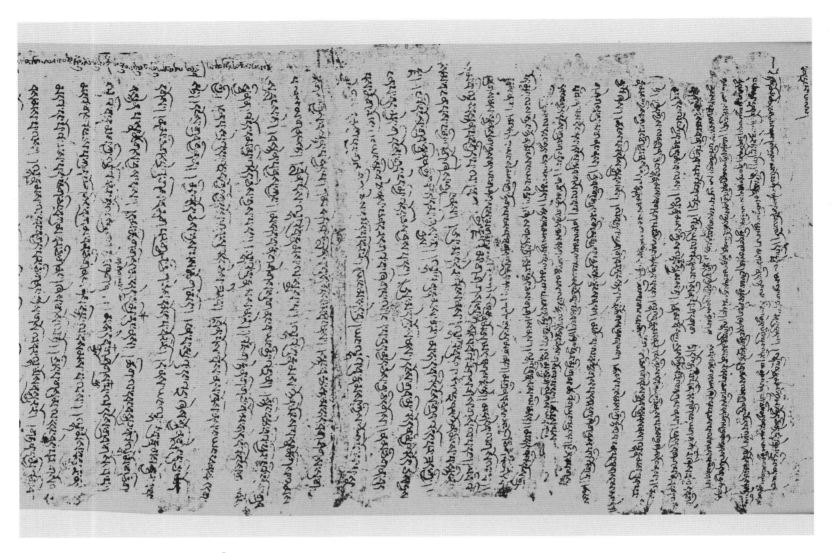

英 IOL.Tib.J.VOL.141　　3.ར་མ་ཎའི་གཏམ་རྒྱུད།
　　　　　　　3.羅摩衍那的故事　　　(11-9)

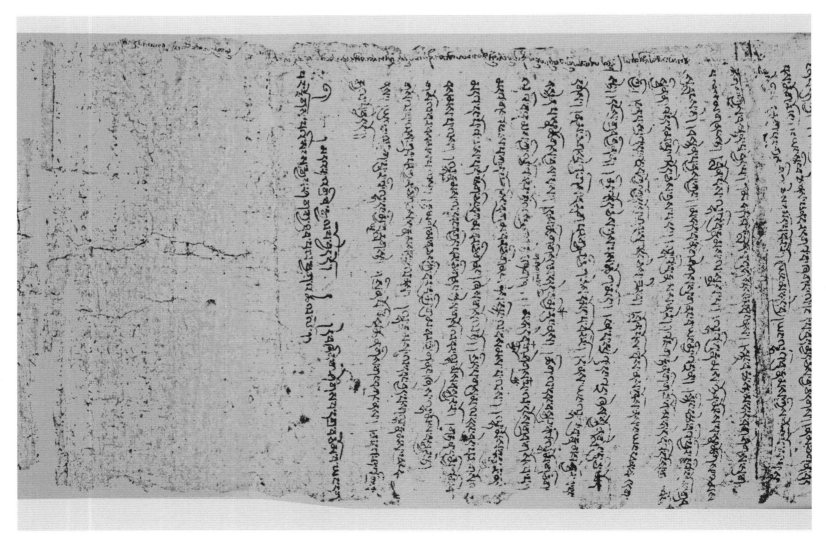

英 IOL.Tib.J.VOL.141　　3.ར་མ་ཎའི་གཏམ་རྒྱུད།
　　　　　　　3.羅摩衍那的故事　　　(11-10)

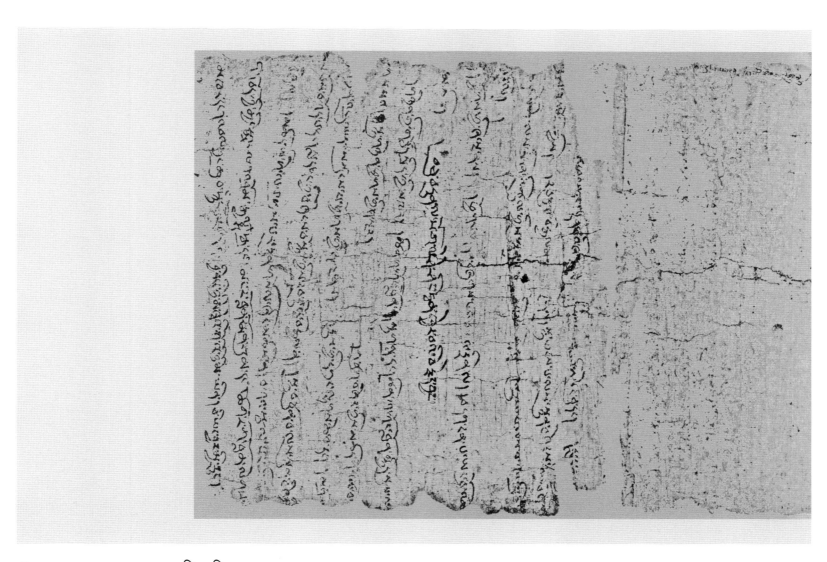

英 IOL.Tib.J.VOL.141　4.འཕྲིན་ཡིག
4.書函　　(11–11)

英 IOL.Tib.J.VOL.142　1.ཐོ་མོའི་མོ་ཡིག

1.骰卜書　　(8-1)

英 IOL.Tib.J.VOL.142　1.ཐོ་མོའི་མོ་ཡིག

1.骰卜書　　(8-2)

英 IOL.Tib.J.VOL.142 1.ན་མོའི་མོ་ཡིག
　　　　　　　　　　1.骰卜書　　(8-3)

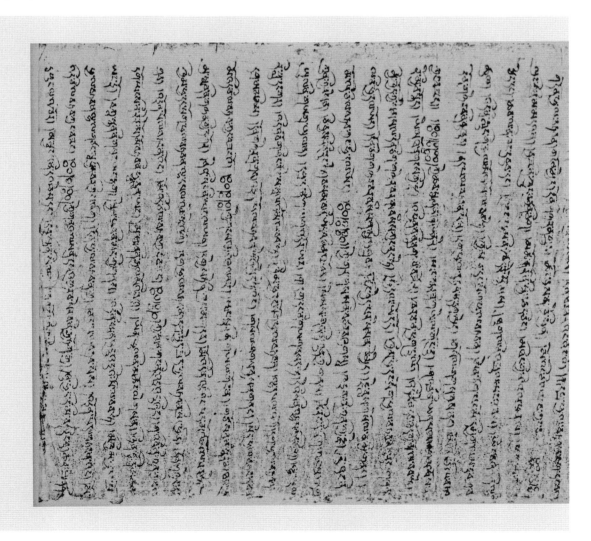

英 IOL.Tib.J.VOL.142 1.ན་མོའི་མོ་ཡིག
　　　　　　　　　　1.骰卜書　　(8-4)

英 IOL.Tib.J.VOL.142　2.ཤེས་རབ་ཀྱི་ཕ་རོལ་དུ་ཕྱིན་པ་སྟོང་ཕྲག་བརྒྱ་པ།

2.十萬頌般若波羅蜜多經　　　(8–5)

英 IOL.Tib.J.VOL.142　2.ཤེས་རབ་ཀྱི་ཕ་རོལ་དུ་ཕྱིན་པ་སྟོང་ཕྲག་བརྒྱ་པ།

2.十萬頌般若波羅蜜多經　　　(8–6)

202

英 IOL.Tib.J.VOL.142　2.ཤེས་རབ་ཀྱི་ཕ་རོལ་དུ་ཕྱིན་པ་སྟོང་ཕྲག་བརྒྱ་པ།

2.十萬頌般若波羅蜜多經　　　(8-7)

英 IOL.Tib.J.VOL.142　2.ཤེས་རབ་ཀྱི་ཕ་རོལ་དུ་ཕྱིན་པ་སྟོང་ཕྲག་བརྒྱ་པ།

2.十萬頌般若波羅蜜多經　　　(8-8)

金光明經序

金光明經者教窮滿字金
真空寶塔踊於地上三身果
滿十地曰圓顯晨備之具之
得稱於斯將知能弘贊人其
與善寺沙門釋寶貴者即此
秋齊明近寔日良才覩開群經
相瞿曇身子孔氏頹潤者烏然貴覩必
門文敏度合兩支兩生三家維
五本為一部作八卷又合一支兩生三家維
摩三本為一部作五卷今沙門僧就又合二
讖羅什耶舍四家大集四本為一部作六十
卷非止收涓滄海然是聚芥陪山諸山合經
文義完具斯既先詁遺踪貴遂依承以為規
矩而金光明見有三本初在涼世有曇無讖
譯為四卷止十八品其次周此闍那崛多譯
為五卷成廿品後遠梁世真諦三藏於建康
譯三身分別業障滅陀羅尼最淨地依空滿
無識法師稱金光明經篇品闕漏每尋文揣
義謂此經祕奧後公云何竟无嗚累舊雖
三譯本疑末周長想梵文顥言逢遇大隋
馱寓新經即來帝勒所司相續翻譯至十七

三譯本疑末周長想梵文顥言逢遇大隋
馱寓新經即來帝勒所司相續翻譯至十七
年注席小間曰勸諸北天竺捷陁羅國三
藏法師山士志德重尋後本果有嗚累品復
得銀主陁羅屈品故知法典源散派別徐分
永注未流理難全具賴三藏法師慧性沖明
學業優遠內外經論多所博通在京大興善
寺即為翻譯弁前先出合廿四品寫為八卷
彥琮校練寶珠既之欣躍載深顥山法燈傳
之永劫

金光明經序品第一

如是我聞一時佛在王舍大城者闍崛山是
時如來遊於无量甚深法性諸佛行處過諸
菩薩所行清淨是金光明諸經之王若有聞
者則能思惟无上微妙甚深之義如是經典
常為四方四佛世尊之所護持東方阿閦南
方寶相西无量壽北微妙聲我今當說懺悔
等法所生功德為无有上能壞諸苦盡不善
業

一切種智　而為根本　无量功德　之所莊嚴
滅除諸苦　與无量樂
諸根不具　壽命損減　貧窮困苦　諸天捨離
親厚鬪訟　王法所加　各各忿諍　財物損耗
慈憂恐怖　惡星災異　眾邪盅道　憂惱相續

金光明經卷第一（上段）

諸根不具　壽命損減　貧窮困苦　諸天捨離
親厚闘訟　王法所加　各各怨諍　財物損耗
愁憂恐怖　惡星災異　衆邪蠱道　憂惱相續
是經威德　能卷消除　如是諸惡　令其家滅
卧見惡夢　晝則愁惱　當淨洗浴　夜叉之衆
至心清淨　著淨潔衣　專聽是經　甚深行處
護世四王　將諸官屬　弁及無量　聽是經典
卷來擁護　是持經典　大辯天神　屋建河神
毘子母神　地神堅牢　大梵尊天　三十三天
大神龍王　緊那羅王　迦樓羅王　阿脩羅王
與其眷屬　悉共至彼　擁護是人　晝夜不離
我今所説　諸佛世尊　甚深秘密　微妙行處
億百千劫　甚難得值
若得聞經　若為他説　若心隨喜　若設供養
如是之人　於無量劫　常為諸天　八部所敬
如是修行　生功德者　得不思議　無量福聚
亦為十方　諸佛世尊　深行菩薩　之所護持
若得聽聞　當得善得　歡喜悅豫　深樂是典
身意清淨　無有垢穢　慈心供養　常不遠離
善淨衣服　以上妙香　人身人道　及以正命
若聞懺悔　執持在心　是上善根　諸佛所讃

金光明經壽量品第二

尒時王舍城中有菩薩摩訶薩名曰信相已
曾供養過去无量億那由他百千諸佛種諸
善根是言曰菩薩生是思惟何因可司可緣釋迦

英 IOL.Tib.J.VOL.143　1.འཕགས་པ་གསེར་འོད་དམ་པའི་མདོ། རྒྱ་ཡིག
1.金光明經卷第一（漢文）　　　（34-3）

金光明經卷第一（下段）

尒時王舍城中有菩薩摩訶薩名曰信相已
曾供養過去无量億那由他百千諸佛種諸
善根是信相菩薩作是思惟何因何緣釋迦
如來壽命短促方八十年復更念言如佛所
說有二因緣壽命得長何等為二一者不煞
二者施食而我世尊於无量百千億那由他
阿僧祇劫修不煞戒具足十善飲食惠施不
可限量乃至身骨髓血肉充足飽滿飢餓
衆生況餘飲食大士如是至心念佛思是義
時其室自然廣博嚴事天紺瑠璃種種衆寶
雜廁間錯以戒其地猶如如來所居淨土有
妙香氣過諸天香焗雲垂遍滿其室其室有
四面各有四寶妙座上妙高座北方有諸佛
南方名寶相西方无量壽東方名阿閦是
四如來自然而坐師子座上放大光明照四
舍城及此三千大千世界乃至十方恒河沙
等諸佛世界兩諸天華作天伎樂尒時三千
大千世界所有衆生以佛神力受天快樂諸
根不具即得具足舉要言之一切世間所有
利益未曾有事悉皆出現
尒時信相菩薩見是諸佛及所有事歡喜踊
躍恭敬合掌向諸世尊至心念佛作是思惟
釋迦如來无量功德唯壽命中心生疑惑云

英 IOL.Tib.J.VOL.143　1.འཕགས་པ་གསེར་འོད་དམ་པའི་མདོ། རྒྱ་ཡིག
1.金光明經卷第一（漢文）　　　（34-4）

尔時信相菩薩見是諸佛及聞有事歡喜踊
躍恭敬合掌向諸世尊至心念佛作是思惟
釋迦如來无量功德唯壽命中心生疑或云
何如來壽命如是方八十年尔時四佛以正
徧知告信相菩薩善男子汝今不應思量如
來壽命短促何以故善男子我等不見諸天
世人魔眾梵眾沙門婆羅門人及非人有能
思筭如來壽量知其齊限唯除如來時四如
來將欲宣暢釋迦文佛所得壽命由他菩薩
諸龍鬼神乾闥婆阿脩羅迦樓羅緊那羅摩
睺羅伽及无量百千億那由他菩薩摩訶薩
以佛神力志來眾集信相菩薩摩訶薩室尔
時四佛於大眾中略以偈喻說釋迦如來所
得壽量而住頌曰

一切諸水　可知幾滯　无有能數　釋尊壽命
諸須彌山　可知斤兩　无有能量　釋尊壽命
一切大地　可知塵數　无有能筭　釋尊壽命
虛空分界　尚可盡邊　无有能計　釋尊壽命
不可計劫　億百千万　佛壽如是　无量无邊
以是因喻　故說二緣　不害物命　施食无量
是故決今　壽不可計　无量无邊　亦无齊限

尔時信相菩薩摩訶薩聞是四佛宣說如來
壽命无量深心信解歡喜踊躍說是如來壽

是故決今　不應於佛　无量壽命　而生疑或
尔時信相菩薩摩訶薩聞說釋迦如來壽
命品時无量无邊阿僧祇眾生發阿耨多羅
三藐三菩提心時四如來忽然不現
尔時信相菩薩彼諸佛邊言諸世尊云何彼釋迦
諸世尊告信相菩薩言諸善男子彼釋迦
牟尼如來顯示如是短少壽量如是彼釋迦
眾生少善根眾生我見眾生命見養育當
伽羅見耶見我見所執著等中為利益諸凡夫
眾生及外道尼乾陀波梨婆闍等故世尊
五濁世時出現於世壽百歲生中於下信解
少壽量彼等眾生若知如來入涅槃已發生
苦想希有想未曾有想憂愁想速當受如是
苦想希有想未曾有想憂愁想速富受如是
等備多羅當時讀誦當不毀謗是故如來顯
示如是短少壽量彼等眾生若見如來不入
涅槃不生希有憂愁想未曾有想不持讀誦
者何謂常見故諸備多羅所以者何如有一丈夫父母
多有錢財果報然彼善男子辭如有一丈夫諸子知財聚已不
生希有想未曾有想所以者何謂多果報故

者何謂常見故善男子譬如有一丈夫父母
多有錢財果報然彼丈夫諸子知財聚已不
生希有想未曾有想所以者何謂多果報故
善男子如是如彼等眾生若知如來不入
涅槃已不生希有想未曾有想難得想所以
者何謂常見故善男子如是如彼等辟如
貧窮少有果報故善男子或詣王及王大臣家中
彼於彼處見滿倉庫種種眾寶彼於彼處得
故勤勞發精進意欲得彼財聚故所以者
何謂少果報故善男子如是如彼等眾生
若見如來已入涅槃當得希有得未曾有當
生苦想於无量時諸佛世尊乃出於世如是
優曇婆羅花於无量時乃當出於世如是
諸佛世尊於无量時乃當出彼等眾生得
希有行得未曾有當得踊躍言時當受如是
則當信向若聞如來寶語言時當見如是
久住世速當涅槃善男子諸佛世尊隱沒
便善巧成熟眾生於時彼等諸佛世尊以
不現令時信相菩薩與无量百千菩薩及无
量俱致那由多百千眾生詣者闍崛山釋迦
牟尼如來匹偏知所到巳頂礼佛足却住一
面住一面巳信相菩薩摩訶薩白佛如上所
究者菩薩摩訶薩白佛世尊詣者闍崛山釋

英 IOL.Tib.J.VOL.143　1.འཕགས་པ་གསེར་འོད་དམ་པའི་མདོ། རྒྱ་ཡིག
1.金光明經卷第一（漢文）　（34-7）

牟尼如來匹偏知所到巳頂礼佛足却住一
面住一面巳信相菩薩摩訶薩白佛如上所
說諸事乃至彼等諸佛世尊詣者闍崛山釋
迦牟尼如來所到巳各各隨方各各吉待者菩薩言
坐令時彼等諸菩薩摩訶薩詣者菩薩言
問訊少病少惱輕起氣力安樂行不復語是言
哉釋迦牟尼如來令欲說金光明法本我
等富隨喜令時彼等諸菩薩摩訶薩詣者諸菩薩摩訶薩
巳却住一面巳彼彼等諸菩薩摩訶薩
白佛言世尊四方四佛彼彼等諸菩薩
牟尼如來所到巳頂礼釋迦牟尼如來足礼
苄等令時彼等諸菩薩摩訶薩詣者顏
我釋迦牟尼如來令欲說金光明法本我
問訊少病輕起氣力安樂行不復語是言
輕起氣力安樂行不復住是言善哉善男子牟尼
說金光明修多羅法本為諸眾生利益安樂
故乃至除滅飢儉等故令時世尊釋迦牟尼
如來讚諸菩薩眾言善哉善男子汝等
乃能為諸眾生勸請如來令世尊而說

偈言

我不離此山　常說此經寶
凡夫淺薄見　不信我所說
成就眾生故　示現般涅槃

是時大會有婆羅門姓憍陳如名曰日暉說在
於眾中諦心安坐无量百千婆羅門眾前後
圍遶而共恭敬供養如來聞佛世尊壽命八
十應般涅槃涕淚悲泣與於百千婆羅門眾
俱從坐起頂礼佛足白佛世尊若佛如來憐

英 IOL.Tib.J.VOL.143　1.འཕགས་པ་གསེར་འོད་དམ་པའི་མདོ། རྒྱ་ཡིག
1.金光明經卷第一（漢文）　（34-8）

圍遶而共恭敬供養如來聞佛世尊壽命八
十應般涅槃縣涕悲泣與於百千婆羅門衆
俱從坐起頂礼佛足白佛世尊若佛如來憐
愍利益一切衆生大慈大悲欲令皆悉得大
安樂為世間作歸依覆護令諸衆生快樂清涼
等為世間住歸依真實父母无上无等及无等
如淨滿月住大光明如日照於優陂延山若
佛世尊等觀衆生如羅睺羅顧佛為我施一
恩德是時如來嘿然不荅於此山會中有栗車
毗國王童子名曰一切衆生見在大衆中
其之辯辯惆陳如言大婆羅門汝於世尊求何
婆羅門惆陳如言大婆羅門汝於世尊求何
恩德我能為汝略説之
子我等顧欲恭敬供養如來世尊之身是故欲得
善男子及善女人恭敬供養如來舍利六天
如來舍利如芥子許所以者何如我所聞若
帝主富貴安樂无得是時王子即便荅
言大婆羅門汝一心聽若欲顛求无量功德
及六天報聲聞緣覺乃至如此經攝持福如是
報无窮福報不可思議我今為汝略説之
功德无邊難解難覺乃至如此說若善男子及善
耳婆羅門言善哉王子如是金光微妙經典
功德无邊難解難覺住如此說若善男子及善
菩邊國婆羅門等住如此說若善男子及善
女人得佛舍利如芥子許置小塔中輒時礼

等邊國婆羅門等住如此說若善男子及善
女人得佛舍利如芥子許置小塔中輒時礼
拜恭敬供養功德无邊是人命終作六天主
受上妙樂不可窮盡汝今何而不頗樂供
養舍利求此報耶如是王子以是因緣我今
從佛欲求一恩是時王子即以偈荅婆羅門
言
設河駛流中　可生物物華　世尊中舍利　畢竟不可有
假使烏赤色　抱抂羅白形　世尊真實身　不可成舍利
設使閻浮樹　能生多羅菓　佉受羅樹等　轉生菴婆菓
如來身无滅　不可生舍利　誑使鼁毛等　可以為衣裳
佛身非虛妄　无有舍利事　假使蚊角擡　蹹登菴角擡
如來騎蛇身　解脱无是處　假使蛭蚰脚　口中生白齒
如來畢竟滅　終无是處　食月除脩羅　可以作城樓
於舍利无死　不能至三乘　如驢但飽食　從死有俊能
依思惟靜身　不能至三乘　如驢但飽食　自他无是處
歌儛令他樂　凡夫二乘等　能説及能行　自他无是處
假使烏與鵶　同時一樹栖　如婆羅奢等　不能逃風雨
舍利虛妄　俱有无是處　其之諸雀　不能逃風雨
於佛起虛妄　生死終不滅　法身无邊際　不淨地煩惱
新生女人力　執持无是處　臂如諸烏雀　不淨地煩惱
不能攝如來　其義亦如是　法身无邊際　不爲烏惱動
煩惱依法身　不爲煩惱動　如是如來身　甚深難思量

是時婆羅門聞此義已即便說偈答王子言

善哉善哉　汝真佛子　大吉祥人　善巧方便
於理不動　已獲正記　王子聽我　今次第說
庶世依廣　佛德難思　如來境界　无能知者
一切諸佛　如是等義　是如來法
一切諸佛　一切諸佛　後際常任
一切諸佛　同共一體
一切諸佛　不與他共　一切諸佛　本來寂靜
如來真身　非所造作　所以者何　諸佛无生
金剛不壞　內外无寺　亦現身相　隨化眾生
如來大仙　无有影像　如是身者　非於血肉
云何而得　有於舍利　為化眾生　方便示現
一切正覺　真法為身　法男清淨　是名如來
王子當知　佛身如是　如如來說　如是之義
我已聞知　為諸如來　廣開分別　真實之義
故求舍利　開方便門

是時會中三萬二千天子聞說如來如是甚
深壽量義已一切皆於无上菩提發堅固心
歡喜踊躍異口同音說偈讚言

一切如來　不服涅槃　一切諸佛　身无破壞
但為成熟　諸眾生故　方便勝智　亦現涅槃
前際如來　不可思議　後際如來　常先破壞

不能攝如來　其義亦如是　譬如諸為雀　不能衡香山
煩惱依法身　不為煩惱動　如來身　甚深難思量
若不如法觀　所顛不成就

名化身善男子是諸佛如來為諸菩薩得通
相應時相應行相應說法相應現種種身是
行随眾生界多種了別不待時處不過時處
力故故随眾生心随眾生
切眾生修種種法是諸修法至修行滿修行
了別化身善男子如來昔頒修行地中為一
三身攝受阿耨多羅三藐三菩提云何菩薩
者為三一者化身二者應身三者法身如是
吾當為汝分別解說善男子菩薩摩訶薩一
法正修行佛言善男子諦聽諦聽善思念之
白佛言世尊云何菩薩摩訶薩於諸如來如
起偏袒右肩右膝著地合掌恭敬以供養而
是時盧空藏菩薩摩訶薩在大眾中從座而

金光明經三身分別品第三

時四如來忽然不現是大會中唯釋迦在
等諸眾生類聞說是義於无上道皆得發心
身心快樂內外偏滿余時復有无量阿僧祇
迦壽命義已得滿所顛心无疑或踊躍歡喜
是時信相菩薩從諸如來及二大士聞說釋

中際如來　種種莊嚴　眾生法男　皆為利他
前際如來　不可思議　後際如來　常先破壞
但為成熟　諸眾生故　方便勝智　亦現涅槃

相應時相應行相應說法相應現種種身是
名化身善男子是諸佛如來為諸菩薩得通
達故說於真諦為通達生死涅槃一味故身
見眾生怖畏歡喜為无邊佛法而作本故如
來相應如如如智是身得現具足
三十二相八十種好項背圓光是名應身善
男子云何菩薩摩訶薩了別法身之一切諸佛智故
唯有如如如如智是名法身前二種身是假
名有是第三身名為真有為前二身而作本
故何以故離法如如離无分別智一切諸佛
无有別法何以故得清淨佛地是故法如
一切諸煩惱等障為欲具足一切善法故
如如如智攝一切佛法故復次善男子一切諸
佛利益自他至於究竟自利益者是法如如
利益他者是如如智於自他利益處而得自
在種種无邊用故如如智无量无邊
種種業說種果報依如是法如如說種
種善佛法說種種緣覺法說種種聲聞法依
法如如依如如智一切佛法得自在成就是為
第一不可思議譬如畫空任莊嚴具亦難
思議如是於法如如如如智攝成佛法亦難
思議善男子云何法如如如如智二種无分
別而得自在故種種事善男子譬如來入般涅槃
頗自在故種種事未盡故如是法如如如

別而得自在故種種事善男子譬如來入般涅槃
頗自在故種種事未盡故如是法如如如如智亦无分
智而得自在事復次善男子譬如摩訶薩入无心定
依前顯力從樺定起事如是二法无有分別得
自在事故善男子譬如日月无有分別亦无分別
水鏡无有分別光明亦无分別以顯
得有影如如无有分別亦无分別三種和合故
自在故衆生有感故應化二身如日月影
合出生復次善男子現種種无量无邊
以顯力故應於二身一切諸佛說有
善男子如是受化之衆諸弟子等是法身地
於光故空如是如如智現種種相根於法身
无有異相善男子依此二身一切諸佛說有
涅槃何以故二身故不住涅槃離於法身
餘究竟盡故依此三身一切諸佛說无住處
餘涅槃依法身者說无餘涅槃何以故一切
无有別佛何以故為二身故假名不
實念念滅不住故不住涅槃二身不二是故
不令是故二身故有縛有障遠離三身善男
不至三身何者為三一者思惟分別二者
依他起相三者成就相如是諸相不能解故
不能滅故不能淨故是故不得至於三身如
是三相能解能滅能淨是故諸佛具足三身

不能滅故不能淨故是故諸佛具足三身如
是三相能解能滅能淨是故不得至於三身
善男子諸凡夫人未能拔除於三心故遠離
三身不能至故何者為三一者起事心二者
依根本心三者根本心依諸伏道起事心盡
依法斷道依根本心盡依勝拔道根本心盡
起事心滅得顯化身依根本心滅得顯應身
根本心滅得顯法身是故一切如來具足三
身善男子一切諸佛於第一身與諸佛同事
於弟二身與諸佛同意於第三身與諸佛同
種種之相是故說多弟二佛身弟子一意故
體善男子是初佛身隨眾生意有多種故現
身依於應身者現是故弟二身依於法身
現一相境界是故說名不一不二不善男子
身子如是三身以有義故說於常以有義
故說於無常化身者恒轉法輪處處方
便相續不斷故是故說無常應身者從
用不具是現故說無始生死
相續不斷一切諸佛不共之法能攝持故眾
生未盡用亦不盡是故說常非是本故說
无常法身者非是行法无有異異是自本故

生未盡用亦不盡是故說常非是本故說
无常法身者非是行法无有異異是自本故
猶如虛空如如无朦境界是故說常善男子離无分別智更
无朦智離法如如无朦境界是法如如如不一不異是法身具
清淨故滅清淨故是二清淨是故清淨法身具
之清淨復次善男子分別有四種有化身
非應身有應身非化身有應身非化
身亦應身亦化身如來巳般涅
槃以顯目在故如是之身即是化身何者應
身非應身何者化身非應身是如
餘涅槃膝如來往有化身非應身是如
來法身者二无所有何者名
為二无所有於此山法身相及相應二皆是無
非有非无非一非二非數非明非闇如
是如如智不見相及相應不見非有非不
見非一非異不見非數非數非明非
閣是故境界清淨智慧清淨不可分別无有
中間為城道本故於此山法身顯現如來善男
子是身曰緣境界處所果依於本難思量故
若子是身即是大乘是如來性是如來
藏依於山身得發初心修行中心而得顯現
不退地心亦皆得見一生補處心金剛之心
如來之心而卷顯現无量无邊如來妙法皆

藏依於此身得發初心修行中心而得顯現
不退地心亦皆得見一生補處心金剛之心
如來之心而悲顯現无量无邊如來妙法皆
卷顯現依此法身不可思議摩訶三昧而得
於三昧依於智慧而得顯現如此法身依於
顯現依此法身得現一切大智是故二身依
自體說常說實依大三昧故說於樂依於大
智故說清淨是故如來常住自在安樂清淨
依大三昧一切禪定首楞嚴等一切念處大
法念等大慈大悲一切陀羅尼一切六神通
一切自在一切法平等攝受佛法皆悉出現
依此大智佛大十力四无所畏四无导辯一
百八十不共之法一切希有不可思議法皆
悉顯現譬如依如意寶珠出无量无邊種種
諸寶悉皆得現如是依大三昧寶依大智慧
寶出種種无量无邊諸佛妙法之寶善男子
如是法身三昧智慧過一切相不著於相不
可分別非常非斷是名中道雖有分別无體
分亦无所執无三體亦无能執法體如如夢
幻亦无所執一切眾生如如是解脫處
過死王境界越生死闇一切眾生不能修行
所不能至一切諸佛菩薩之所住處善男子
辟如有人顏欲得金廣求覓金即見金鑛
既得見已即便破鑛選擇取金以內爐中加
以銷治得清淨金隨意迴轉作諸鐶釧種種

既得見已即便破鑛選擇取金以內爐中加
以銷治得清淨金隨意迴轉作諸鐶釧種種
嚴具雖復諸用金性不改善男子善女人求
正修行而得清淨雖於不淨諸佛如來及弟
子眾如是思惟是善男子善女人欲求清淨
欲聽正法如是知已即便說正法是善男子善女
人已聞正法正念憶持發心修行得精進力
破懈怠障破懈怠鄣已滅除一切罪鄣破
鄣已於菩薩學處破无尊重鄣破重鄣
已破悼悔心破悼悔心已入於初地依於初
地拔利益鄣拔利益鄣已入於二地依於二
地破不遍惚困苦鄣破此鄣已入於三地依
此三地破心輕淨鄣破心輕淨鄣已入於四
地依此四地破善方便鄣破善方便鄣已入
於五地依此五地破見真俗鄣破見真俗鄣
已入於六地依此六地破見行相鄣破見行
相鄣已入於七地破八地依此八地破不
見生相鄣破不見生相鄣已入於九地依此
九地破六通鄣破六通鄣已入於十地依此
十地破一切所知鄣破一切所知鄣已拔除
本心入如來地如來地者為三種淨故得極
肯淨可者為三一者煩惱淨二者苦淨三者

十地破一切所知郭破一切所知郭已拔除
本心入如來地如來地者為三種淨故得極
清淨何者為三一者煩惱淨二者苦淨三者
相淨譬如有金鑛銷練治既燒打已无復塵
垢為顯金體本清淨无復微濁為顯水性清
淨不為无水如是法身无煩惱譬如空中烟雲塵霧
是法身清淨不為无體譬如空如是法身一
皆卷已淨是空清淨不為无空如是法身如
切諸苦卷滅盡故說清淨不為无體譬如
有人於卧寐中夢見大水流沉其身運手動
足逮流而上以其心力不懈退故從於此埠
得至彼埠既覺已不見有水彼此之埠生
死妄想既滅盡已是覺清淨不為无覺如是
法界一切妄想不復更生故說清淨不為无
體說於清淨復次善男子是法身者煩惱
清淨故能現應身業郭清淨故能現化身
郭清淨故能現法身譬如依空出電依電出
光如是依於法身出於應身依於應身出於
化身是故性清淨攝受法身智慧清淨攝
受應身三昧清淨攝受化身是三清淨是法
如是不異如如一味如如解脫如如完竟如
如是故諸佛體一不異善男子若有善男子
善女人說於如來是我大師當知是善男子

如是故諸佛體一不異善男子若有善男子
善女人說於如來之身无有別身善男子是
故於一切境界不正思惟卷除斷故而於此
法无有分別瞙所緣行於如如无一一相法
中以於行故如是如是一切種郭皆除
滅如如一切郭滅如是如是法如如如如智
取得清淨如如法界智慧清淨如是一
郭卷滅除故一切種清淨故得一切自在者
一切自在其足攝受故得一切如如智相如
是見者是則名為真實見佛何以
故如如得見是故如來見一切如
何以故聲聞緣覺已出三界覺於真境不能
知見如是睚人所不知見一切凡夫皆生疑
或顛倒分別不能得度譬如菟子欲度大海
何以故不能通達法如如故一切如如无分
別心於一切法得於大自在无量无邊阿僧祇劫
上无此比是慮最勝不可思議過言說是方
不惜身命難行能行為得此身如此之身甚
故自境界不共他善男子如是知見如此
寂靜過一切怖畏善男子如是知見如是
生不老不死壽命无限无有復卧无有食身
心常在定无有散動若於如來起諍訟心則
不能得見於如來如來所說皆能利益有聽

生不老不死壽命无限无有寢臥无有食身
心常在定无有散動若於如来起諍訟心則
不能得見於如来如来所說皆能利益有聽
聞者皆蒙解脫若有惡人為惡翁默等不
相逢值於佛起佛果報无邊一切如来无无
記事一切境界无欲知心生死涅槃无有異
心如来所說无不决定諸佛如来四威儀中
无非智攝一切諸眾生者善男子若有善
芳恒得親近諸佛如来聽受正法常生諸佛
地獄餓鬼畜生阿脩羅道常生人天不為下
清淨国土何以故是甚深法得入於耳是善
男子如来已見已記當得於多羅三
競三菩提是善男子如是甚深之法得經於
耳當知是人不諦如来不諦正法不諦賢僧
一切眾生未種善根令得種善根令
增長成熟故一切世界所有眾生皆能行
六波羅蜜是時虛空藏菩薩梵幝四王諸天
眾等即從坐起編袒右肩合掌恭敬頂礼佛
足而白佛言世尊若有慶慶国主講說是金
光明微妙經典於其国土四種利益何者為
四一者国王軍眾強盛无諸怨敵離於病疫
正法興隆二者輔相大臣和悅无諍王所敬
愛三者沙門婆羅門及国邑人民備行正法

六波羅蜜是時虛空藏菩薩梵幝四王諸天
眾等即從坐起編袒右肩合掌恭敬頂礼佛
足而白佛言世尊若有慶慶国主講說是金
光明微妙經典於其国土四種利益何者為
四一者国王軍眾強盛无諸怨敵離於病疫
正法興隆二者輔相大臣和悅无諍王所敬
愛三者沙門婆羅門及国邑人民備行正法
多所利益年命長遠富速安樂於諸福田慈
修得立四者三時之中四大調適是諸眾生
增加守護慈悲平等心无傷害令一切眾天
誠心歸仰皆悉修行菩提之行如是四種利
益我等常當慶慶為作利益是故
善哉善哉善男子汝等應當如是修行如此經典
則久住於世

金光明經卷第一

英 IOL.Tib.J.VOL.143　2.ཤོ་མོའི་མོ་ཡིག
2.骰卜書　　　(34–23)

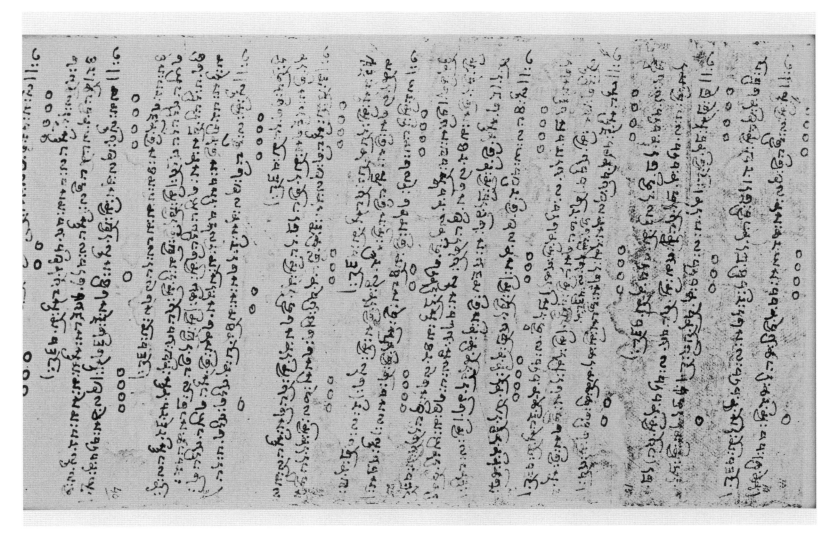

英 IOL.Tib.J.VOL.143　2.ཤོ་མོའི་མོ་ཡིག
2.骰卜書　　　(34–24)

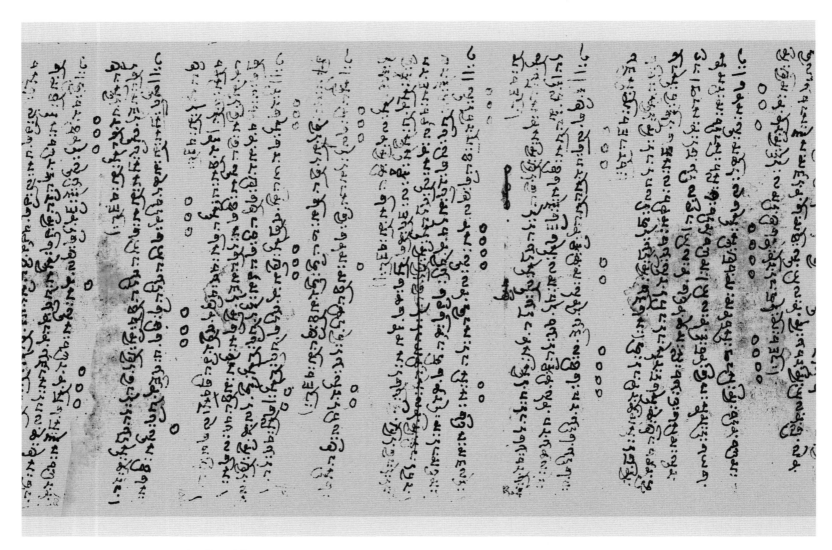

英 IOL.Tib.J.VOL.143　2.བོ་མོའི་མོ་ཡིག
2.骰卜書　(34–25)

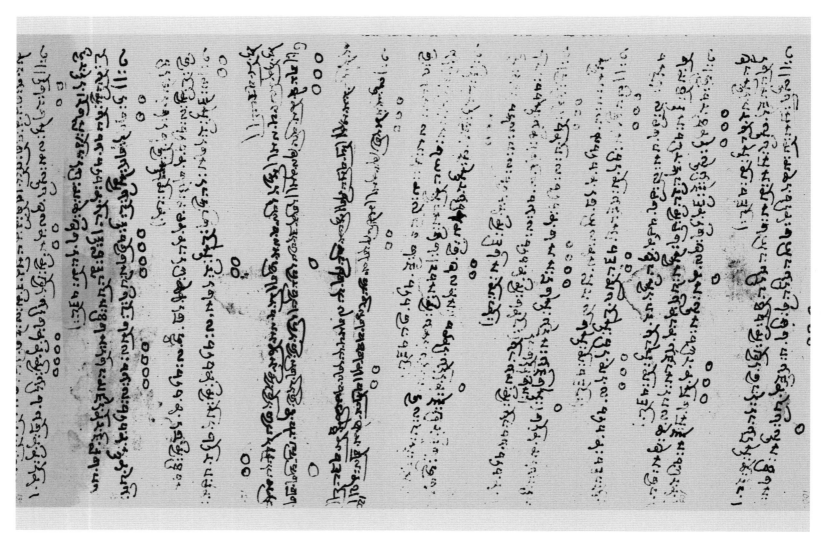

英 IOL.Tib.J.VOL.143　2.བོ་མོའི་ཡིག
2.骰卜書　(34–26)

216

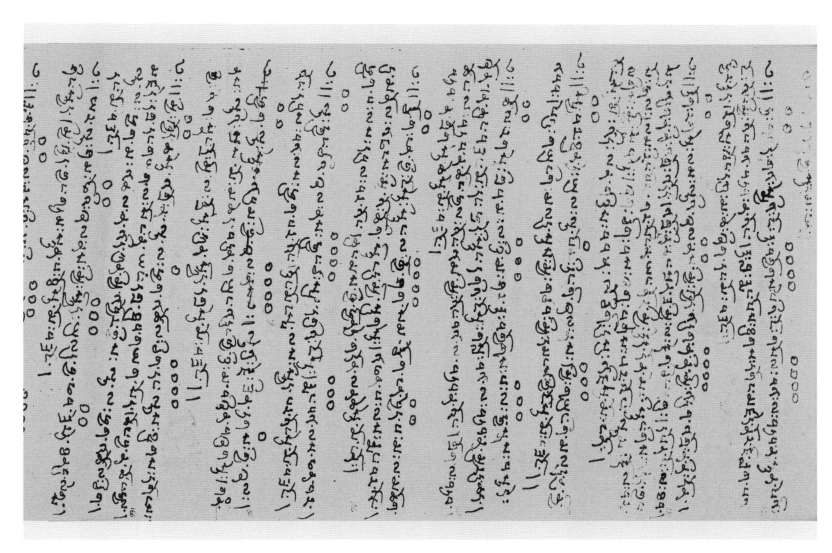

英 IOL.Tib.J.VOL.143　2.ཤོ་མོའི་མོ་ཡིག
　　　　　　2.骰卜書　　(34-27)

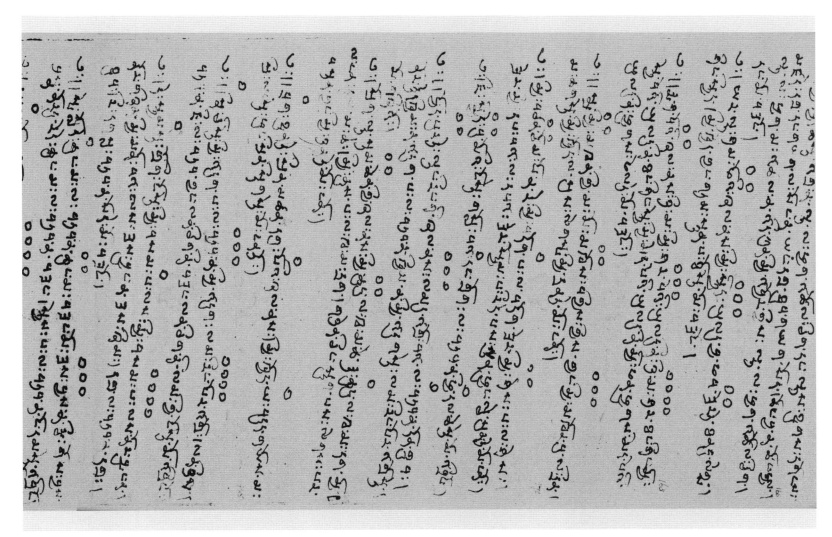

英 IOL.Tib.J.VOL.143　2.ཤོ་མོའི་མོ་ཡིག
　　　　　　2.骰卜書　　(34-28)

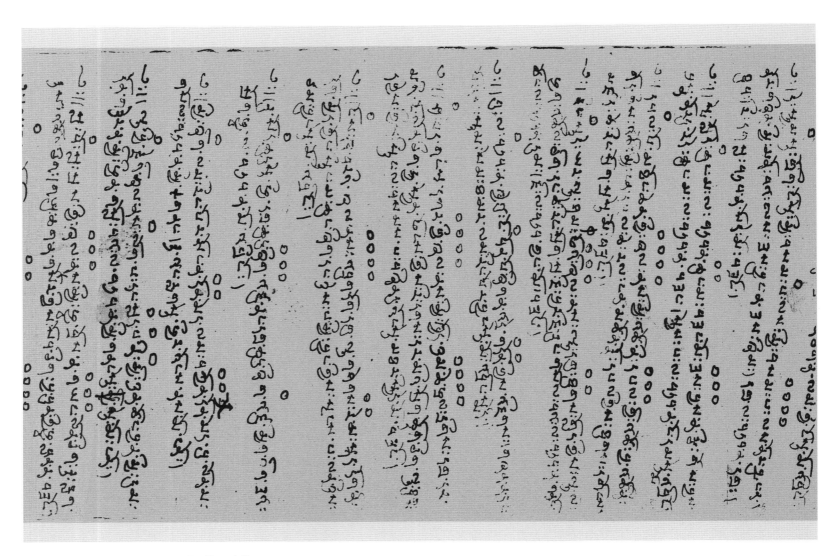

英 IOL.Tib.J.VOL.143　2.སྲོག་མོའི་མོ་ཡིག
2.骰卜書　　　(34-29)

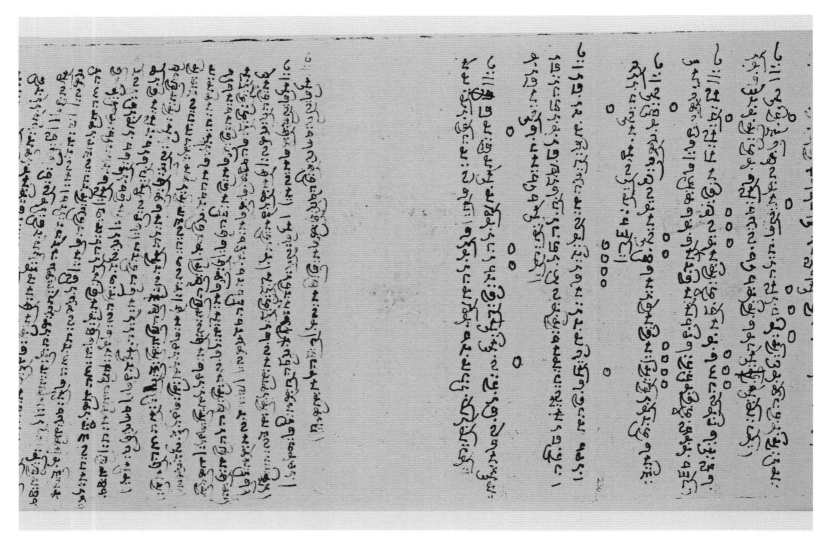

英 IOL.Tib.J.VOL.143　2.སྲོག་མོའི་མོ་ཡིག　3.ཁྲིག་ལོའི་བཀའི་ཞུང་བའི་མོ་ཆགས་ཀྱི་ཞུས་ལན།
2.骰卜書　　3.法律答問　　(34-30)

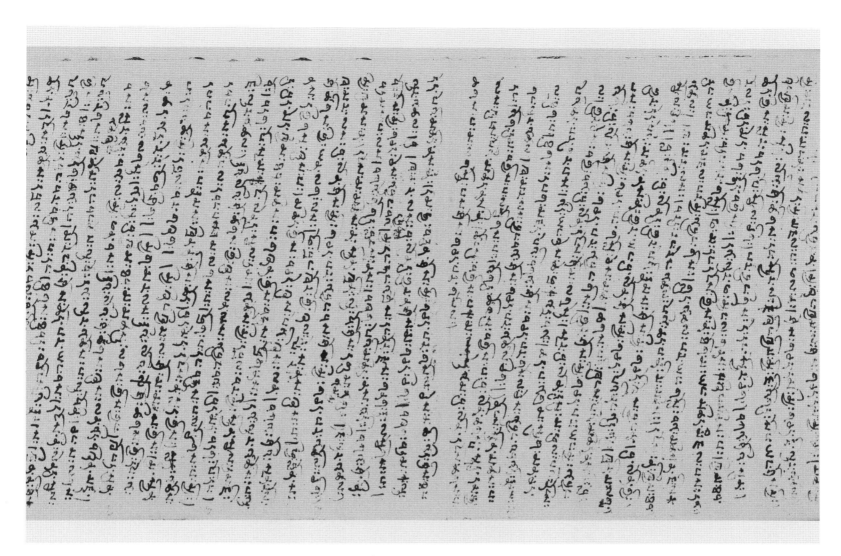

英 IOL.Tib.J.VOL.143　3.སློག་ལོའི་བཀའི་ནོ་བྱུང་བའི་ནོ་ཚིགས་ཀྱི་ཞུས་ལན།

3.法律答問　　　(34–31)

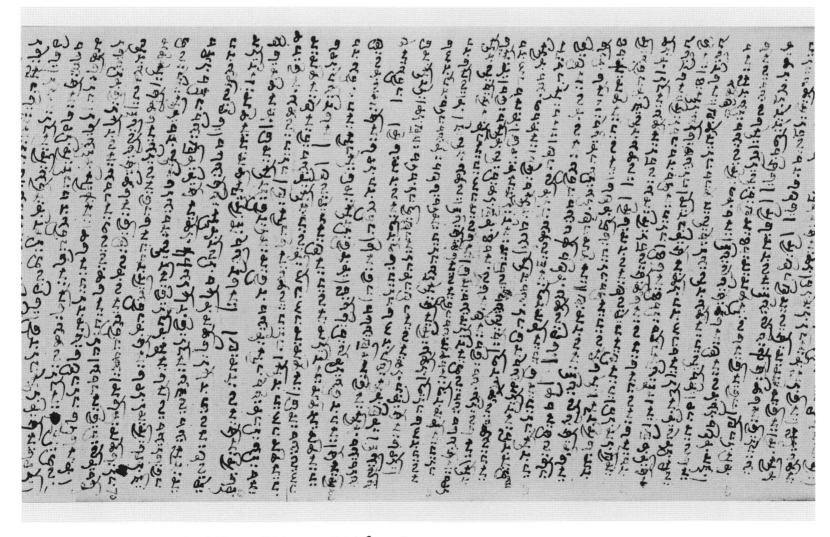

英 IOL.Tib.J.VOL.143　3.སློག་ལོའི་བཀའི་ནོ་བྱུང་བའི་ནོ་ཚིགས་ཀྱི་ཞུས་ལན།

3.法律答問　　　(34–32)

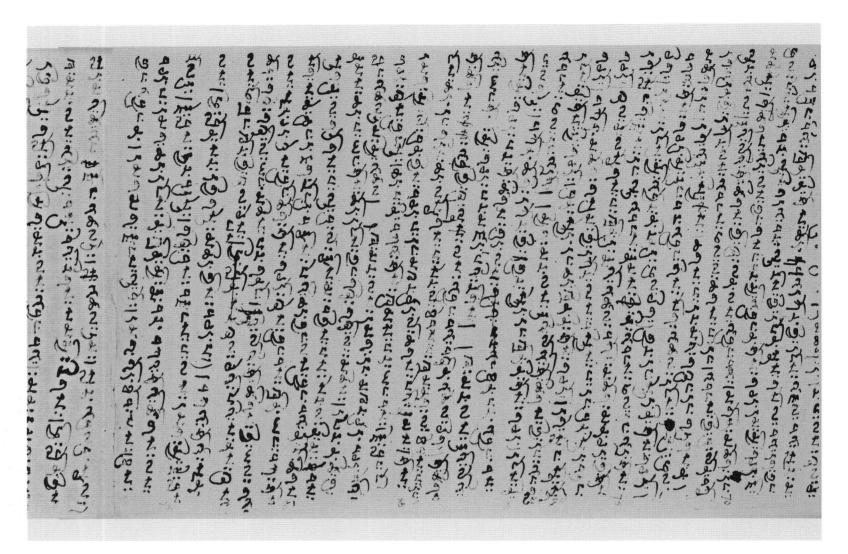

英 IOL.Tib.J.VOL.143　3.སྒྲིག་ལོའི་བཀའི་ཕོ་བྱུང་བའི་ཕོ་ཆེགས་ཀྱི་ཞུས་ལན།

3.法律答問　　(34-33)

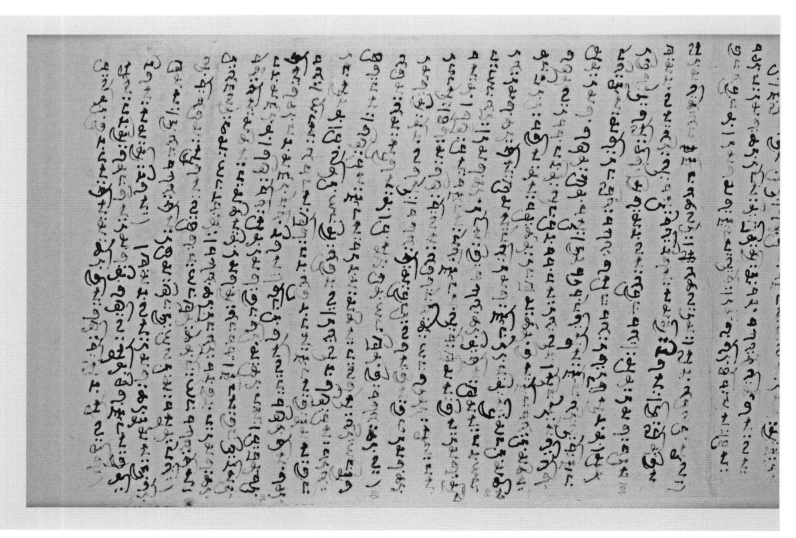

英 IOL.Tib.J.VOL.143　3.སྒྲིག་ལོའི་བཀའི་ཕོ་བྱུང་བའི་ཕོ་ཆེགས་ཀྱི་ཞུས་ལན།

3.法律答問　　(34-34)

（16-1）

諸佛正遍覺　知諸行無常　成有為變壞　故說受皆苦
又契經言於苦謂樂若顛倒者此別意說以
諸世間於諸樂受有一分樂中一向
計樂故成顛倒謂諸樂受若依異門亦有苦
性然諸世間唯觀為樂故成顛倒諸妙欲境
樂少苦多唯觀為樂故成顛倒諸有亦然故
不由此能證樂受受尤增理成顛倒諸有亦
若者佛說三受有何勝利若諸受自相實皆
者不應正理以世尊言我密說受元非苦故
又於觀五受說如實言故謂契經說所有樂
根所有喜根應知此二皆是樂受乃至廣說
復作是說若以正慧如實觀見如是五根三
結永斷乃至廣說又佛如何於一苦受隨順
世俗分別說三若謂世間於下上中苦如其
次第起樂苦三覺佛隨順彼說樂苦三理亦
不然樂亦三故應於下等三苦唯起上等樂
又受珠勝香味觸等所生樂時有何下苦
而世於中起樂受覺若許余時有下苦者如
是下苦已滅未生世應爾時有極樂覺此恒
受現在前時許受到明猛利可爾許中品受
眾苦都无有故受欲樂時微聞亦余又下品
現在前時與此相違如何應理又下三定說
受現在前時許受到明猛利可爾許中品受
有樂故應與此相違如何應理又下三定說
有樂故應有下苦以上諸地說有捨故應有

（16-2）

受現在前時許受到明猛利可爾許中品受
現在前時與此相違如何應理又下三定說
有樂故應有下苦以上諸地說有樂故應有
中苦定勝苦等三受又契經說佛告大名
苦如次違立苦樂等三受又契經說佛告大名
若色一向是苦非樂非苦非樂所隨乃至廣說故
知定有少分實樂如是且辯彼所引教顯无
實樂為證者此非正理違因義故謂觀
樂因皆不定故者此非正理違因義故謂觀
所依分位差別諸外境界方為樂因或為
因非唯外境若此外境至此外依如是分
能為樂因未嘗至此不為樂因是故樂因非
不決定如世間火觀所有炙至此火至此所貴
熟因或為遠因非唯彼火若此火至此所貴
炙如是分位為美熟回未嘗至此非美熟回
故美熟回非不決定樂回岂不未嘗至此能生苦故
又彼所說要治苦時起樂覺者准前已破謂
三靜慮中樂回豈不定樂回亦余决定理成又
受現珠勝香味觸等所生樂時對治何苦而世
於中起於樂覺設許余時轉應生極樂覺又彼
治苦已滅未生余時轉應生極樂覺又彼所說苦
樂治苦何故不生如是等時轉應說又彼所應
易脫中樂覺乃生如易肩者此身分位實能
非樂为主乃至口是少苦實有余分位實樂生成

樂治何故生如是等破准前應說又彼所說苦
易脫中樂覺乃生如易眉者此公位實能
生樂乃至身如是公位未滅前必有樂生滅
則不介若異此者此位後時樂應轉增苦漸
微故如是易脫身四威儀生樂解勞應知亦
介若先苦於眾後時何為欸然生於苦覺
由身變易公位別故如酒等後時有甘酢味
起是故樂受實有理成由此定知諸有漏行
三苦合故如應名苦即苦行體亦是集諦此
說必定違越契經契經唯說受為集者故經
彼經說置地界中此即別名說四識住故經
所說是密意言阿毗達磨依法相說然契中
說愛為集者偏說起因故又彼契經中
勝故說愛為集者偏說起因伽他中說業愛為九明
趣由何證知餘契經中亦說餘故如薄伽梵
業愛及九明　為因招後行
又契經說五種種子此即別名說有取識又
令諸有相續　名補特伽羅
伽他中言

顯示後行等有因有緣有緒故為別建立種
子及田說有取識及四識住故非唯愛為集
諦體何法名生若起果趣生等有相續
別自體出現說名為生若其次第為能生回水興
如種子與穀麥等別種類牙為能生回水興
一切先差別為起因業及有愛為生起
因應知亦介念謂有愛離愛二俱命終唯見有愛
必不起故由此理證愛為證離愛後有
者後有更起由此理證愛為證離愛後有生起
之隨愛故又由愛故相續趣後現見若於是
冢有愛則心相續皺趣於彼由此比知以有
愛故能令心相續馳趣後有又取後身更無有
法封執堅著如貪愛者如華豆屑於澡浴時
和水淦身至乾燥位者身難離餘無以加如
是先有餘為回法執取後身如我愛者由此
理證愛為起因如是世尊說諦有四餘契復
說諦有二種一世俗諦二勝義諦如是二諦
其相云何頌曰
彼覺破便無　慧析餘亦介　如瓶水世俗
論曰若彼物覺彼破便無慧析餘應知名世俗
諦如瓶被破為碎瓦時瓶覺則無衣等亦介
又若有物以慧析徐彼覺更無亦是世俗
諦如水被破

論曰若彼物覺彼破便无彼物應知名世俗
諦如瓶被破為碎凡時瓶覺便无衣等亦爾
又若有物以慧折餘彼覺便无亦爾是世俗
水被慧折時水覺則无火等亦爾即於
彼物未破折時以世想設為彼施設如
故名為世俗諦依世俗理說有瓶等是實非虛
名世俗諦若物異此名勝義諦彼物覺彼
破不无及慧折餘彼覺仍有應知彼名勝
義諦如色等物碎至極微或以勝慧除味
等彼覺恒有受等亦然此眞實有故名勝義
依勝義理說有色等是實非虛名勝義諦先
軌範師作如是說如出世智及此後得世間
正智所取諸法名勝義諦如此餘智所取諸
法名世俗諦已辯二諦應說云何方便勤修
趣見諦道頌曰

　　將趣見諦道　應勤修聞所

論曰諸有發心將趣見諦應先安住清淨尸
羅然後勤修聞所成等謂先攝受順見諦聞
聞已勤求所聞法義聞所成義已无倒思惟

　　聞思修所成　謂名俱義境

已方能依定脩習行者如是住戒勤脩
所成慧起思所成慧依思所成慧起脩所成
慧此三慧相差別云何毗婆沙師謂三慧相
緣名俱義　如次有別聞所成慧唯緣名境未

所成慧起思所成慧依思所成慧起脩所成
慧此三慧相差別云何毗婆沙師謂三慧相
緣名俱義　如次有別聞所成慧唯緣名境未
能捨文而觀義故思所成慧緣名義境有時
由文引義而觀義故思所成慧緣名境已能捨文全捨文而觀義故
故脩所成慧唯緣義境脩所成慧緣名義境故
辟若有人浮深駛水曾善學者不待所依曾
通緣名緣義如次應是脩行者依聞至教所成今詳三相
无過別者謂脩行者依聞至教所成慧
學未成或執曾善學者不待所依自力
浮渡三慧緣　未學者不待所依曾
聞所成依思所成思所生勝慧名思所成依
慧是聞思等所成三因所成猶如世間於
等持所生勝慧名脩所成說所成慧依脩
如次說是食草所成諸有欲於脩精勤學者
如何淨身器令脩速成頌曰

　　具身心遠離　无不足大欲
　　治相違界三　无漏无貪性
　　三生具後業為治四愛生　四聖種亦爾　前三唯喜足

論曰身器清淨略由三因何等謂三因一身遠離
心遠離二喜之少欲我所我事欲　暫息永除故
離相違界住心遠離者離不善尋此二易可成

論曰身器清淨略由三因何等謂三因一身
心遠離二喜之少欲三住四聖種身遠離者
離相雜住心遠離者離不善尋此二易可成
由喜足少欲言喜足者於不喜足求此二少欲者於未
說於已得妙衣等多希求大欲豈不更求亦緣未
得妙衣等多希求更多求名大欲於未
於所已得不妙不多悵望不歡名不喜足於未
得妙衣等事求妙求多名為大欲喜之少
少欲能治此故與此相違應知善別喜之少
西未得衣等事求妙求多名是故此中應作是說
此二差別便應不成是故此中應作是說
欲通三界无漏西治二種唯欲界所繫喜之少
少欲體是无貪西治二種欲貪為性能生眾
聖故名聖種四聖種體亦是无貪四中前三
體唯喜之第四聖種謂樂斷修如何亦用无貪
為體以於諸樂斷修有欲貪故顯何義立四聖
種以餘棄捨有欲貪故 斷修四聖
為體以餘棄捨有欲貪故 餘
歸佛出家法王世尊愍彼安立助道二事一
者生具二者事業前三即是助道生具眾
即是助道事業汝等若能依前生具作後事
業解脫非人何故安立如是二事為欲對治
四重念生文梵至言慈菩帝愍受日火民喜

治彼九能有餘復言此持息念内門轉故能
止亂尋不淨多於外門轉故猶如眼識治彼
九能此中先應辯不淨觀如是觀相云何頌
曰

為通治四貪　且辯觀骨瑣　廣至海復略　名初習業位
除足至頭半　名為已熟修　繫心在眉間　名超作意位

論曰循不淨觀正為治貪然貪差別略有四
種一顯色貪二形色貪三妙觸貪四供奉貪
緣青瘀等循不淨觀治第一緣被食等循
不淨觀治第二緣蟲蛆等循不淨觀治第
三緣屍不動循不淨觀治第四若緣骨
瑣循不淨觀通能對治如是四貪以骨瑣
九四貪境故應且辯循骨瑣觀此中
意攝故少分緣故不斷煩惱唯能制伏令不
現行然瑜伽師循骨瑣觀擬有三位一初習
業二已熟循三超作意謂觀行者欲循如是
不淨觀時應先繫心於自身分或於足指或
額或餘隨所樂處心得住已依勝解力於自
身分假想思惟皮肉爛墮漸令不淨乃至具
觀全身骨瑣見一其已復觀第二如是漸次
廣至一房一寺一圍一村一國乃至遍地以
海為邊於其中間骨瑣充滿為令勝解得增
長文令所眾事漸略而觀乃至佳觀一其骨

廣至一房一寺一圍一村一國乃至遍地以
海為邊於其中間骨瑣充滿為令勝解得增
長故於所廣事漸略而觀乃至唯觀一其骨
瑣循此漸略不淨觀成名瑜伽師初習業位
為令略觀膝勝解力增於一其骨思
惟餘骨繫心而住漸次乃至除頭半骨
半骨繫心而住齊此皆略不淨觀轉略不
淨觀成名瑜伽師已熟修位
師已熟循位為令略觀齊此湛然而住齊此
繫心眉間專注一緣自在有不淨觀由所
緣小非自在小應作四句此由作意位已熟未
熟未熟已熟及由所緣何境何行相
此不淨觀何性幾地緣何境何行
緣何世為有漏為無漏為離染得為加行
得頌曰

九貪性十地　緣欲色人生　不淨息念緣　有漏通三得

論曰如先所問今次第答謂此觀以九貪為
性通依十地謂四靜慮及四近分中間欲界
唯緣欲界欲所見色境所見者何謂顯形色非
義為境由此已成唯人趣生三洲除北尚非
餘趣況餘界自世境若不生法通緣三世既唯
在何世緣自世境若不生法通緣三世既唯

餘趣況餘界生既立不淨名唯不淨行相隨
在何世緣自世境若不生法通緣三世既唯
勝解作意相應此觀理應唯是有漏通緣離涤
得及加行得由有曾得未曾得故說不淨觀
相差別已次應辯持息念此差別相云何頌
曰

　息念慧五地　緣風依欲身　二得實外九　有六謂數等

論曰言息念者即契經中所說阿那阿波那
念言阿那者謂持息入是引外風令入身義
阿波那者謂持息出是引內風令出身義慧
由念力觀此為境故念名阿那阿波那念以慧
為性而說念者念力持故於境分明所作事
成如念住故通依五地謂初二三靜慮近分
中間欲界此念與捨相應故謂若樂受能
順引尋此念治身故不俱起喜樂二受能違
專注此念專注故成由此相違故不俱
起有說根本下三靜慮中亦有捨受彼說依
八地上之定現前息无有故此定緣風依欲身
起唯人天趣除北俱盧通離涤得及加行得
唯與真實作意相應正法有情方能備習外
道无有故說者故自不能覺微細法故此相
圓滿由具六因一數二隨三止四觀五轉六

道无有故說者故自不能覺微細法故此相
圓滿謂繫心緣入出息不作加行放捨身心
淨數謂繫心緣入出息不作加行放捨身心
唯念憶持入出息數從一至十不減不增恐
心於境極聚散故然於此中容有三失一數
減失於二謂一數增失於一謂二三雜亂一
失於入謂出於出謂入若離如是三種過失
名為正數若十中間心散亂者復應從一次
苐數之終而復始乃至得定隨謂繫心緣入
出息不作加行隨息而行念息入出時各遠
至何所謂念息入為行遍身為行一分隨彼
息入行遍身為行遍身乃至足指隨念恒隨
逐若念息出離身為至一磔一尋隨而至方
念恒隨逐有餘師說息出極遠乃至風輪或
吠嵐婆此不應理此念真實作意俱故止謂
繫念唯在其心觀息任身如在鼻端或在眉間乃至
蹇安止其心觀息任身如珠中縷為冷為煖
為損為益觀謂觀察此息風已兼觀息俱大
種造色及依色住心及心所具觀五蘊以為
境界轉謂移轉緣息風覺安置後後勝善
根中乃至世間第一法位淨謂昇進入見道等

境界轉謂移轉緣息風覺安寶後後勝善
根中乃至世間第一法位淨謂外進入見道等
有餘師說念住為初金剛喻定為後名轉盡
智等方名淨為攝六相故說頌言
持息念應知　有六種異相　謂數隨止觀　轉淨相差別
息相差別云何應知頌曰
入出息隨身　依二差別轉　情數非執受　等流非下緣
論曰隨身生地息彼地攝以息是身一分攝
故此入出息轉依身心差別以生死色界及
羯剌藍等并入无心定及第四定等此息於
彼皆不轉故謂要身中有諸孔隙入出息地
心正現前息於今時方得轉故出第四定等
及初生時息眾先入第四定等及後死時
息眾後出息有情數攝有情身分故非有執
受與根相離故是等流性同類因生故非所
長養身增長時彼損減故非異熟生斷已後
時更相續故餘異熟色无如是故唯自上地
心之所緣非下地威儀通果心境故

說一切有部俱舍論卷第廿二

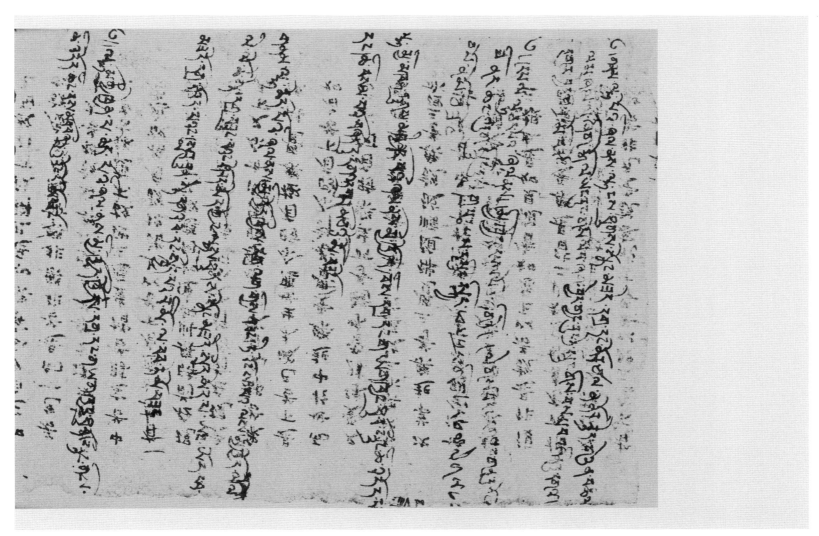

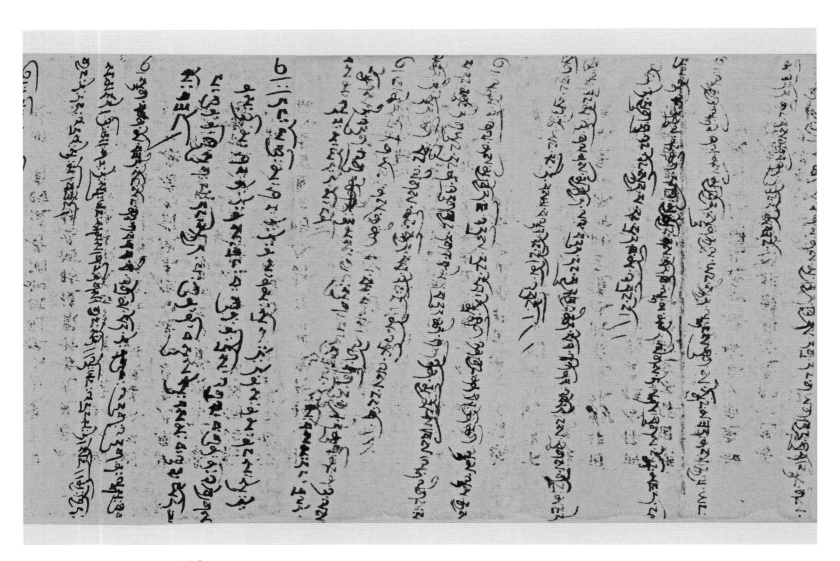

英 IOL.Tib.J.VOL.144　2.ཨོ་ཡིག

2.占卜書　　　(16–15)

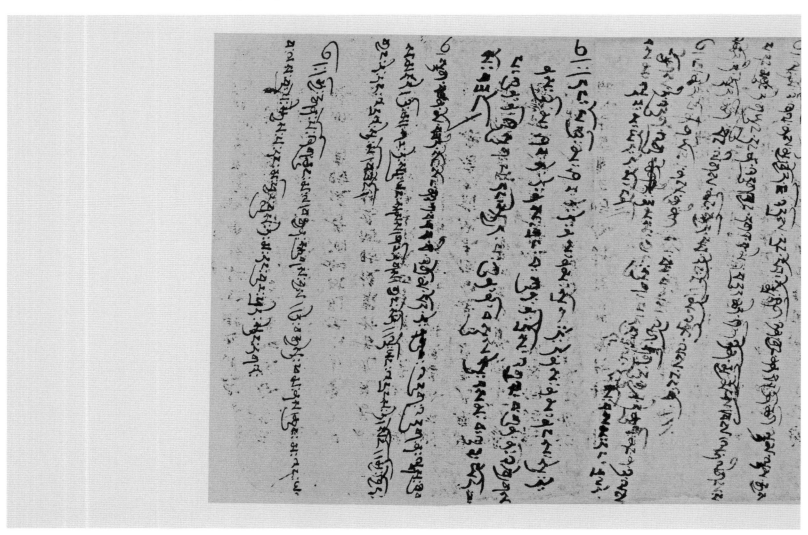

英 IOL.Tib.J.VOL.144　2.ཨོ་ཡིག

2.占卜書　　　(16–16)

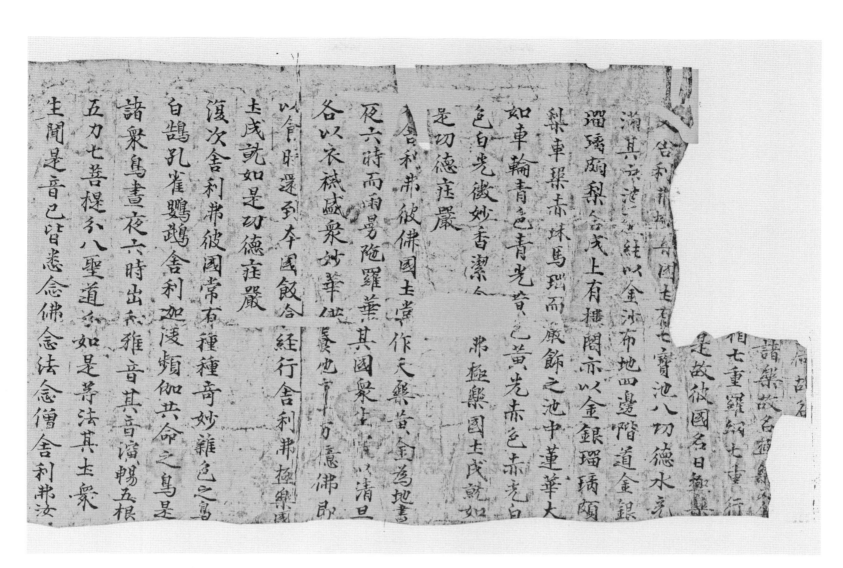

諸眾故彼國名曰極樂
七重羅網七重行
入舍衛大城……其國
瑠璃頗梨合成上有樓閣亦以金銀瑠璃頗
梨車磲赤珠碼瑙而嚴飾之池中蓮華大
如車輪青色青光黄色黄光赤色赤光白
色白光微妙香潔舍利弗極樂國土成就如
是功德莊嚴
舍利弗彼佛國土常作天樂黄金為地晝
夜六時而雨曼陀羅華其國眾生常以清旦
各以衣裓盛眾妙華供養他方十萬億佛即
以食時還到本國飯食經行舍利弗極樂國
土成就如是功德莊嚴
復次舍利弗彼國常有種種奇妙雜色之鳥
白鶴孔雀鸚鵡舍利迦陵頻伽共命之鳥
是諸眾鳥晝夜六時出和雅音其音演暢
五力七菩提分八聖道分如是等法其土眾
生聞是音已皆悉念佛念法念僧舍利弗汝

諸眾鳥晝夜六時出和雅音其音演暢五根
五力七菩提分八聖道分如是等法其土眾
生聞是音已皆悉念佛念法念僧舍利弗汝
勿謂此鳥實是罪報所生所以者何彼佛國
土無三惡趣舍利弗其佛國土尚無三惡道
之名何況有實是諸眾鳥皆是阿彌陀佛
欲令法音宣流變化所作舍利弗彼佛國土
微風吹動諸寶行樹及寶羅網出微妙音
譬如百千種樂同時俱作聞是音者皆自然生
念佛念法念僧之心舍利弗其佛國土成就
如是功德莊嚴
舍利弗於汝意云何彼佛何故號阿彌陀
利弗彼佛光明無量照十方國無所障礙是
故名阿彌陀又舍利弗彼佛壽命及其人
民無量無邊阿僧祇劫故名阿彌陀舍利弗
阿彌陀佛成佛已來於今十劫又舍利弗彼
佛有無量無邊聲聞弟子皆阿羅漢非是
算數之所能知諸菩薩眾亦復如是舍利弗彼
國土成就如是功德莊嚴
又舍利弗極樂國土眾生生者皆是阿鞞跋
致其中多有一生補處其數甚多……作是等

国土成就如是功德莊嚴

又舍利弗極樂國土眾生生者皆是阿鞞跋
致其中多有一生補處其數甚多非是筭數
所能知之但可以无量无邊阿僧祇劫説舍利
弗眾生聞者應當發願願生彼國所以者何

龍王摩那斯龍王優鉢[羅]龍王等各與若干
百千眷屬俱有四緊那羅王法緊那羅王妙
法緊那羅王大法緊那羅王持法緊那羅王
各與若干百千眷屬俱有四乾闥婆王樂音乾闥
婆王樂音乾闥婆王美乾闥婆王美音乾
闥婆王各與若干百千眷屬俱有四阿脩羅
王婆稚阿脩羅王佉羅騫馱大阿脩羅王毗摩
質多羅阿脩羅王羅睺阿脩羅王各與若干
百千眷屬俱有四迦樓羅王大威德迦樓羅
王大身迦樓羅王大滿迦樓羅王如意迦樓
羅王各與若干百千眷屬俱韋提希子阿闍
世王與若干百千眷屬俱各禮佛足退坐一
面

尒時世尊四眾圍繞供養恭敬尊重讚歎為
諸菩薩說大乘經名无量義教菩薩法佛所
護念佛說此經已結跏趺坐入於无量義處

英 IOL.Tib.J.VOL.145　1.འོད་དཔག་མེད་ཀྱི་མདོ། ཤོག　2.དམ་ཆོས་པད་དཀར་པོ། ཤོག

1.佛說阿彌陀經（漢文）　2.妙法蓮華經卷第七（漢文）　（9-3）

面

尒時世尊四眾圍繞供養恭敬尊重讚歎為
諸菩薩說大乘經名无量義教菩薩法佛所
護念佛說此經已結跏趺坐入於无量義處
三昧身心不動是時天雨曼陀羅華摩訶曼
陀羅華曼殊沙華摩訶曼殊沙華而散佛上
及諸大眾普佛世界六種震動尒時會中比
丘比丘尼優婆塞優婆夷天龍夜叉乾闥婆
阿脩羅迦樓羅緊那羅摩睺羅伽人非人等
及諸小王轉輪聖王是諸大眾得未曾有歡
喜合掌一心觀佛尒時佛放眉間白毫相光
照于東方萬八千世界靡不周遍下至阿鼻
地獄上至阿迦尼吒天於此世界盡見彼土
六趣眾生又見彼土現在諸佛及聞諸佛所
説經法并見彼諸比丘比丘尼優婆塞優婆
夷諸脩行得道者復見諸菩薩摩訶薩種種
因緣種種信解種種相貌行菩薩道復見諸
佛般涅槃者復見諸佛般涅槃後以佛舍利
起七寶塔

尒時彌勒菩薩作是念今者世尊現神變相
人阿[逸]多以何因緣而有此[瑞]今佛世尊入于

英 IOL.Tib.J.VOL.145　2.དམ་ཆོས་པད་དཀར་པོ། ཤོག

2.妙法蓮華經卷第七（漢文）　（9-4）

英 IOL.Tib.J.VOL.145　3.ཁ་མོའི་མོ་ཡིག
　　　　　　　　3.骰卜書　　　(9-5)

英 IOL.Tib.J.VOL.145　3.ཁ་མོའི་མོ་ཡིག
　　　　　　　　3.骰卜書　　　(9-6)

英 IOL.Tib.J.VOL.145　3.ནུ་མོའི་མོ་ཡིག
3.骰卜書　　(9–7)

英 IOL.Tib.J.VOL.145　3.ནུ་མོའི་མོ་ཡིག
3.骰卜書　　(9–8)

英 IOL.Tib.J.VOL.145　3.བོ་མོའི་མོ་ཡིག
3.骰卜書　　　(9-9)

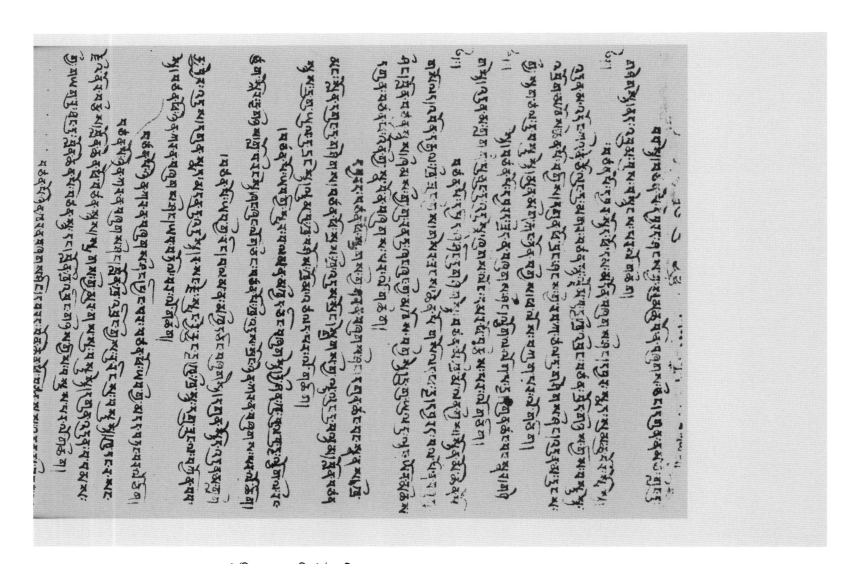

英 IOL.Tib.J.VOL.146　1.བཙན་པོའི་སྐབས་ཀྱི་དོན་ཆེན་གནད་བསྡུས།

1.吐蕃大事紀年　　　(22-1)

英 IOL.Tib.J.VOL.146　1.བཙན་པོའི་སྐབས་ཀྱི་དོན་ཆེན་གནད་བསྡུས།

1.吐蕃大事紀年　　(22-2)

英 IOL.Tib.J.VOL.146　1.བཙན་པོའི་སྐབས་ཀྱི་དོན་ཆེན་གནད་བསྡུས།
　　　　1.吐蕃大事紀年　　(22-3)

英 IOL.Tib.J.VOL.146　1.བཙན་པོའི་སྐབས་ཀྱི་དོན་ཆེན་གནད་བསྡུས།
　　　　1.吐蕃大事紀年　　(22-4)

英 IOL.Tib.J.VOL.146　1.བཙན་པོའི་སྐུ་རབས་ཀྱི་དོན་ཆེན་གནད་བསྡུས།
1.吐蕃大事紀年　　(22-5)

英 IOL.Tib.J.VOL.146　1.བཙན་པོའི་སྐུ་རབས་ཀྱི་དོན་ཆེན་གནད་བསྡུས།
1.吐蕃大事紀年　　(22-6)

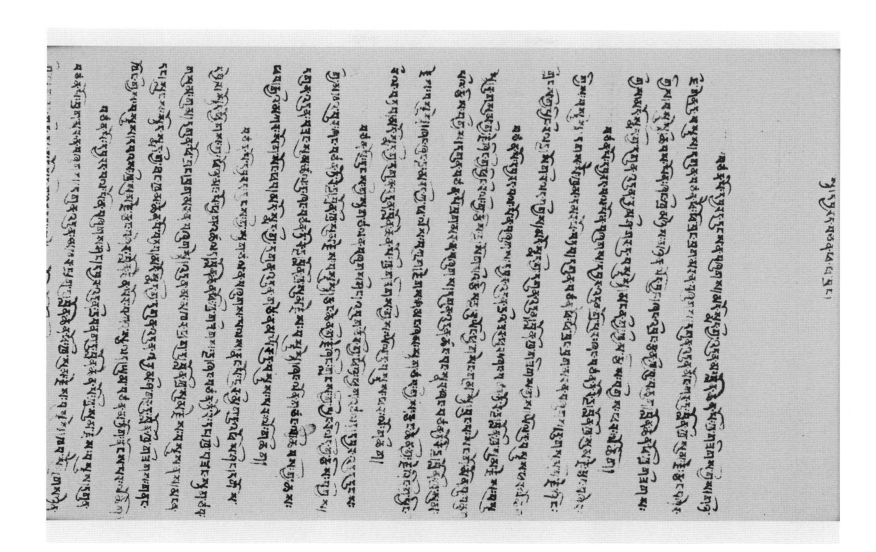

英 IOL.Tib.J.VOL.146　1.བཙན་པོའི་སྐབས་ཀྱི་དོན་ཆེན་གནད་བསྡུས།

1.吐蕃大事紀年　　(22-7)

英 IOL.Tib.J.VOL.146　1.བཙན་པོའི་སྐབས་ཀྱི་དོན་ཆེན་གནད་བསྡུས།

1.吐蕃大事紀年　　(22-8)

英 IOL.Tib.J.VOL.146　1.བཙན་པོའི་སྐབས་ཀྱི་དོན་ཆེན་གནད་བསྡུས།
1.吐蕃大事紀年　　　(22-9)

英 IOL.Tib.J.VOL.146　1.བཙན་པོའི་སྐབས་ཀྱི་དོན་ཆེན་གནད་བསྡུས།
1.吐蕃大事紀年　　　(22-10)

英 IOL.Tib.J.VOL.146　1.བཙན་པོའི་རབས་ཀྱི་དོན་ཆེན་གནད་བསྡུས།

1.吐蕃大事紀年　　(22-11)

起六神通及得三明獨處山林常行禪定
得緣覺證是中樂草求世尊家我當作佛
行精進定是上樂草又諸佛子專心佛道
常行慈悲自知作佛決定无疑是名小樹
依住神通轉不退輪度无量億百千眾生
如是菩薩名為大樹
佛平等說如一味雨隨眾生性所受不同
如彼草木所稟各異佛以此喻方便開示
種種言辭演說一法於佛智慧如海一滴
我雨法雨充滿世間一味之法隨力脩行
如彼叢林藥草諸樹隨其大小漸增茂好
諸佛之法常以一味令諸世間普得具足
漸次脩行皆得道果
聲聞緣覺處於山林
住最後身聞法得果是名藥草各得增長
若諸菩薩智慧堅固了達三界求最上乘
是名小樹而得增長復有住禪得神通力
聞諸法空心大歡喜放无數光度諸眾生
是名大樹而得增長如是迦葉佛所說法
譬如大雲以一味雨潤於人華各得成實
迦葉當知以諸因緣種種譬喻開示佛道
是我方便諸佛亦然今為汝等說最實事
諸聲聞眾皆非滅度汝等所行是菩薩道
漸漸脩學悉當成佛

妙法蓮華經授記品第六

英 IOL.Tib.J.VOL.146　2.དམ་ཆོས་པདྨ་དཀར་པོ།(རྒྱ་ཡིག)

2.添品妙法蓮華經（漢文）　　(22-12)

239

漸漸脩學　悉當成佛

妙法蓮華經授記品第六

尒時世尊說是偈巳告諸大衆唱如是言我
此弟子摩訶迦葉於未來世當得奉覲三百
万億諸佛世尊供養恭敬尊重讚嘆廣宣諸
佛无量大法於最後身得成為佛名曰光明
如來應供正遍知明行足善逝世間解无上
士調御丈夫天人師佛世尊國名光德劫名
大莊嚴佛壽十二小劫正法住世二十小劫
像法亦住二十小劫國界嚴飾无諸穢惡瓦
礫荊蕀便利不淨其土平正无有高下坑坎
坁阜琉璃為地寶樹行列黃金為繩以界道
俱散諸寶華周遍清淨其國菩薩无量千
億諸聲聞眾亦復无數无有魔事雖有魔
及魔民皆護佛法尒時世尊欲重宣此義而
說偈言

告諸比丘　我以佛眼　見是迦葉　於未來世
過无數劫　當得作佛　而於來世　供養奉覲
三百万億　諸佛世尊　為佛智慧　淨修梵行
供養最上　二足尊巳　修習一切　无上之慧
於最後身　得成為佛　其土清淨　琉璃為地
多諸寶樹　行列道側　金繩界道　見者歡喜
常出好香　散眾名華　種種奇妙　以為莊嚴
其地平正　无有坑坎　諸善薩眾　不可稱計
其心調柔　逮大神通　奉持諸佛　大乘經典

多諸寶樹　行列道側　金繩界道　見者歡喜
常出好香　散眾名華　種種奇妙　以為莊嚴
其地平正　无有坑坎　諸善薩眾　不可稱計
其心調柔　逮大神通　奉持諸佛　大乘經典
无漏後身　法王之子　亦不可計
諸聲聞眾　无能數知　其佛當壽　十二小劫
正法住世　二十小劫　像法亦住　二十小劫
光明世尊　其事如是

尒時大目揵連須菩提摩訶迦旃延等皆悉
悚慄一心合掌瞻仰尊顏目不暫捨即共同
聲而說偈言

大雄猛世尊　諸釋之法王　哀愍我等故　而賜佛音聲
若知我深心　見為授記者　如以甘露灑　除熱得清涼
如從飢國來　忽遇大王饍　心猶懷疑懼　未敢即便食
若復得王教　然後乃敢食　我等亦如是　每惟小乘過
不知當云何　得佛无上慧　雖聞佛音聲　言我等作佛
心尚懷憂懼　如未敢便食　若蒙佛授記　尒為快安樂
大雄猛世尊　常欲安世間　願賜我等記　如飢須教食

尒時世尊知諸大弟子心之所念告諸比丘
是須菩提於當來世奉覲三百万億那由他
佛供養恭敬尊重讚嘆常脩梵行具菩薩道
於最後身得成為佛號曰名相如來應供正
遍知明行足善逝世間解无上士調御丈夫
天人師佛世尊劫名有寶國名寶生其土平
政頗梨為地寶樹莊嚴无諸丘坑沙礫荊蕀

遍知明行足善逝世間解无上士調御丈夫
天人師佛世尊劫名有寶國名有寶生其土平
政頗梨為地寶樹莊嚴无諸丘坑沙礫荊棘
便利之穢寶華覆地周遍清淨五
霄寶臺珠妙樓閣聲聞弟子无量无邊筭數
亦任二十小劫其佛常蠹虛空為眾說法度
他佛壽十二小劫正法任世二十小劫像法
辟愉所不能知諸菩薩眾无數千万億那由
脫无量菩薩及聲聞眾尒時世尊欲重宣此
義而說偈言

諸比丘眾　今告汝等　皆當一心　聽我所說
我大弟子　頌菩提者　當得作佛　号曰名相
當供无數　万億諸佛　隨佛所行　漸具大道
宗後身得　三十二相　端政珠妙　猶如寶山
其佛國土　嚴淨第一　眾生見者　无不愛樂
佛於其中　度无量眾　其佛法中　多諸菩薩
皆先利根　轉不退輪　彼國常以　菩薩莊嚴
諸聲聞眾　不可稱數　皆得三明　具六神通
住八解脫　有大威德　其佛說法　現於无量
神通變化　不可思議　諸天人民　數如恒沙
皆共合掌　聽受佛語　其佛當壽　十二小劫
正法住世　二十小劫　像法亦住　二十小劫
尒時世尊復告諸比丘眾我今語汝是大迦
佛恭敬尊重讚佛滅後各起塔廟高千由旬

辦延於當来世以諸供具供養華事八千億
佛恭敬尊重讚佛滅後各起塔廟高千由旬
縱廣正等五百由旬以金銀琉璃車璩馬瑙
真珠玫瑰七寶合成眾華纓絡塗香末香燒
香繒盖憧幡供養塔廟過是已後當頂供養
二万億佛亦復如是供養是諸佛已具菩薩
道當得作佛号曰閻浮那提金光如来應供
正遍知明行足善逝世間解无上士調御丈
夫天人師佛世尊其土平政頗梨為地寶樹
莊嚴黃金為繩以界道側妙華覆地周遍清
淨見者歡喜无四惡道地獄餓鬼畜生阿俯
羅道多有天人諸聲聞眾及諸菩薩无量万
億德佛其國佛壽十二小劫正法住世二十
小劫像法亦住二十小劫尒時世尊欲重宣
此義而說偈言

諸比丘眾　皆當一心　聽如我所說　真實无異
是迦辦延　當以種種　妙好供具　供養諸佛
諸佛滅後　起七寶塔　亦以華香　供養舍利
其宗後身　得佛智慧　成等正覺　國土清淨
度脫无量　万億眾生　皆為十方　之所供養
佛之光明　无能勝者　其佛号曰　閻浮金光
菩薩聲聞　斷一切有　无量无數　莊嚴其國
當以種種　供養我今語汝是大目揵連
尒時世尊復告諸比丘眾我今語汝是大迦
佛滅後各起塔廟高千由旬縱廣正等五百

佛滅後各起塔廟高千由旬縱廣正等五百
由旬以金銀琉璃車璩馬瑙真珠玫瑰七寶
合成眾華瓔珞塗香末香燒香繒蓋幢幡以
用供養過是已後當復供養二百万億諸佛
亦復如是當得成佛号曰多摩羅跋旃檀香
如來應供正遍知明行足善逝世間解无上
士調御丈夫天人師佛世尊劫名喜滿國名
意樂其土平政頗梨為地寶樹莊嚴散真珠
華周遍清淨見者歡喜多諸天人菩薩聲聞
其數无量佛壽二十四小劫正法住世四十
小劫像法亦住四十小劫尔時世尊欲重宣
此義而說偈言
　我此弟子　大目揵連　捨是身已　得見八千
　二百万億　諸佛世尊　為佛道故　供養恭敬
　於諸佛所　常修梵行　於无量劫　奉持佛法
　諸佛滅後　起七寶塔　長表金剎　華香伎樂
　而以供養　諸佛塔廟　漸漸具已　菩薩道已
　於意樂國　而得作佛　号多摩羅　辨旃之香
　其佛壽命　二十四劫　常為天人　演說佛道
　聲聞无量　如恒河沙　三明六通　有大威得
　菩薩无數　志固精進　於佛智慧　皆不退轉
　佛滅度後　正法當住　四十小劫　像法亦尔
　我諸弟子　威德具足　其數五百　皆當授記

尔時世尊復告大眾我今語汝是大目揵連
當以種種供具供養八千諸佛恭敬尊重諸

英 IOL.Tib.J.VOL.146　2.དག་ཆོས་པད་དཀར་པོ།ཀྱི་ཡིག
2.添品妙法蓮華經（漢文）　　　（22–17）

佛滅度後正法當住四十小劫像法亦尔
我諸弟子威德具足其數五百皆當授記
於未來世咸得成佛我及汝等宿世因緣
吾今當說汝等善聽
妙法蓮華經化城喻品第七
佛告諸比丘乃往過去无量无邊不可思議
阿僧祇劫尔時有佛名大通智勝如來應供
正遍知明行足善逝世間解无上士調御丈
夫天人師佛世尊其國名好城劫名大相諸
比丘彼佛滅度已來甚大久遠譬如三千大
千世界所有地種假使有人磨以為墨過於
東方千國土乃下一點大如微塵又過千國
土復下一點如是展轉盡地種墨於汝等意
云何是諸國土若筭師若筭師弟子能得
邊際知其數不不也世尊諸比丘是人所經國
土若點不點盡末為塵一塵一劫彼佛滅度
已來復過是數无量无邊百千万億阿僧祇
劫我以如來知見力故觀彼久遠猶若今日
尔時世尊欲重宣此義而說偈言
　我念過去世　无量无邊劫　有佛兩足尊　名大通智勝
　如人以自磨　三千大千土　盡此諸地種　皆悉以為墨
　過於千國土　乃下一塵點　如是展轉點　盡此諸塵墨
　如是諸國土　點與不點等　復盡末為塵　一塵為一劫
　此諸微塵數　其劫復過是　彼佛滅度來　如是无量劫
　如來无导智　知彼佛滅度　及聲聞菩薩　如見今滅度

英 IOL.Tib.J.VOL.146　2.དག་ཆོས་པད་དཀར་པོ།ཀྱི་ཡིག
2.添品妙法蓮華經（漢文）　　　（22–18）

如是諸國王　點與不點等　復盡末為塵　一塵為一劫
此諸微塵數　其劫復過是　彼佛滅度來　如是無量劫
如來無导智　知彼佛滅度　及聲聞菩薩　如見今滅度
諸比丘當知　佛智淨微妙　無漏無所导　通達無量劫

佛告諸比丘大通智勝佛壽五百四十万億
那由他劫其佛本坐道場破魔軍已垂得阿
耨多羅三藐三菩提而諸佛法猶不在前如
是一小劫乃至十小劫結跏趺坐身心不動
而諸佛法猶不在前爾時忉利諸天先為彼
佛於菩提樹下敷師子座高一由旬佛於此
坐當得阿耨多羅三藐三菩提適坐此座時
諸梵天王雨眾天華面百由旬香風時來吹
去萎華更雨新者如是不絕滿十小劫供養

於佛乃至滅度常雨此華四王諸天為供養
佛常擊天皷其餘諸天作天伎樂滿十小劫
至于滅度亦復如是諸比丘大通智勝佛過
十小劫諸佛之法乃現在前成阿耨多羅三
藐三菩提其佛未出家時有十六子其第一
者名曰智積諸子各有種種珍異玩好之具
聞父得成阿耨多羅三藐三菩提皆捨所
珍持詣佛所諸母涕泣而隨送之其祖轉輪聖
王與一百大臣及餘百千万億人民甘共圍
繞隨至道場咸欲親近大通智勝如來供養恭
敬尊重讚歎到已頭面作礼繞佛畢已一
心合掌瞻仰世尊以偈頌曰

英 IOL.Tib.J.VOL.146　2.དམ་ཆོས་པདྨ་དཀར་པོ། ༼རྒྱ་ཡིག༽

2.添品妙法蓮華經（漢文）　　　（22-19）

繞隨至道場咸欲親近大通智勝如來供養恭
敬尊重讚歎到已頭面作礼繞佛畢已一
心合掌瞻仰世尊以偈頌曰
大威德世尊　為度眾生故　於無量億劫
爾乃得成佛　諸願已具足　善哉吉無上
身體及手足　靜然安不動　其心常憺怕
未曾有散亂　究竟永寂滅　安住無漏法
今者見世尊　安隱成佛道　我等得善利
稱慶大歡喜　眾生常苦惱　盲冥無導師
不識苦盡道　不知求解脫　長夜增惡趣
減損諸天眾　從冥入於冥　永不聞佛名
今佛得最上　安隱無漏道　我等及天人
為得最大利　是故咸稽首　歸命無上尊
爾時十六王子偈讚佛已勸請世尊轉於法
輪咸作是言世尊說法多所安隱憐愍饒益
諸天人民重說偈言
雄猛等倫　百福自莊嚴　得無上智慧
唯願為世間說　度脫於我等　及諸眾生類
為分別顯示　令得是智慧
若我等得佛　眾生亦復然　世尊知眾生
深心之所念　亦知所行道　又智慧力
欲樂及修福　宿命所行業
世尊悉知已　當轉無上輪
佛告諸比丘大通智勝佛得阿耨多羅三藐
三菩提時十方各五百万億諸佛世界六種
震動其國中間幽冥之處日月威光所不能
照而大明其中眾生各得相見咸作是言此
中云何忽生眾生又其國界諸天宮殿乃
至梵宮六種震動……

英 IOL.Tib.J.VOL.146　2.དམ་ཆོས་པདྨ་དཀར་པོ། ༼རྒྱ་ཡིག༽

2.添品妙法蓮華經（漢文）　　　（22-20）

輪咸作是言世尊說法多所安隱憐愍饒益

諸天人民重說偈言

催光等倫　百福自莊嚴　得無上法慧

廣寤發我等　及諸眾生類　為分別顯示

若我等得佛　眾集亦復然　世尊知眾生

亦知所行道　又智慧知力　欲樂修福業

世尊悉知已　當轉無上輪

佛告諸比丘大通智勝佛得阿耨多羅三藐

三菩提時十方各五百萬億諸佛世尊六種

震動其國中間幽冥之處日月威光所不能

照而大明其中眾生得相見咸作是言此

此中云何忽生眾生又其國界諸天宮乃

至梵宮六種震動光普照遍滿世界勝有諸

天光爾時東方五百萬億諸國土中梵天宮

殿光明照耀倍於常明諸梵天王各作是念

今者宮殿光明昔所未有以何因緣而現此相

是時諸梵天王即各相詣共議此事而彼

眾中有一大梵天王名救一切為諸梵眾而

說偈言

我等諸宮殿　光明昔未有　此是何因緣　宜各共求之

為大德天生　為佛出世間　而此大光明　遍照於十方

余時五百萬億國土諸梵天王與宮殿俱各

以衣祴盛諸天華共詣西方推尋是相見大

通智勝如來處于道場菩提樹下坐師子座

諸天龍王乾闥婆緊那羅摩睺羅伽人非

說偈言

我等諸宮殿　光明昔未有　此是何因緣　宜各共求之

為大德天生　為佛出世間　而此大光明　遍照於十方

余時五百萬億國土諸梵天王與宮殿俱各

以衣祴盛諸天華共詣西方推尋是相見大

通智勝如來處于道場菩提樹下坐師子座

諸天龍王乾闥婆緊那羅摩睺羅伽人非

人等恭敬圍繞及見十六王子諸佛轉法輪

即時梵天王頭面禮佛遶百千迊即以天華

而散佛上其所散華如須彌山并以供養佛

菩提樹其菩提樹高十由旬華供養已各以

宮殿奉上彼佛而作是言惟見哀愍饒益我

等所獻宮殿願垂納受時諸梵天王即於佛

前一心同聲以偈頌曰

世尊甚希有　難可得值遇　具無量功德　能救護一切

天人之大師　哀愍於世間　十方諸眾生　普蒙饒益

我等所從來　五百萬億國　舍深禪定樂　為供養佛故

諸難地平如掌琉璃所成寶樹莊嚴寶帳覆
上垂寶華幡寶香爐滿遍國界七寶為臺
一樹一臺其樹去臺盡一箭道此諸寶樹皆
有菩薩一臺其樹下諸寶臺上各有百億
諸天作天伎樂歌歎於佛以為供養
爾時彼佛為一切眾生喜見菩薩及眾菩薩
諸聲聞眾開而坐其臺下諸寶臺上
樂習皆行於日月淨明德佛法中精進經行
一心求佛滿萬二千歲已得現一切色身三
昧得此三昧已心大歡喜即作念言我今當
一切色身三昧皆是得聞法華經即時入是三
供養日月淨明德佛及法華經即時入是三
昧於虛空中雨曼陀羅華摩訶曼陀羅華細
末堅黑旃檀滿虛空中如雲而下又雨海此
岸栴檀之香此香六銖價直娑婆世界以供
養佛作是供養已從三昧起而自念言我雖
以神力供養於佛不如以身供養即服諸香
旃檀薰陸兜樓婆畢力迦沉水膠香又飲
蜀諸華香油滿千二百歲已香油塗身於日
月淨明德佛前以天寶衣而自纏身灌諸香
油以神通力願而自燃身光明遍照八十億
恒河沙世界其中諸佛同時讚言善哉善哉
善男子是真精進是名真法供養如來若以
華香瓔珞燒香末香塗香大繒幡蓋及海此

恒河沙世界其中諸佛同時讚言善哉善哉
善男子是真精進是名真法供養如來若以
華香瓔珞燒香末香塗香大繒幡蓋及海此
岸栴檀之香如是等種種諸物供養所不能
及假使國城妻子布施亦所不及善男子是
名第一之施於諸施中最尊最上以法供養
羅華以散無量百千萬億寶樹下師子座上
諸佛并散七寶塔中師子座上釋迦牟尼佛
及久滅度多寶如來亦散一切諸大菩薩及
四部眾又雨細末栴檀沉水香等於虛空中
天鼓自鳴妙聲深遠又雨千萬種天衣垂諸瓔
珞真珠瓔珞摩尼珠瓔珞如意珠瓔珞遍於
九方眾寶香爐燒無價香自然周至供養大
會一一佛上有諸菩薩執持幡蓋次第而上
至于梵天是諸菩薩以妙音聲歌無量頌讚
歎諸佛介時彌勒菩薩從座而起偏袒右肩
合掌向佛而說偈言
佛說希有法　昔所未曾聞　世尊有大力　壽命不可量
无數諸佛子　聞世尊分別　說得法利者　歡喜充遍身
或住不退地　或得陀羅尼　或无礙樂說　万億旋總持
或有大千界　微塵數菩薩　各各皆能轉　不退之法輪
或有中千界　微塵數菩薩　各各皆能轉　清淨之法輪
復有小千界　微塵數菩薩　餘各八生在　當得成佛道
復有四三二　　　　　　　　當得成佛道

或有中千界　微塵數菩薩　各各皆能轉　清净之法輪
復有小千界　微塵數菩薩　餘各八生在　當得成佛道
復有四三二　如是四天下　微塵諸菩薩　隨數生成佛
或一四天下　微塵數菩薩　餘有一生在　當成一切智
如是等眾生　聞佛壽長遠　得无量无漏　清净之果報
世尊說无量　不可思議法　多有所饒益　如虛空无邊
雨天曼陀羅　摩訶曼陀羅　釋梵如恒沙　无數佛土來
而雨栴檀沉水　繽紛而亂墜　如鳥飛空下　供散於諸佛
天鼓虛空中　自然出妙聲　天衣千万種　旋轉而來下
眾寶妙香爐　燒无價之香　自然悉周遍　供養諸世尊
其大菩薩眾　執七寶幡蓋　高妙万億種　次第至梵天
一一諸佛前　寶幢懸勝幡　亦以千万偈　歌詠諸如來

如是種種事　昔所未曾有　聞佛壽无量　一切皆歡喜
佛名聞十方　廣饒益眾生　一切具善根　以助无上心
尒時佛告弥勒菩薩摩訶薩阿逸多其有眾
生聞佛壽命長遠如是乃至能生一念信解
所得功德无有限量若有善男子善女人為
阿耨多羅三藐三菩提故於八十万億那由他
劫行五波羅蜜檀波羅蜜尸羅波羅蜜羼提
波羅蜜毗梨耶波羅蜜禪波羅蜜除般若波
羅蜜以是功德比前功德百分千分百千万
億分不及其一乃至算數譬喻所不能知若
善男子有如是功德於阿耨多羅三藐三菩

億分不及其一乃至算數譬喻所不能知若
善男子有如是功德於阿耨多羅三藐三菩
提退者无有是處尒時世尊欲重宣此義而
說偈言
若人求佛慧　於八十万億　那由他劫數　行五波羅蜜
於是諸劫中　布施供養佛　及緣覺弟子　并諸菩薩眾
珍異之飲食　上服與臥具　栴檀立精舍　以園林莊嚴
如是等布施　種種皆微妙　盡此諸劫數　以迴向佛道
若復持禁戒　清净无缺漏　求於无上道　諸佛之所歎
若復行忍辱　住於調柔地　設眾惡來加　其心不傾動
諸有得法者　懷於增上慢　為此所輕惱　如是亦能忍
若復勤精進　志念常堅固　於无量億劫　一心不懈息
又於无數劫　住於空閑處

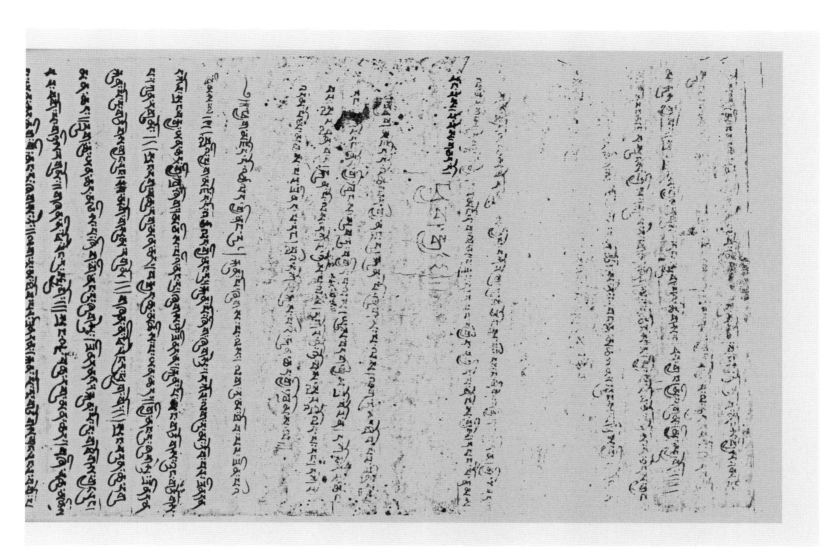

英 IOL.Tib.J.VOL.147　4.ཀུན་པ་འཇལ་གྱི་ཁྲིམས་ཡིག
　　　　4.盗窃追赔律　　(8-5)

英 IOL.Tib.J.VOL.147　4.ཀུན་པ་འཇལ་གྱི་ཁྲིམས་ཡིག
　　　　4.盗窃追赔律　　(8-6)

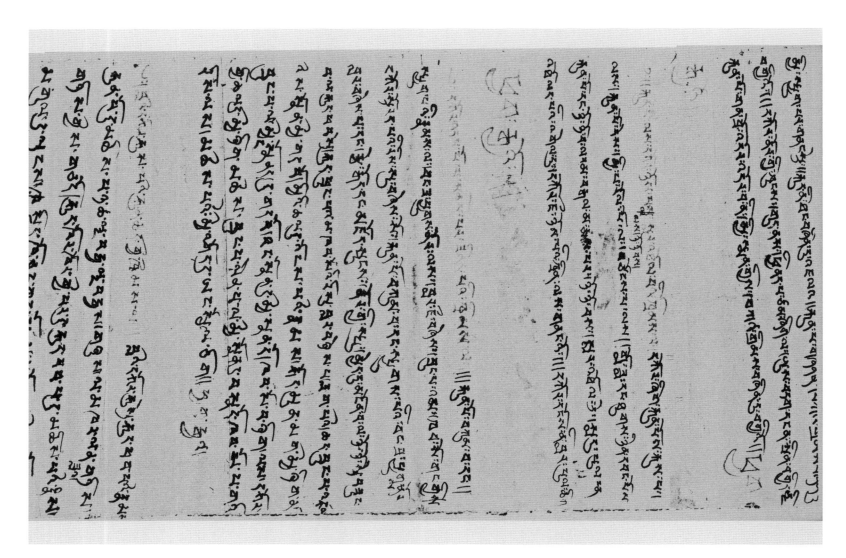

英 IOL.Tib.J.VOL.147　　4.ཀུན་པ་འཇལ་གྱི་ཁྲིམས་ཡིག
　　　　　　　　　　　4.盗窃追赔律　　　(8-7)

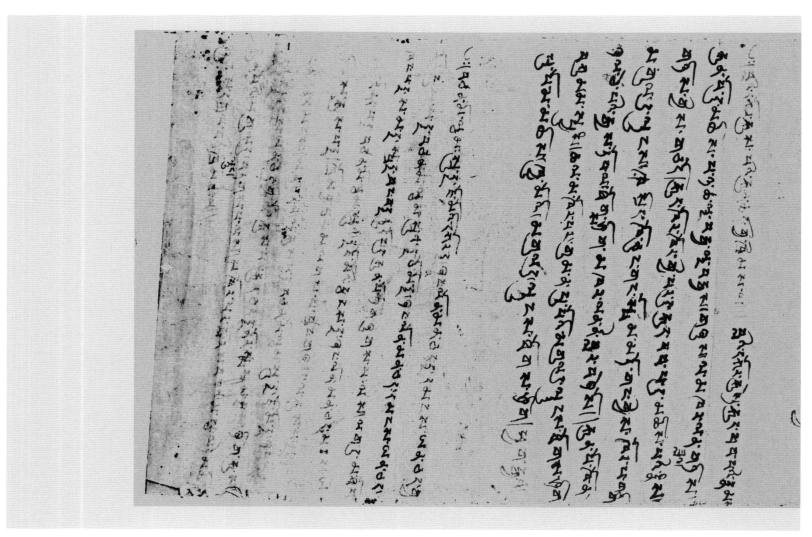

英 IOL.Tib.J.VOL.147　　4.ཀུན་པ་འཇལ་གྱི་ཁྲིམས་ཡིག
　　　　　　　　　　　4.盗窃追赔律　　　(8-8)

乃至筭數譬

須菩提於意云何汝等勿謂如來作是念我
當度眾生須菩提莫作是念何以故實无有
眾生如來度者若有眾生如來度者如來則
有我人眾生壽者須菩提如來說有我者則
非有我而凡夫之人以為有我須菩提凡夫
者如來說則非凡夫

須菩提於意云何可以卅二相觀如來不須
菩提言如是如是以卅二相觀如來佛言須
菩提若以卅二相觀如來者轉輪聖王則是
如來須菩提白佛言世尊如我解佛所說義
不應以卅二相觀如來爾時世尊而說偈言
若以色見我以音聲求我是人行邪道不能見如來
須菩提汝若作是念如來不以具足相故得
阿耨多羅三藐三菩提須菩提汝若作是念
須菩提汝若作是念發阿耨多羅三藐三菩
提者說諸法斷滅莫作是念何以故發阿耨
多羅三藐三菩提者於法不說斷滅相須菩
提若菩薩以滿恒河沙等世界七寶布施若

多羅三藐三菩提者於法不說斷滅相須菩
提若菩薩以滿恒河沙等世界七寶布施若
前菩薩所得功德須菩提以諸菩薩不受福
德故須菩提白佛言世尊云何菩薩不受福
德須菩提菩薩所作福德不應貪著是故說
不受福德

須菩提若有人言如來若來若去若坐若臥
是人不解我所說義何以故如來者無所從
來亦无所去故名如來

須菩提若善男子善女人以三千大千世界
碎為微塵於意云何是微塵眾寧為多不甚
多世尊何以故若是微塵眾實有者佛則不
說是微塵眾所以者何佛說微塵眾則非微
塵眾是名微塵眾世尊如來所說三千大千
世界則非世界是名世界何以故若世界實
有者則是一合相如來說一合相則非一合
相是名一合相須菩提一合相者則是不可
說但凡夫之人貪著其事須菩提若人言佛說
我見人見眾生見壽者見須菩提於意云何

但凡夫之人貪著其事須菩提若人言佛說
我見人見眾生見壽者見須菩提於意云何
是人解我所說義不世尊是人不解如來所
說義何以故世尊說我見人見眾生見壽
者見即非我見人見眾生見壽者見是名我
見人見眾生見壽者見須菩提發阿耨多羅
三藐三菩提心者於一切法應如是知如是見
如是信解不生法相須菩提所言法相者如來
說即非法相是名法相須菩提若有人以滿
无量阿僧祇世界七寶持用布施若有善男
子善女人發菩薩心者持於此經乃至四
句偈等受持讀誦為人演說其福勝彼云何
為人演說不取於相如如不動何以故
一切有為法如夢幻泡影如露亦如電應作如是觀
佛說是經已長老須菩提及諸比丘比丘尼
優婆塞優婆夷一切世間天人阿脩羅聞佛
所說皆大歡喜信受奉持

石波羅蜜経

英 IOL.Tib.J.VOL.148　1.ཤེས་རབ་ཀྱི་ཕ་རོལ་ཏུ་ཕྱིན་པ་རྡོ་རྗེ་གཅོད་པ། ཀྱུ་ཡིག
1.金剛般若婆羅蜜多經（漢文）　　　(6-3)

英 IOL.Tib.J.VOL.148　2.སྨན་དཔྱད།
2.醫療文書　　(6-4)

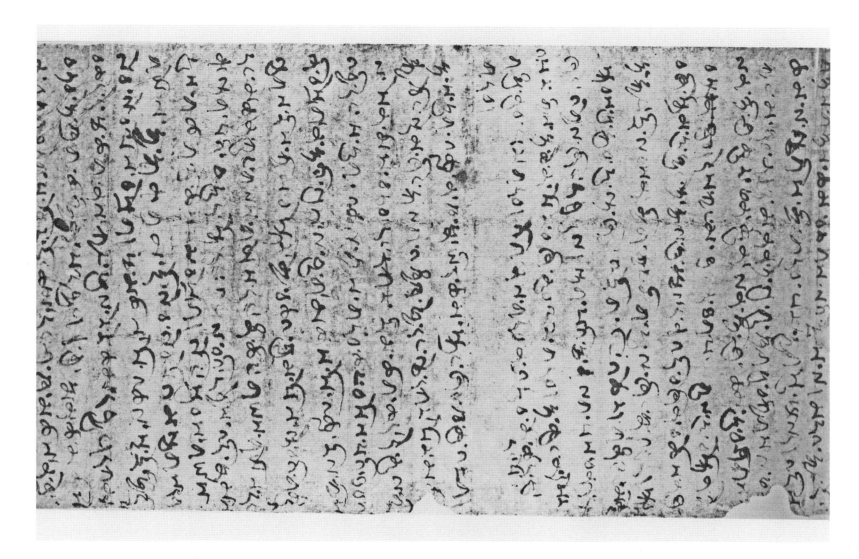

英 IOL.Tib.J.VOL.148　2.སྨན་དཔྱད།
2.醫療文書　　　　(6-5)

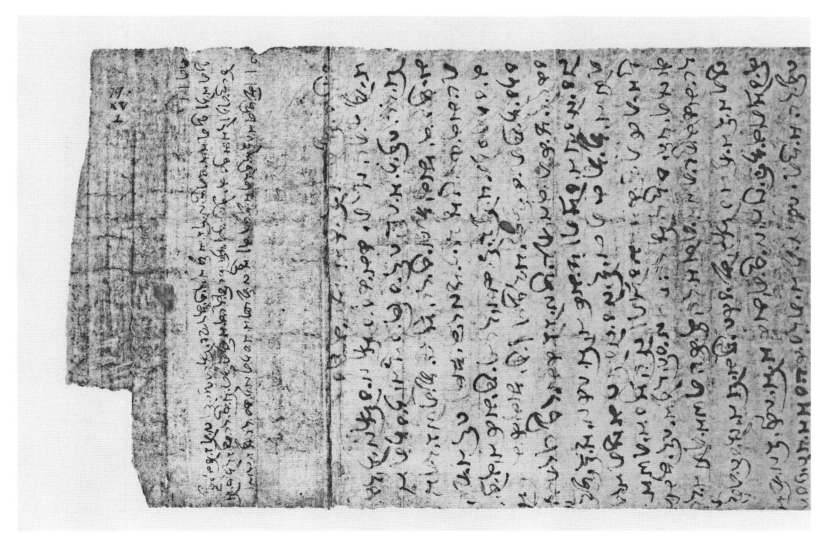

英 IOL.Tib.J.VOL.148　2.སྨན་དཔྱད།
2.醫療文書　　　　(6-6)

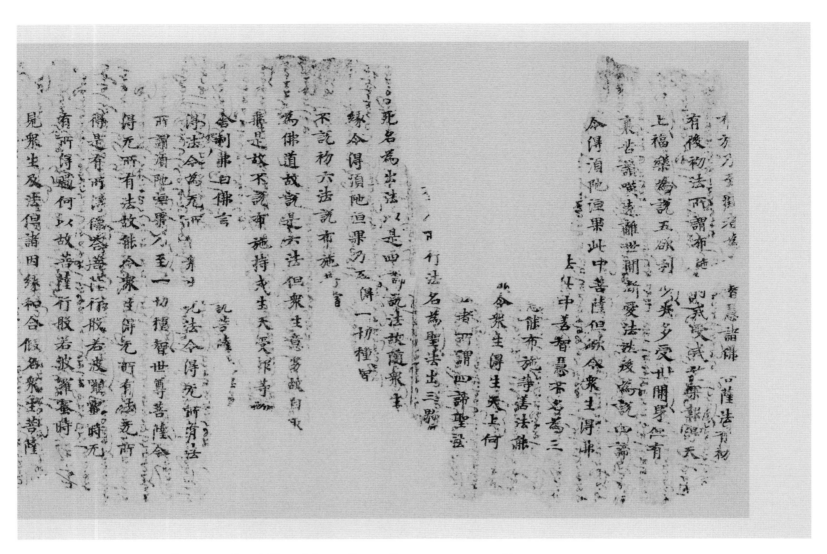

英 IOL.Tib.J.VOL.149　1.ཤེས་རབ་ཆེན་མོའི་པ་རོལ་ཏུ་ཕྱིན་པའི་རྣམ་བཤད་ཅེས་ཡིག

1.大智度論卷第九十一（漢文）　　　（26-1）

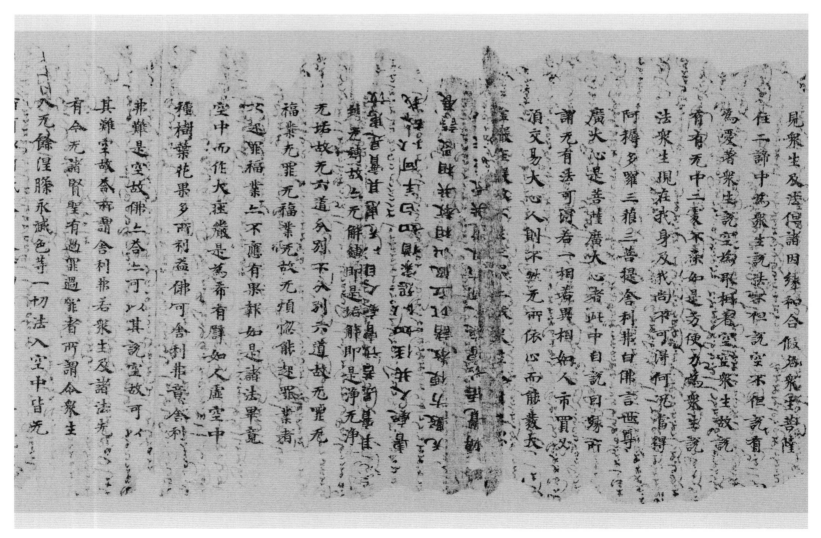

英 IOL.Tib.J.VOL.149　1.ཤེས་རབ་ཆེན་མོའི་པ་རོལ་ཏུ་ཕྱིན་པའི་རྣམ་བཤད་ཅེས་ཡིག

1.大智度論卷第九十一（漢文）　　　（26-2）

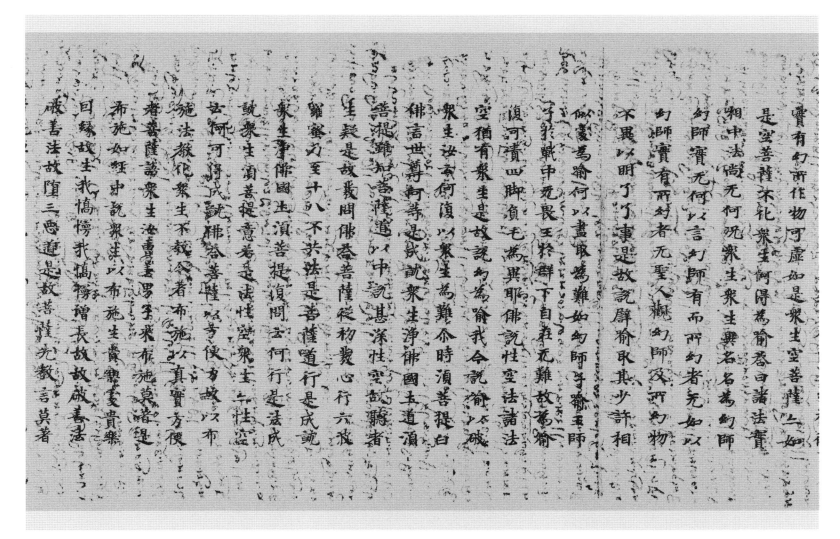

英 IOL.Tib.J.VOL.149　1.ཤེས་རབ་ཆེན་མོའི་ཕ་རོལ་ཏུ་ཕྱིན་པའི་རྣམ་བཤད་ཀྱི་ཡིག
1.大智度論卷第九十一（漢文）　　　（26-3）

英 IOL.Tib.J.VOL.149　1.ཤེས་རབ་ཆེན་མོའི་ཕ་རོལ་ཏུ་ཕྱིན་པའི་རྣམ་བཤད་ཀྱི་ཡིག
1.大智度論卷第九十一（漢文）　　　（26-4）

英 IOL.Tib.J.VOL.149　　1.ཤེས་རབ་ཆེན་མོའི་པ་རོལ་དུ་ཕྱིན་པའི་རྣམ་བཤད།་རྒྱ་ཡིག་

1.大智度論卷第九十一（漢文）　　（26-5）

英 IOL.Tib.J.VOL.149　　1.ཤེས་རབ་ཆེན་མོའི་པ་རོལ་དུ་ཕྱིན་པའི་རྣམ་བཤད།་རྒྱ་ཡིག་

1.大智度論卷第九十一（漢文）　　（26-6）

若以求物不如意故瞋人不稱意故瞋菩薩
住檀中隨其意而給之問曰若貧无物給施
令不瞋者今人不得稱意惱心瞋復云何
答曰以如意珠施之則彼人皆稱意珠之威
德故人无瞋者如行者入慈三昧故人无瞋
者是故說以何因緣故瞋我當令汝所少用
還復次一切法性皆空无所有汝所瞋因緣
亦皆虛誑无定汝何以虛誑事故瞋罵加
害乃至奪命是小違况復三惡道无
量苦汝莫以瞋嫌无實事故而受大罪如山
中有佛圖圖中有別房房中有鬼來恐惱道
人故諸道人皆捨房而去有一客僧來維那
處分令住此空房而語之言此房中有鬼神
喜惱人能住中者住客僧自以持戒多聞
故言小鬼何所能我能伏之即入房住暮更
有一僧來求住處維那亦令在此房住亦語
有鬼惱人其人亦言小鬼何所能我當伏之
先入者閉門端坐待鬼後來者夜闇打門求
入先入者謂為是鬼不為開戶後來者極力
打門在內道人以力距之外者得勝排門得
入內者打之外者亦極乃熟打至明日相見
方是舊故同學各相愧謝衆人雲集嘆而怪
之衆生亦如是五衆无我无人空取相致諍
若枝解在但有骨肉无人无我是故菩薩語

英 IOL.Tib.J.VOL.149 1.ཤེས་རབ་ཆེན་མོའི་ཕ་རོལ་ཏུ་ཕྱིན་པའི་རྣམ་བཤད། ༼རྒྱ་ཡིག༽

1.大智度論卷第九十一（漢文） (26–7)

入內者打之外者亦極乃熟打至明日相見
方是舊故同學各相愧謝衆人雲集嘆而怪
之衆生亦如是五衆无我无人空取相致諍
若枝解在但有骨肉无人无我是故菩薩語
衆生言汝莫於根本空中鬪諍作罪鬪諍故
人身尚不可得何況值佛當知人身難得佛
世難值好時亦過一墮諸難永不可值若墮
地獄燒炙屠割何可教化若墮畜生共相殘
害亦不可化若墮餓鬼飢渴熱惱亦不可化
若生長壽天千万佛過著禪定味故亦不
覺知如安息國諸邊地生者皆是人身來不
可教化雖生中國或六情不具或四支不完
或聾盲瘖瘂或不識義理或時六情具足諸
根通利而深著邪見言无罪福不可教化是
故為說好時易過墮諸難中不可得度餘波
羅蜜中如經廣說
故不解之問曰住檀波羅蜜行五波羅蜜
說何以復更說六波羅蜜答曰上一度中次
第具五今則一時總說復次先但說六波羅
蜜今通說卌七品及諸佛道果問曰卌七品
自從心出云何是因緣可與答曰菩薩恭給
禪者衣服飲食醫藥法杖禪翈禪鎮令得好
師教詔令得好弟子受化与骨人令觀与禪

英 IOL.Tib.J.VOL.149 1.ཤེས་རབ་ཆེན་མོའི་ཕ་རོལ་ཏུ་ཕྱིན་པའི་རྣམ་བཤད། ༼རྒྱ་ཡིག༽

1.大智度論卷第九十一（漢文） (26–8)

英 IOL.Tib.J.VOL.149　1.ཤེས་རབ་ཆེན་མོའི་པ་རོལ་ཏུ་ཕྱིན་པའི་རྣམ་བཤད། རྒྱ་ཡིག　2.བདུན་རྒྱས་སྟོང་བདུན་གྱི་སྱུང་འབོར་གྱི་མདོ། རྒྱ་ཡིག

1.大智度論卷第九十一（漢文）　　2.七千佛神符經（漢文）　　　　　　　（26-9）

英 IOL.Tib.J.VOL.149　2.བདུན་རྒྱས་སྟོང་བདུན་གྱི་སྱུང་འབོར་གྱི་མདོ། རྒྱ་ཡིག　3.འདུས་པ་ཆེན་པོ། རྒྱ་ཡིག

2.七千佛神符經（漢文）　　3.大方等大集經卷第二十一（漢文）　　　（26-10）

菩薩至心觀察是五百人即知慈是菩薩大
士曠野鬼善男子汝等何故觀如是身供
養諸佛曠野鬼言善男子住古過去九十一
劫有佛世尊號毗婆尸如來應正遍知明行
忌逝世間解無上士調御丈夫天人師佛
世尊我於介時巧如是等同一父母共為先
弟受持五戒懃懃精進聽聞說慧心樂善法
羅三藐三菩提心為欲調伏一切眾生故毒
續之供具供養既明詔供養已皆設阿耨
毗舍浮鳩當拂佛六頂如是皆次恩神
大士於彼佛前立大誓願之彼善世次恩神
三乘之法而調伏之力至無量恒河沙等慈
身教化眾生若有樂善之思眾去我當演說
鬼惡歡喜壞如未如是正法我當法之是故
慈心誅啻演者那見能令剎利婆羅門毗舍
受如是鬼思若有慈思能誅眾生令其心乱
首陀訛心作慈於國土中彩轉日月錯易等
惡使國荒乱寒易失所饒改時所降惡風雨
蔡米不登及壞一切樹木菓不當尊其能調
依教化令住三樂我尔不當尊其令粗同其
受年与共涕語言誅讁哦以三無法而教化

惡使國荒乱寒易失所饒改時所降惡風雨
蔡米不登及壞一切樹木菓不當尊其能調
依教化令住三樂我尔不當尊其令粗同其
受年与共涕語言誅讁哦以三無法而教化
之渝離慈遠若有眾生遠離善法行善事當
不善之業捨是思已注三惡道成有難作善
慈諸集是人指令愛惡眾是故我欲調伏惡思
滋芦善惡鬼勘少是故我欲調伏慈思現受是
男子若有金剛惡思若有部包城村聚落
身於令剎利婆羅門毗舍首陀遠離慈心善
四姓不能為惡善男子是故善心遠離一切諸惡怖
有是思遠離一切不善之事惡惡
俯慈心遠離一切不善之事惡
關諍乃至鬪戰少是震眾生皆
長我令於此山十方佛前設大誓願欲說是呪
介時擇迦如來善曠野鬼善男子十方諸佛
今已抛決神通之力使可說之時曠野鬼即
起令掌而說呪曰

豆婁摩一豆婁摩二豆婁摩三陀摩四陀摩五
庚摩六庚摩七尼梨八毗毗羅九奴羅尼梨十

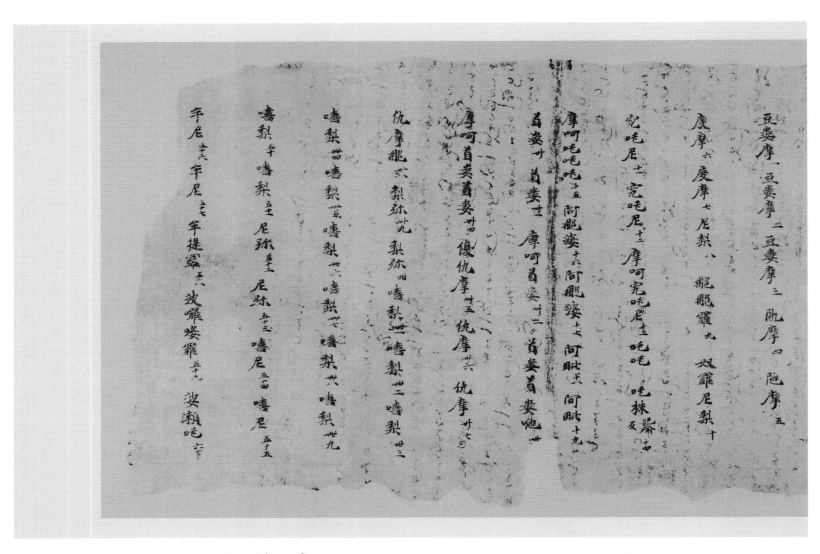

英 IOL.Tib.J.VOL.149　3.འདུས་པ་ཆེན་པོ། ཀྲུ་ཡིག
3.大方等大集經卷第二十一（漢文）　　　(26-13)

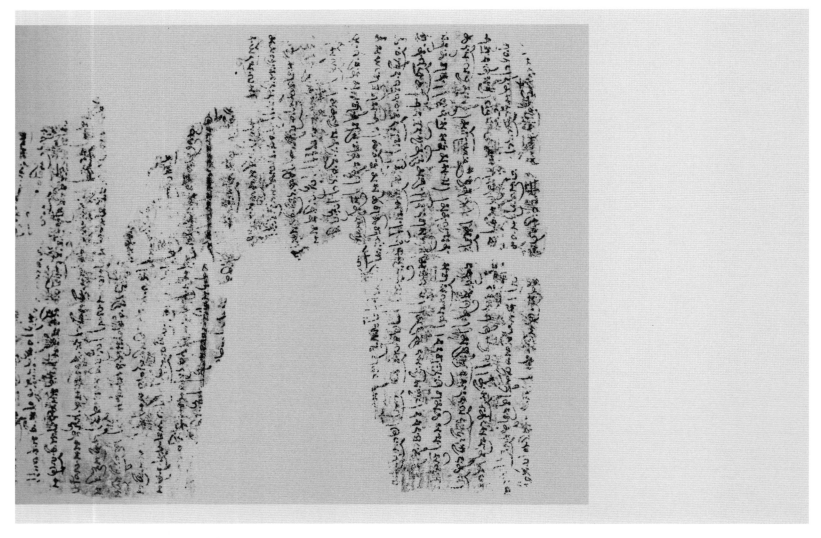

英 IOL.Tib.J.VOL.149　4.རྣ་མ་ཎའི་གཏམ་རྒྱུད།
4.羅摩衍那的故事　　(26-14)

英 IOL.Tib.J.VOL.149　4.རུ་མ་ཉའི་གཏམ་རྒྱུད།
　　　　　　　4.羅摩衍那的故事　　(26–15)

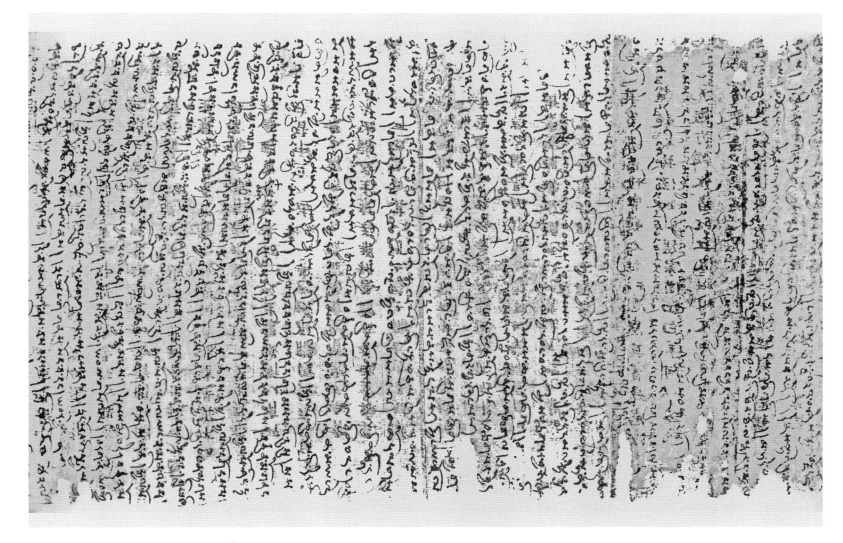

英 IOL.Tib.J.VOL.149　4.རུ་མ་ཉའི་གཏམ་རྒྱུད།
　　　　　　　4.羅摩衍那的故事　　(26–16)

英 IOL.Tib.J.VOL.149　4.རཱ་མ་ཎའི་གཏམ་རྒྱུད།
4.羅摩衍那的故事　　　(26–17)

英 IOL.Tib.J.VOL.149　4.རཱ་མ་ཎའི་གཏམ་རྒྱུད།
4.羅摩衍那的故事　　　(26–18)

英 IOL.Tib.J.VOL.149　4.ར་མ་ཎའི་གཏམ་རྒྱུད།
4.羅摩衍那的故事　　(26−19)

英 IOL.Tib.J.VOL.149　4.ར་མ་ཎའི་གཏམ་རྒྱུད།
4.羅摩衍那的故事　　(26−20)

英 IOL.Tib.J.VOL.149　4.རྰ་མ་ཚེའི་གཏམ་རྒྱུད།
　　　　　　　　　　　4.羅摩衍那的故事　　(26-23)

英 IOL.Tib.J.VOL.149　4.རྰ་མ་ཚེའི་གཏམ་རྒྱུད།
　　　　　　　　　　　4.羅摩衍那的故事　　(26-24)

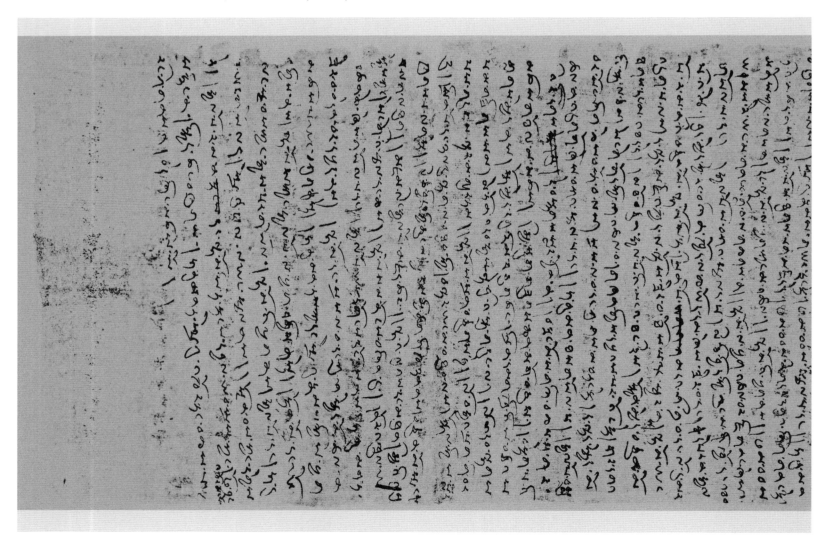

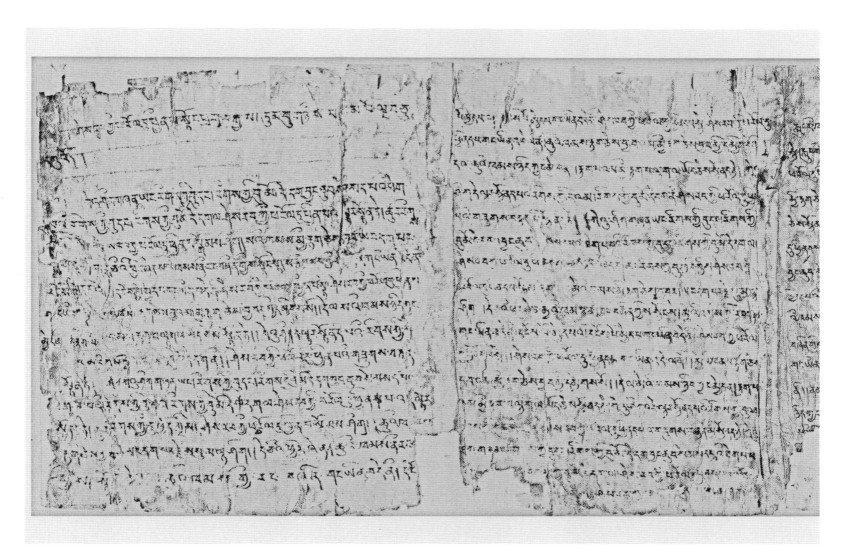

英 IOL.Tib.J.VOL.150　1.ཤེས་རབ་ཀྱི་ཕ་རོལ་དུ་ཕྱིན་པ་སྟོང་ཕྲག་བརྒྱ་པ་དུམ་བུ་གཉིས་པ་བམ་པོ་ལྔ་བཅུ་དགུ་འོ།
　　　　　　　　　　1.十萬頌般若波羅蜜多經第二函第五十九卷　　　(17-1)

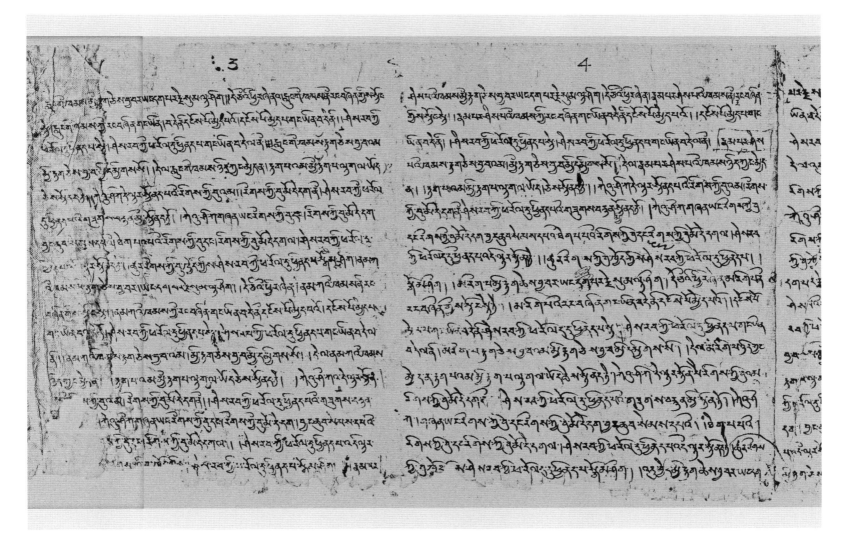

英 IOL.Tib.J.VOL.150　1.ཤེས་རབ་ཀྱི་ཕ་རོལ་དུ་ཕྱིན་པ་སྟོང་ཕྲག་བརྒྱ་པ་དུམ་བུ་གཉིས་པ་བམ་པོ་ལྔ་བཅུ་དགུ་འོ།
　　　　　　　　　　1.十萬頌般若波羅蜜多經第二函第五十九卷　　　(17-2)

英 IOL.Tib.J.VOL.150　　1.ནེས་རབ་ཀྱི་ཕ་རོལ་དུ་ཕྱིན་པ་སྟོང་ཕྲག་བརྒྱ་པ་དུམ་བུ་གཉིས་པ་བམ་པོ་ལྔ་བཅུ་དགུཔོ།
　　　　　　　　1.十萬頌般若波羅蜜多經第二函第五十九卷　　（17-3）

英 IOL.Tib.J.VOL.150　　1.ནེས་རབ་ཀྱི་ཕ་རོལ་དུ་ཕྱིན་པ་སྟོང་ཕྲག་བརྒྱ་པ་དུམ་བུ་གཉིས་པ་བམ་པོ་ལྔ་བཅུ་དགུཔོ།
　　　　　　　　1.十萬頌般若波羅蜜多經第二函第五十九卷　　（17-4）

英 IOL.Tib.J.VOL.150　1.ཤེས་རབ་ཀྱི་ཕ་རོལ་དུ་ཕྱིན་པ་སྟོང་ཕྲག་བརྒྱ་པ་དུམ་བུ་གཉིས་པ་བམ་པོ་ལྔ་བཅུ་དགུཔོ།

1.十萬頌般若波羅蜜多經第二函第五十九卷　　　(17-5)

英 IOL.Tib.J.VOL.150　1.ཤེས་རབ་ཀྱི་ཕ་རོལ་དུ་ཕྱིན་པ་སྟོང་ཕྲག་བརྒྱ་པ་དུམ་བུ་གཉིས་པ་བམ་པོ་ལྔ་བཅུ་དགུཔོ།

1.十萬頌般若波羅蜜多經第二函第五十九卷　　　(17-6)

英 IOL.Tib.J.VOL.150　1.ཤེས་རབ་ཀྱི་ཕ་རོལ་དུ་ཕྱིན་པ་སྟོང་ཕྲག་བརྒྱ་པ་དུམ་བུ་གཉིས་པ་བམ་པོ་ལྔ་བཅུ་དགུ་བོ།

1.十萬頌般若波羅蜜多經第二函第五十九卷　　(17-7)

英 IOL.Tib.J.VOL.150　1.ཤེས་རབ་ཀྱི་ཕ་རོལ་དུ་ཕྱིན་པ་སྟོང་ཕྲག་བརྒྱ་པ་དུམ་བུ་གཉིས་པ་བམ་པོ་ལྔ་བཅུ་དགུ་བོ།

1.十萬頌般若波羅蜜多經第二函第五十九卷　　(17-8)

英 IOL.Tib.J.VOL.150　1.ཤེས་རབ་ཀྱི་ཕ་རོལ་དུ་ཕྱིན་པ་སྟོང་ཕྲག་བརྒྱ་པ་དུམ་བུ་གཉིས་པ་བམ་པོ་ལྔ་བཅུ་དགུཔོ།
1.十萬頌般若波羅蜜多經第二函第五十九卷　　(17–9)

英 IOL.Tib.J.VOL.150　1.ཤེས་རབ་ཀྱི་ཕ་རོལ་དུ་ཕྱིན་པ་སྟོང་ཕྲག་བརྒྱ་པ་དུམ་བུ་གཉིས་པ་བམ་པོ་ལྔ་བཅུ་དགུཔོ།
1.十萬頌般若波羅蜜多經第二函第五十九卷　　(17–10)

英 IOL.Tib.J.VOL.150　　1.ཤེས་རབ་ཀྱི་ཕ་རོལ་དུ་ཕྱིན་པ་སྟོང་ཕྲག་བརྒྱ་པ་དུམ་བུ་གཉིས་པ་བམ་པོ་ལྔ་བཅུ་དགུ་པའོ།

1.十萬頌般若波羅蜜多經第二函第五十九卷　　（17–11）

英 IOL.Tib.J.VOL.150　　1.ཤེས་རབ་ཀྱི་ཕ་རོལ་དུ་ཕྱིན་པ་སྟོང་ཕྲག་བརྒྱ་པ་དུམ་བུ་གཉིས་པ་བམ་པོ་ལྔ་བཅུ་དགུ་པའོ།

1.十萬頌般若波羅蜜多經第二函第五十九卷　　（17–12）

英 IOL.Tib.J.VOL.150　1.ཤེས་རབ་ཀྱི་ཕ་རོལ་ཏུ་ཕྱིན་པ་སྟོང་ཕྲག་བརྒྱ་པ་དུམ་བུ་གཉིས་པ་བམ་པོ་ལྔ་བཅུ་དགུ་པོ།
1.十萬頌般若波羅蜜多經第二函第五十九卷　　(17-13)

英 IOL.Tib.J.VOL.150　1.ཤེས་རབ་ཀྱི་ཕ་རོལ་ཏུ་ཕྱིན་པ་སྟོང་ཕྲག་བརྒྱ་པ་དུམ་བུ་གཉིས་པ་བམ་པོ་ལྔ་བཅུ་དགུ་པོ།
1.十萬頌般若波羅蜜多經第二函第五十九卷　　(17-14)

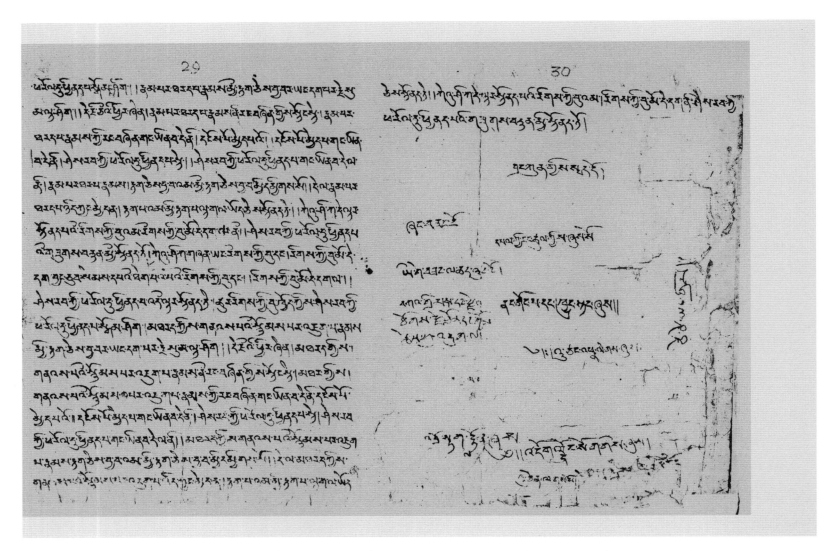

英 IOL.Tib.J.VOL.150　　1.ཤེས་རབ་ཀྱི་ཕ་རོལ་དུ་ཕྱིན་པ་སྟོང་ཕྲག་བརྒྱ་པ་དུམ་བུ་གཉིས་པ་བམ་པོ་ལྔ་བཅུ་དགུའོ།　　2.ཞུས་བྱང་།

1.十萬頌般若波羅蜜多經第二函第五十九卷　　2.校對題記　　(17–15)

英 IOL.Tib.J.VOL.150　　3.དམ་ཆོས་ཁ་ཐོར།

3.佛經　　(17–16)

英 IOL.Tib.J.VOL.150　3.དམ་ཆོས་ཁ་བྱེར།
　　　　　　　　　　3.佛經　　(17–17)

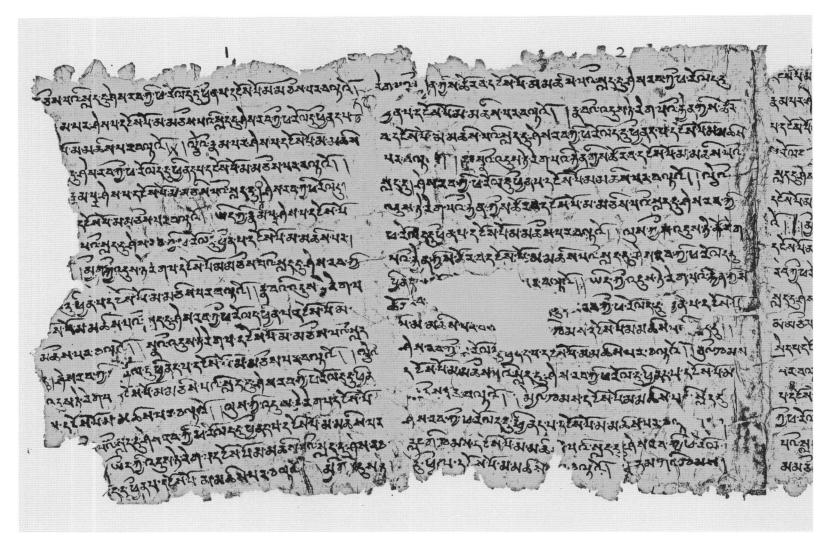

英 IOL.Tib.J.VOL.151　1.ཤེས་རབ་ཀྱི་ཕ་རོལ་དུ་ཕྱིན་པ་སྟོང་ཕྲག་བརྒྱ་པ།

1.十萬頌般若波羅蜜多經　　　(20–1)

英 IOL.Tib.J.VOL.151　1.ཤེས་རབ་ཀྱི་ཕ་རོལ་དུ་ཕྱིན་པ་སྟོང་ཕྲག་བརྒྱ་པ།

1.十萬頌般若波羅蜜多經　　　(20–2)

英 IOL.Tib.J.VOL.151　1.ཤེས་རབ་ཀྱི་ཕ་རོལ་དུ་ཕྱིན་པ་སྟོང་ཕྲག་བརྒྱ་པ།
1.十萬頌般若波羅蜜多經　　(20–3)

英 IOL.Tib.J.VOL.151　1.ཤེས་རབ་ཀྱི་ཕ་རོལ་དུ་ཕྱིན་པ་སྟོང་ཕྲག་བརྒྱ་པ།
1.十萬頌般若波羅蜜多經　　(20–4)

英 IOL.Tib.J.VOL.151　　1.ཤེས་རབ་ཀྱི་ཕ་རོལ་དུ་ཕྱིན་པ་སྟོང་ཕྲག་བརྒྱ་པ།

1.十萬頌般若波羅蜜多經　　(20-5)

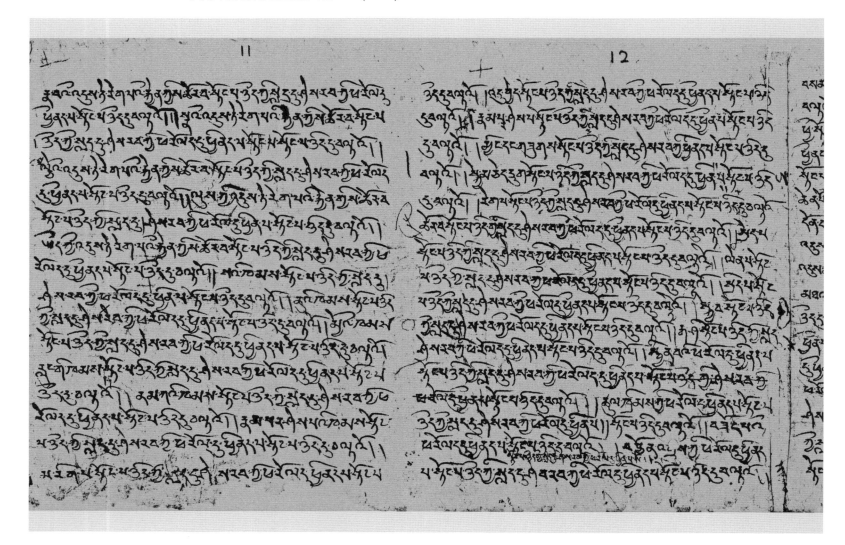

英 IOL.Tib.J.VOL.151　　1.ཤེས་རབ་ཀྱི་ཕ་རོལ་དུ་ཕྱིན་པ་སྟོང་ཕྲག་བརྒྱ་པ།

1.十萬頌般若波羅蜜多經　　(20-6)

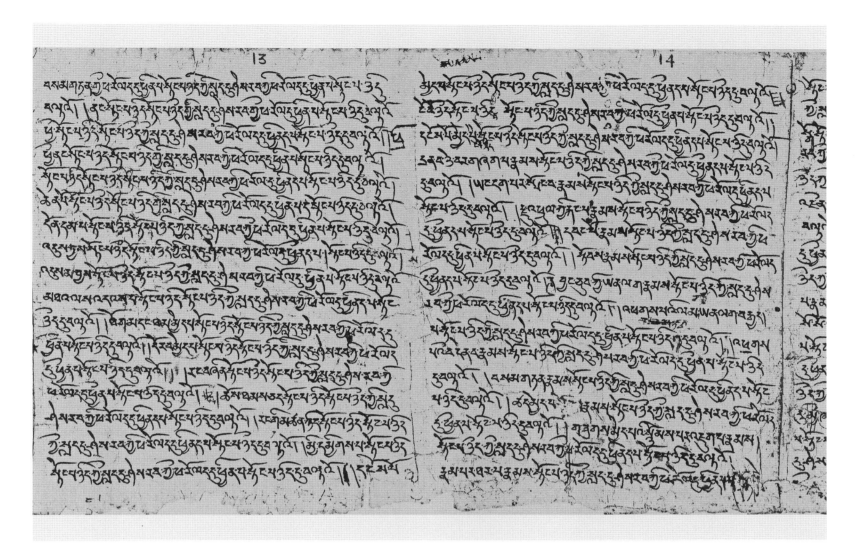

英 IOL.Tib.J.VOL.151　　1.ཤེས་རབ་ཀྱི་ཕ་རོལ་དུ་ཕྱིན་པ་སྟོང་ཕྲག་བརྒྱ་པ།

1.十萬頌般若波羅蜜多經　　(20-7)

英 IOL.Tib.J.VOL.151　　1.ཤེས་རབ་ཀྱི་ཕ་རོལ་དུ་ཕྱིན་པ་སྟོང་ཕྲག་བརྒྱ་པ།

1.十萬頌般若波羅蜜多經　　(20-8)

英 IOL.Tib.J.VOL.151　1.ཤེས་རབ་ཀྱི་ཕ་རོལ་དུ་ཕྱིན་པ་སྟོང་ཕྲག་བརྒྱ་པ།
　　　　1.十萬頌般若波羅蜜多經　　　(20-9)

英 IOL.Tib.J.VOL.151　1.ཤེས་རབ་ཀྱི་ཕ་རོལ་དུ་ཕྱིན་པ་སྟོང་ཕྲག་བརྒྱ་པ།
　　　　1.十萬頌般若波羅蜜多經　　　(20-10)

278

英 IOL.Tib.J.VOL.151　1.ཤེས་རབ་ཀྱི་ཕ་རོལ་དུ་ཕྱིན་པ་སྟོང་ཕྲག་བརྒྱ་པ།
　　　　　　　　1.十萬頌般若波羅蜜多經　　(20-11)

英 IOL.Tib.J.VOL.151　1.ཤེས་རབ་ཀྱི་ཕ་རོལ་དུ་ཕྱིན་པ་སྟོང་ཕྲག་བརྒྱ་པ།
　　　　　　　　1.十萬頌般若波羅蜜多經　　(20-12)

英 IOL.Tib.J.VOL.151　　1.ཤེས་རབ་ཀྱི་ཕ་རོལ་དུ་ཕྱིན་པ་སྟོང་ཕྲག་བརྒྱ་པ།
1.十萬頌般若波羅蜜多經　　　(20–13)

英 IOL.Tib.J.VOL.151　　1.ཤེས་རབ་ཀྱི་ཕ་རོལ་དུ་ཕྱིན་པ་སྟོང་ཕྲག་བརྒྱ་པ།
1.十萬頌般若波羅蜜多經　　　(20–14)

英 IOL.Tib.J.VOL.151　　1.ཤེས་རབ་ཀྱི་ཕ་རོལ་དུ་ཕྱིན་པ་སྟོང་ཕྲག་བརྒྱ་པ།

1.十萬頌般若波羅蜜多經　　　(20–15)

英 IOL.Tib.J.VOL.151　　1.ཤེས་རབ་ཀྱི་ཕ་རོལ་དུ་ཕྱིན་པ་སྟོང་ཕྲག་བརྒྱ་པ།

1.十萬頌般若波羅蜜多經　　　(20–16)

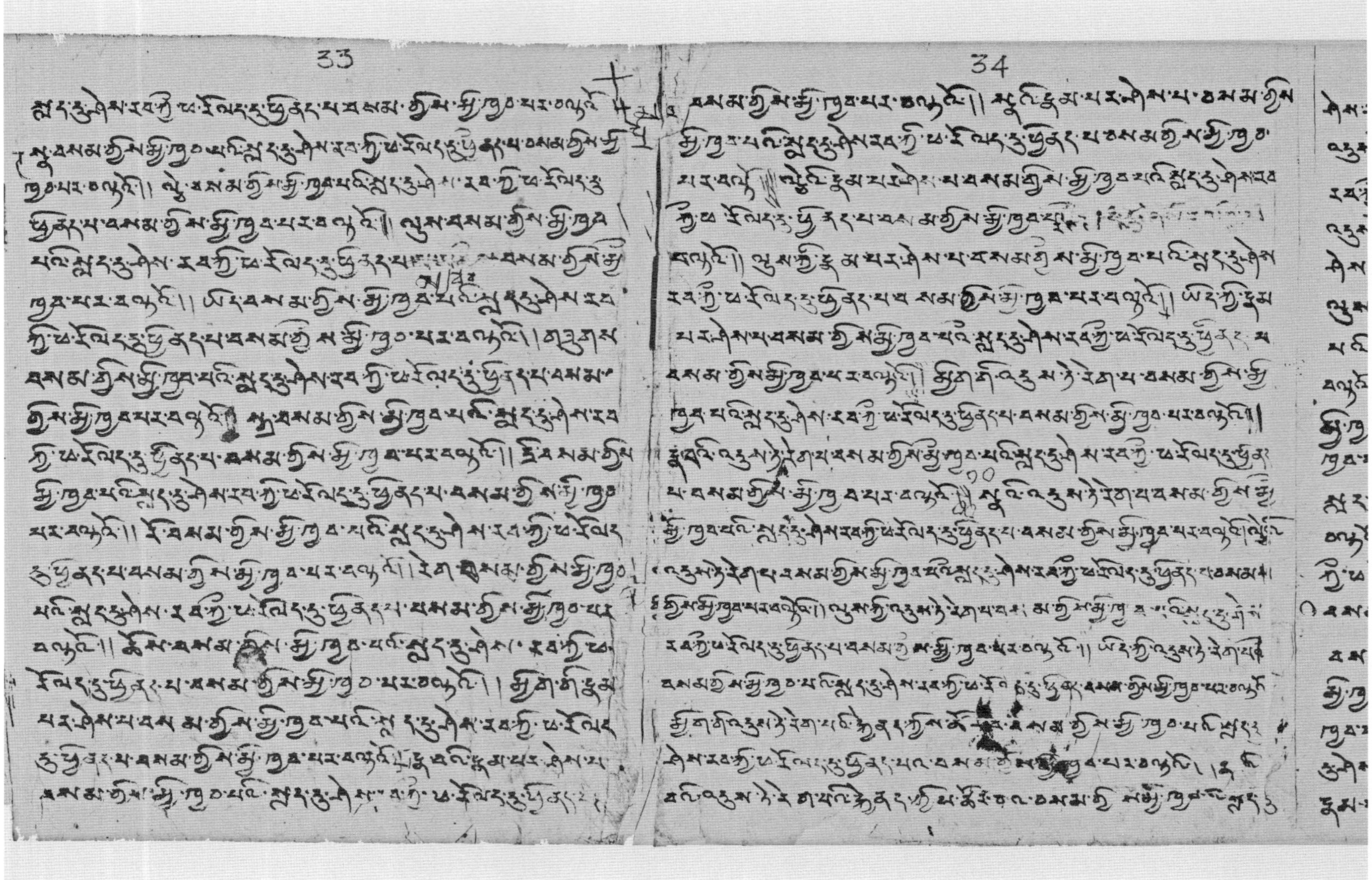

英 IOL.Tib.J.VOL.151　1.ཤེས་རབ་ཀྱི་ཕ་རོལ་ཏུ་ཕྱིན་པ་སྟོང་ཕྲག་བརྒྱ་པ།
1.十萬頌般若波羅蜜多經　(20–17)

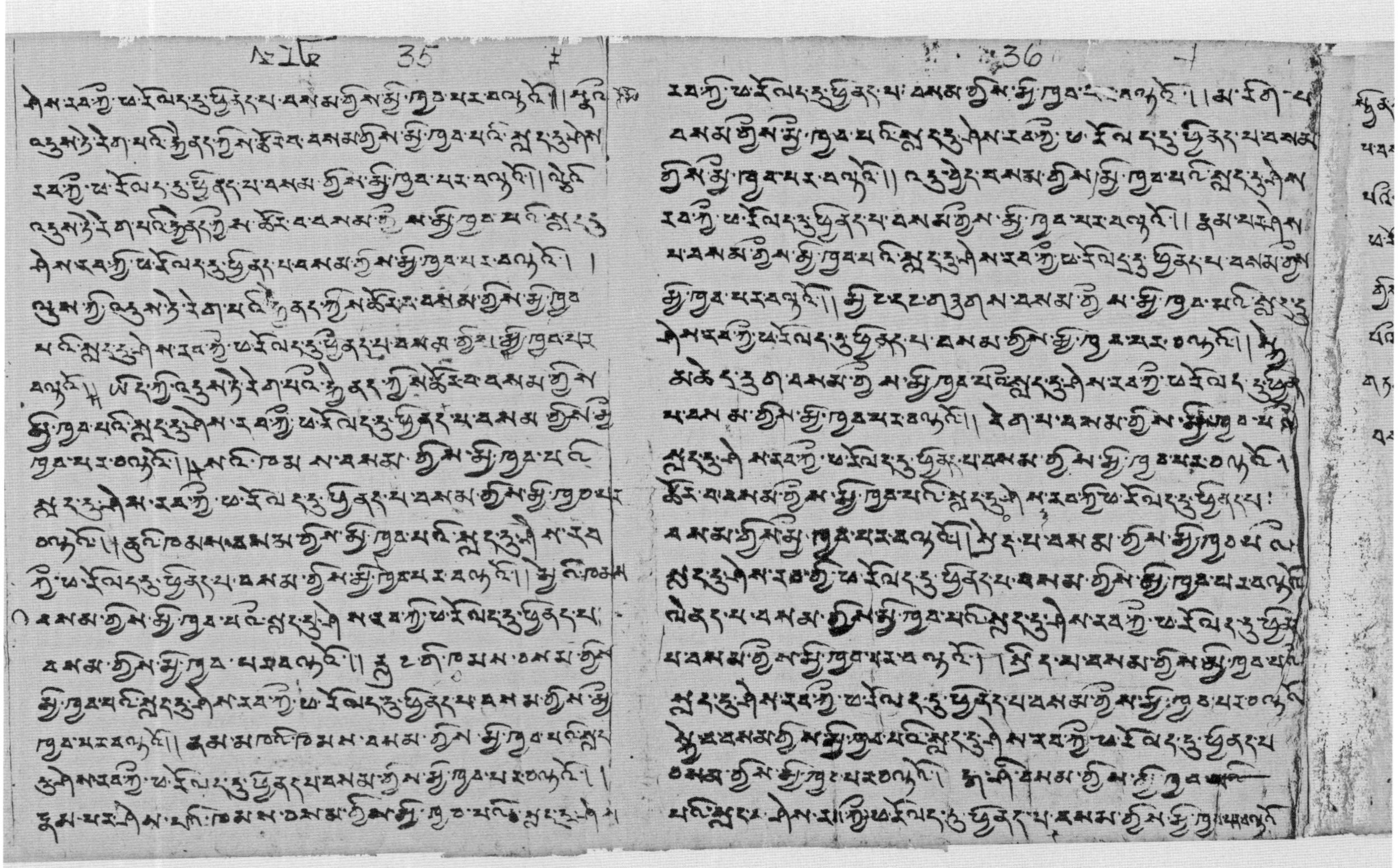

英 IOL.Tib.J.VOL.151　1.ཤེས་རབ་ཀྱི་ཕ་རོལ་ཏུ་ཕྱིན་པ་སྟོང་ཕྲག་བརྒྱ་པ།
1.十萬頌般若波羅蜜多經　(20–18)

英 IOL.Tib.J.VOL.151　　1.ཤེས་རབ་ཀྱི་ཕ་རོལ་དུ་ཕྱིན་པ་སྟོང་ཕྲག་བརྒྱ་པ།　　2.བྲིས་བྱང་།

1.十萬頌般若波羅蜜多經　　2.抄寫題記　　(20–19)

【注：此處　英 IOL.Tib.J.VOL.151(20–20)頁缺】

དབྱིན་ཇིའི་རྒྱལ་གཞིར་དཔེ་མཛོད་ཁང་དུ་ཉར་བའི་དུན་ཧོང་དང་ཞུབ་སྟོངས་ཀྱི་བོད་ཡིག་ཡིག་ཚགས། ㉖

སྒྲིག་སྟོར་མཁན།

ནུབ་བྱང་མི་རིགས་སློབ་གྲྭ་ཆེན་མོ།

ཧྲང་ཧེ་དཔེ་རྙིང་དཔེ་སྐྲུན་ཁང་།

དབྱིན་ཇིའི་རྒྱལ་གཞིར་དཔེ་མཛོད་ཁང་།

པར་སྐྲུན་མཁན།

ཧྲང་ཧེ་དཔེ་རྙིང་དཔེ་སྐྲུན་ཁང་།

ཧྲང་ཧེ་གྲོང་ཁྱེར་མིང་ཞིན་ཁུལ་ཧོ་ཅིན་ལམ་འང་དགགས་༡༥༩པའི་ཐོག་ཁང་Aཔའི་ཆོགས་ལྟ་པ།

སྦྲག་འཛད། 201101   བརྙན་སྐྱེལ་སྒྲོག་འཕྲིན། (86-21) 53201888

www.guji.com.cn   guji1@guji.com.cn   www.ewen.co

དཔར་ཁང་།

ཧྲང་ཧེ་ལི་ཁྲ་པར་ལས་ཚད་ཡོད་ཀྱང་སི།

དེབ་ཚད། 787×1092   1/8   དཔར་ཕོག 36   བར་བཅུག 18

2025 ལོའི་ཟླ་ 5 པར་པར་གཞི་དང་པོ་བསྐྲིགས།   2025 ལོའི་ཟླ་ 5 པར་པར་ཐེངས་དང་པོ་བཏབ།

དཔེ་རྟགས། ISBN   978-7-5732-1572-7/K.3838

རིན་གོང་། སྒོར་ 2200

TIBETAN DOCUMENTS FROM
DUNHUANG AND OTHER CENTRAL ASIA
IN THE BRITISH LIBRARY

Participating Institutions
The British Library
Northwest University for Nationalities
Shanghai Chinese Classics Publishing House
Publisher
Shanghai Chinese Classics Publishing House
5/F, Block A, Lane 159, Haojing Road, Minhang District, Shanghai, China 201101   Fax （86－21）53201888
www.guji.com.cn
guji1@guji.com.cn
www.ewen.co
Printer
Shanghai PICA Colour Separation & Printing Co., Ltd.

8 mo 787×1092mm
printed sheets 36   insets 18
First Edition: May. 2025   First Printing: May. 2025
ISBN   978-7-5732-1572-7/K.3838
RMB 2200.00

圖書在版編目（CIP）數據

英國國家圖書館藏敦煌西域藏文文獻.26 / 西北民
族大學，上海古籍出版社，英國國家圖書館編纂.
上海：上海古籍出版社，2025.5. --ISBN 978-7-5732-
1572-7

I . K870.6

中國國家版本館 CIP 數據核字第 20256N4D58 號

本書出版得到國家古籍整理出版專項經費資助

英國國家圖書館藏敦煌西域藏文文獻 ㉖
編 纂
西北民族大學　上海古籍出版社　英國國家圖書館
出版發行
上海古籍出版社
上海市閔行區號景路 159 弄 1-5 號 A 座 5F
郵編 201101　傳真（86－21）53201888
網址：www.guji.com.cn
電子郵件：guji1@guji.com.cn
易文網：www.ewen.co
印 刷
上海麗佳製版印刷有限公司

開本：787×1092　1/8　印張：36　插頁：18
版次：2025 年 5 月第 1 版　印次：2025 年 5 月第 1 次印刷
ISBN　978-7-5732-1572-7/K.3838
定價：2200.00 元

མངའ་རིས་གུ་གེའི་རྒྱལ་རབས་དུས་ཀྱི་དགོན་སྡེ།
阿里古格王朝寺廟群

དུན་ཧོང་མོ་ཀའོ་འབའུ་ཡི་ནུབ་ཁུལ་བྲག་ཕུག

敦煌莫高窟北區石窟

 རྒྱས་པ་འབུམ་སྐྱེང་དུ་བཞུགས་པའི་ཐང་རྒྱལ་རབས་དུས་ཀྱི་རྒྱལ་བ་བྱམས་པ།

永靖炳靈寺唐代彌勒大佛